工程建设理论与实践丛书

GONGLU GONGCHENG
SHEJI SHIGONG JI JINGJI GUANLI

公路工程
设计、施工及经济管理

张小波　丁　磊　程秀品　主编

華中科技大學出版社
http://press.hust.edu.cn
中国·武汉

图书在版编目(CIP)数据

公路工程设计、施工及经济管理/张小波,丁磊,程秀品主编.—武汉:华中科技大学出版社,2022.11

ISBN 978-7-5680-8733-9

Ⅰ.①公…　Ⅱ.①张…　②丁…　③程…　Ⅲ.①道路工程-工程设计　②道路工程-工程施工　③道路工程-工程造价-造价管理　Ⅳ.①U41

中国版本图书馆CIP数据核字(2022)第205152号

公路工程设计、施工及经济管理　　张小波　丁　磊　程秀品　主编

Gonglu Gongcheng Sheji Shigong ji Jingji Guanli

策划编辑:周永华

责任编辑:陈　骏

责任监印:朱　玢

出版发行:华中科技大学出版社(中国·武汉)　　电话:(027)81321913

武汉市东湖新技术开发区华工科技园　　邮编:430223

录　　排:华中科技大学惠友文印中心

印　　刷:武汉科源印刷设计有限公司

开　　本:710mm×1000mm　1/16

印　　张:21

字　　数:388千字

版　　次:2022年11月第1版第1次印刷

定　　价:98.00元

编 委 会

主　编　张小波　中交一公局第三工程有限公司
　　　　　丁　磊　中铁二十三局集团第一工程有限公司
　　　　　程秀品　中铁二十五局集团第四工程有限公司

副主编　王宜葵　保利长大工程有限公司
　　　　　王跃军　中国土木工程集团有限公司-埃塞俄比亚分公司

编　委　杨　俊　云南省城乡建设投资有限公司
　　　　　黄伟健　广东省路桥建设发展有限公司二广分公司
　　　　　黄伟华　中交四航局第六工程有限公司
　　　　　陈万虎　中交一公局第六工程有限公司
　　　　　申　鹏　四川省交通建设集团股份有限公司
　　　　　侯振东　安徽瑞成土木工程设计咨询有限公司
　　　　　洪俊财　保利长大工程有限公司

前　言

改革开放以来，为了适应社会经济发展的需要，我国公路运输进入了一个新的发展时期。公路建设项目的显著特点是它的长期性和不可撤销性，一旦实施，就不能随意终止或取消，否则，已投入项目的资金无法发挥效益，即告全部浪费。所以项目决策的科学化是公路建设项目头等大事。因此，在可行性研究和项目评估过程中，引入工程经济分析，是实现项目决策科学化、民主化的先导。工程经济分析是工程项目可行性研究和评估的核心内容和决策的重要依据，其作用在于最大限度地避免风险，提高投资效益。同时，在公路建设中，工程造价的控制与管理也是工程建设项目不可缺少的组成部分，关系到整个建设项目能否高质量、低成本地完成。公路造价控制是项目管理的重要组成部分，加强公路建设项目成本管理，对项目成本进行管理，保证项目成本的准确性和科学性，是建设项目成本管理的首要任务。

本书对公路工程进行全面系统的分析，在介绍公路路线设计和公路工程施工的基础上，对经济分析理论、建设项目经济评价、工程造价、工程定额、工程量计算、招投标与概预算编制以及造价控制等内容进行深入研究，同时对造价系统的应用进行拓展。

本书力求理论联系实际，突出各种方法的实用性与可操作性。本书适合于土木工程专业教学，也可供公路建设领域技术人员参考。

本书在编写过程中参考了很多专家、学者的著作，在此表示衷心的感谢。由于编者水平有限，书中难免有不当之处，恳请读者批评指正。

目　录

第1章　绪　　论

1.1　公路的发展概况

1.1.1　公路运输的特点

交通运输是国民经济的大动脉，是国家经济发展的基础产业之一，随着人民生活水平的不断提高，交通运输在工业和农业、城市和乡村、生产和消费等各个领域都起着十分重要的作用。

现代交通运输由铁路运输、公路运输、水路运输、航空运输及管道运输五种运输方式组成。这些运输方式在技术经济上各有特点，共同形成完整的国家综合运输体系。铁路运输运量大、运程远，对于远程的大宗货物及人流运输起着重要作用。公路运输机动灵活，分布广，对于客货运输有着显著的效益。水路运输可利用天然的水运资源，具有通过能力高、运量大、能耗省、运输成本低的优点。航空运输具有快速运送旅客，以及运送贵重、紧急商品、货物的作用。管道运输多用于运输液态、气态及散装粉状货物的运输。

公路运输的主要特点如下。

(1)机动灵活。能够在需要的时间、规定的地点迅速集散货物。

(2)迅速直达。能深入到货物集散点进行直接装卸而不需要中转，可以节省时间和费用，并减少货损，对短途运输效益特别显著。

(3)适应性强。既可用于小批量运输，也可用于大宗运输。受固定性交通设施的限制也较小，可以适应近距离运输和远距离运输。

(4)由于汽车燃料贵、服务人员多、单位运量较小等，致使其运输成本高。但随着汽车技术改造、公路状况、运输管理水平等不断改善，这些缺点将得到逐步改善和克服。

1.1.2　公路发展概况

公路建设有着悠久的历史，早在公元前 4000 年，以古埃及为首的几个文明古国在道路建设方面便粗具规模。我国早在公元前 2000 年，就有了可以行驶马车的道路，汉代便开辟了“丝绸之路”等国际通道，到清代全国已形成了层次分明、功能较完善的道路系统。

1886 年，世界上第一辆汽车在德国“奔驰”公司诞生，开创了公路运输的新纪元。许多国家的运输发展都有一个共同的规律：水运、铁路运输发展在先，公路运输后来居上，其发展速度大大超过铁路和其他运输方式。

美国的公路多，而且质量好，设备完善。德国是最早修建高速公路的国家，早在 1919 年通车的 AVUS 公路，是世界上最早设有上下行车道、中间设分隔带的公路，是高速公路的雏形。纵观世界，凡是经济发达的国家，其公路网也非常发达。可见公路对促进社会经济发展，推动生产力进步都具有很重要的作用。

1949 年以前，我国公路数量少，质量差，分布也极不合理。1949 年，全国公路通车里程仅 8.07×10^4 km，公路密度仅 0.8 km/100 km^2。新中国成立以来，公路交通经历了一段时期的恢复后开始获得长足发展。1952 年，公路里程达到 1.267×10^5 km。20 世纪 50 年代中后期，为适应经济发展和开发边疆的需要，我国开始大规模建设通往边疆和山区的公路，相继修建了川藏公路、青藏公路，并在东南沿海、东北和西南地区修建国防公路，公路里程迅速增长。

20 世纪 60 年代，我国在大力兴建公路的同时，加强了公路技术改造，路面道路里程及其高级、次高级路面比重显著提高。20 世纪 70 年代中期，我国开始对青藏公路进行技术改造，20 世纪 80 年代全面完成，建成了世界上海拔最高的沥青路面公路。随着公路事业的发展，公路桥梁建设也得到发展，建成了一批具有中国特色的石拱桥、双曲拱桥、钢筋混凝土拱桥以及各式混凝土和预应力梁式桥。在 1949 年至 1978 年的 30 年间，尽管国民经济发展道路曲折，但全国公路里程仍基本保持持续增长，到 1978 年底达到 8.9×10^5 km，平均每年增加约 3×10^4 km，公路密度达到 9.3 km/100 km^2。

改革开放后，国民经济持续高速发展，公路运输需求强劲增长，公路基础设施建设开始发生了历史性转变，其主要表现在：①公路建设得到中央和地方各级政府的重视，“要想富，先修路”，公路建设的重要性逐步为全社会所认识；②在统一规划的基础上，开始了有计划的全国公路基础设施建设，20 世纪 80 年代初和 80 年代末，国家干线公路网和国道主干线系统规划先后制定并实施，使公路建设有了明确的总体目标和阶段目标；③公路建设在继续扩大总体规模的同时，重点加强了质量水平的提高；④高速公路及其他高等级公路的迅速发展，改变了我国公路事业的落后面貌；⑤公路建设筹资渠道走向多元化，逐步扭转了公路建设资金短缺的状况，尤其是 1984 年底国务院决定提高养路费征收标准、开征车辆购置附加费、允许高等级公路收费还贷，1985 年起国家陆续颁布有关法规，使公路建设有了稳定的资金来源。

从统计数字看，到 1999 年，全国公路里程达到 1.35×10^6 km，公路密度达到 14.1 $km/100\ km^2$，为 1978 年的 1.5 倍。二级以上公路占全国公路总里程的比例由 1979 年的 1.3%提高到 1999 年的 12.5%，主要城市之间的公路交通条件显著改善，公路交通紧张状况初步缓解。同时，县、乡公路里程快速增长，质量也有很大提高，有的省份已实现全部县道铺筑沥青路面乃至达到二级技术标准，全国实现了 100%的县、98%的乡和 89%的行政村通公路。总体而言，一个干支衔接、布局合理、四通八达的全国公路网已初步形成。

特别值得一提的是我国高速公路的建设。高速公路建设是改革开放后我国公路事业取得的突出成就，1988 年，我国内地第一条高速公路沪嘉高速公路(18.5 km)建成通车。此后，又相继建成全长 375 km 的沈大高速公路和 143 km 的京津塘高速公路。进入 20 世纪 90 年代，在国道主干线总体规划指导下，我国高速公路建设步伐加快，每年建成的高速公路由几十千米上升到一千千米以上。到 2004 年底，总里程突破了 3×10^4 km，位居世界第二，为我国经济发展起到了极大的促进作用。短短 10 年间，我国高速公路就走过了发达国家需要 40 年完成的发展历程。高速公路及其他高等级公路的建设，改善了我国公路的技术等级结构，改变了我国公路事业的落后面貌，同时也大大缩短了我国同发达国家之间的差距。

我国道路交通虽然得到飞速发展，但仍不满足国民经济发展的需求。公路网标准低、数量少、布局不合理仍制约着国民经济的发展；城市交通的拥挤阻塞现象也没有得到根本解决，道路交通管理也较落后。因此，今后我国在公路方面首先应新建一些干线公路，完善公路网，至 2050 年实现联网达到规模效益，以满足我国实现现代化的需要。同时对现有公路进行技术改造，提高其技术等级以增加其通行能力。此外，公路管理部门应加强养护管理，提高路网总体服务水平，增强公路抵御自然灾害的能力。

我国城市道路的发展目标应与城市经济的发展相适应，与人口增长和车辆增长相适应，建成布局合理、设备完善的城市道路系统。因此，城市道路要做好路网规划，加快主次干道和快速路建设；安排好立交桥、停车场、人行过街设施；加强旧路特别是瓶颈地段的改造，加强养护和交通管理，发挥城市道路的整体功能。

繁重的公路建设任务，促使许多国家在公路勘测设计中广泛采用电子计算机和效率高、性能好的测量仪器，使公路规划、选线设计、结构设计、编制工程概预算、绘制设计施工图样等方面达到高质量、高速度的水平，以适应大量的公路建设任务的需要。我国目前的公路勘测设计手段也得到了极大提高，自主制造的计算机和高精度光电测量仪器在公路勘测设计中发挥了很大的作用，促进了我国的公路事业发展。

1.2 公路分级与技术标准

1.2.1 公路分级

为了满足经济发展、规划交通量、路网建设和功能等的要求，公路必须分等级建设。中华人民共和国交通运输部颁布实施的《公路工程技术标准》(JTG B01—2014)(以下简称《标准》)，将公路根据功能和适应的交通量分为五个等级。

(1)高速公路：专供汽车分方向、分车道行驶，全部控制出入的多车道公路。高速公路的年平均日设计交通量宜在 15 000 辆小客车以上。

(2)一级公路：供汽车分方向、分车道行驶，可根据需要控制出入的多车道公路。一级公路的年平均日设计交通量宜在 15 000 辆小客车以上。

(3)二级公路：供汽车行驶的双车道公路。二级公路的年平均日设计交通量宜为 5 000～15 000 辆小客车。

(4)三级公路：供汽车、非汽车交通混合行驶的双车道公路。三级公路的年平均日设计交通量宜为 2 000～6 000 辆小客车。

(5)四级公路：供汽车、非汽车交通混合行驶的双车道或单车道公路。

双车道四级公路年平均日设计交通量宜在 2 000 辆小客车以下，单车道四级公路年平均日设计交通量宜在 400 辆小客车以下。

1.2.2 公路的技术标准

我国实行的《标准》是国家颁布的法定技术准则。它是根据理论计算和公路设计、修建的经验，并结合我国的国情而确定的，反映了目前我国公路建设的技术方针，是公路设计、施工和养护的主要依据。因此，在公路设计、施工和养护中，必须严格执行《标准》中的有关规定；同时，在符合《标准》要求和尽量不增加工程造价的前提下，根据技术经济原则应尽可能采用较高的技术指标，以充分提高公路的使用质量和效益。《标准》规定的各级公路的主要技术指标如表1-1所示。

表1-1　各级公路的主要技术指标

公路等级	设计速度/(km/h)	车道数	车道宽度/m	路基宽度/m		极限最小半径/m	停车视距/m	最大纵坡/%	汽车荷载
				一般值	最小值				
高速公路	120	8	3.75	45.00	42.00	650	210	3	公路Ⅰ级
		6		34.80	—				
		4		28.00	26.00				
	100	8	3.75	44.00	41.00	400	160	4	
		6		33.50	—				
		4		26.00	24.50				
	80	6	3.75	32.00	—	250	110	5	
		4		24.50	21.50				
一级公路	100	8	3.75	44.00	41.00	400	160	4	
		6		33.50	—				
		4		26.00	24.50				
	80	6	3.75	32.00	—	250	110	5	
		4		24.50	21.50				
	60	4	3.50	23.00	20.00	125	75	6	
二级公路	80	2	3.75	12.00	10.00	250	110	5	公路Ⅱ级
	60	2	3.50	10.00	8.50	125	75	6	
三级公路	40	2	3.50	8.50	—	60	40	7	
	30	2	3.25	7.50	—	30	30	8	
四级公路	20	2或1	3.00(双车道) 3.50(单车道)	6.50(双车道) 4.50(单车道)	—	15	20	9	

1.2.3 公路等级选用的基本原则

公路等级的选用应遵循以下原则。

(1)公路等级的选用应根据公路的功能、路网规划、交通量,并充分考虑项目所在地区的综合运输体系、远期发展等,经论证后确定。

(2)一条公路,可分段选用不同的公路等级或同一公路等级不同的设计速度、路基宽度。

但不同公路等级、设计速度、路基宽度间的衔接应协调,过渡应顺适。

(3)预测的设计交通量介于一级公路与高速公路之间时,拟建公路为干线公路,宜选用高速公路;拟建公路为集散公路,宜选用一级公路。

(4)干线公路宜选用二级及二级以上公路。

1.3 公路的基本组成

公路主要承受行车荷载的反复作用并经受各种自然因素的长期影响和破坏。因此,公路不仅要有平顺的线形、合适的纵坡,而且还要有坚实稳固的路基,平整、防滑、耐磨的路面,牢固耐用的桥涵和其他人工构造物以及不可缺少的附属工程设施,以满足交通的要求。公路由线形和结构两大部分组成。

1.3.1 线形组成

公路是一种线形带状的三维空间体,其中心线为一条空间曲线,这条中心线在水平面上的投影简称为公路路线的平面;沿着中心线竖直剖切公路,再把这条竖直曲面展开成直面,即为公路路线的纵断面;中心线上任意一点处公路的法向剖面称为公路路线在该点处的横断面。

公路线形在平面上由直线和曲线(圆曲线、缓和曲线)组成,在纵面上由坡道线和竖曲线组成。可见,公路路线在平面和纵面上均是由直线和曲线构成。

1.3.2 结构组成

公路的结构组成主要包括路基、路面、桥梁和涵洞、隧道、排水系统、防护工程、交通工程及沿线设施等。

1. 路基

公路路基是在天然地面上填筑成路堤(填方地段)或挖成路堑(挖方地段)的带状结构物，主要承受路面传递的行车荷载，是支撑路面的基础。

设计时必须保证路基具有足够的强度、变形小和足够的稳定性，并防止水分及其他自然因素对路基本身的侵蚀和损害。

2. 路面

公路路面是用各种材料或混合料，分单层或多层铺筑在路基顶面供车辆行驶的层状结构物。设计时必须保证路面具有足够的强度、刚度、平整度和粗糙度，以满足车辆在其表面能安全、迅速、舒适地行驶。

3. 桥梁和涵洞

桥梁是公路跨越河流、山谷或人工构造物 8 m 而修建的建筑物。涵洞是为了排泄地面水流或满足农业需要而设置的横穿路基的小型排水构造物。当桥涵的单孔跨径大于或等于 5 m、多孔跨径总长大于或等于 8 m 时称为桥梁，反之则称为涵洞。

4. 隧道

隧道是公路根据设计需要为穿越山岭、地下或水底而建造的构造物。

5. 排水系统

公路排水系统是为了排除地面水和地下水而设置的，由各种拦截、汇集、疏导及排放等排水设施组成的构造物。除桥梁、涵洞外，排水系统主要有路基边沟、截水沟、排水沟、暗沟、渗沟、渗井、跌水与急流槽、倒虹吸管、渡槽及蒸发池等。

6. 防护工程

防护工程是为了加固路基边坡，确保路基稳定而修建的结构物。按其作用不同，可分为坡面防护、冲刷防护及支挡结构物等三大类。

7. 交通工程及沿线设施

交通工程及沿线设施的建设规模与标准应根据公路网规划，公路的功能、等级、交通量等确定，应按照“保障安全、提供服务、利于管理”的原则进行设计。

交通工程及沿线设施主要有以下几项。

(1)交通安全设施，包括跨线桥、地下横道、色灯信号、护栏、防护网、反光标志、照明设施等。

(2)交通管理设施,包括道路标志(如指示标志、警告标志、指路标志、禁令标志等)、路面标志、立面标志、紧急通信标志、道路情报板、道路监视设施、交通控制设施、交通监视设施以及安全岛、交通岛、中心岛等。

(3)防护设施,包括抗滑坡构造物、防沙棚、挑水坝等。

(4)停车设施,指在道路沿线及起点、终点设置的停车场、汽车停靠站、回车道等设施。

(5)路用房屋及其他沿线设施,包括养护房屋、营运房屋、收费所、加油站、休息站等设施。

(6)绿化设施,包括道路分隔带、路旁、立交枢纽、休息设施、人行道等处的绿化,以及道路防护林带和集中的绿化区等。

第2章　公路路线设计

道路是一个三维空间实体。路线是指道路中线的空间位置。路线在水平面上的投影称为路线的平面;沿道路中线竖直剖切然后展开即为路线的纵断面;中线上任一点法向切面是道路在该点的横断面。路线的平面、纵断面和横断面是道路的几何组成。

2.1　公路平面

现代道路平面线形是由直线、圆曲线和缓和曲线构成的。直线、圆曲线和缓和曲线称为平面线形三要素。道路平面线形设计图纸就是从线形的角度去研究三要素的选用和相互间的组合等问题。

里程桩,又称中桩,表示该桩号至路线起点的水平距离。如K9＋386.70,表示该桩到该路线起点的距离为9 386.70 m。公路设计时通常每隔20 m设置一个桩,作为设计横断面的位置,但是在有曲线的地点应该加桩,即无论在直缓点、缓圆点、曲中点、圆缓点、缓直点是否有20桩的位置,均应加桩。

特别提示:带有纵坡的桩号是按照水平的长度标注里程桩的。

2.1.1　直线

1. 直线的特点

作为平面线形要素之一的直线,在道路设计中使用最为广泛。因为两点之间以直线距离最短,一般在定线时,只要地势平坦、无障碍,定线人员都优先考虑用直线通过。笔直的道路给人以短捷、直达的良好印象,在美学上直线也有其自身的特点。汽车在直线上行驶受力简单,方向明确,驾驶操作简易。从施工测量上看,直线只需定出两点,就可确定道路的方向和距离。直线在道路线形设计中广泛应用。

但是,过长的直线有其自身的缺点。在地形有较大起伏的地区,直线线形大多难以与地形相协调,易产生高填深挖路基,破坏自然地貌。若长度运用不当,不仅破坏了线形的连续性，而且线形设计自身无法协调。过长的直线易使驾驶人员感到单调、疲倦，难以目测车间距离，很容易发生交通事故。

因此在运用直线线形并决定其长度时，必须持谨慎态度，不宜采用过长的直线。

2. 直线的最大长度和最小长度

在道路平面线形设计时，一般应根据沿线地形、地物条件，驾驶员的视觉、心理感受以及保证行车安全等因素，合理布设直线路段，对直线的最大长度与最小长度应有所限制。

(1)直线的最大长度。

合理的直线长度应根据驾驶员的心理反应和视觉效果确定。目前这一问题尚在研究中。各国普遍从经验出发，根据调查结果规定直线的最大长度。

有些国家对长直线的运用有条件限制。像日本和意大利这样的多山国家，高速公路平面以曲线为主。如日本和德国，一般规定直线的最大长度(以 m 计)不超过 $20v$(v 为设计速度，以 km/h 计)，俄罗斯规定为 8.0 km，美国规定为 4.83 km，而法国认为长直线宜采用半径 5 000 m 以上的圆曲线代替。

我国地域辽阔，地形差异较大，对直线长度很难作出统一规定。因此我国在《标准》中未做出明确规定。而在《公路路线设计规范》(JTG D20—2017)(以下简称《规范》)中仅规定“直线的长度不宜过长”，给设计人员留下空间去分析、判断，以使设计更加符合实际。

(2)直线的最小长度。

考虑线形的连续性和行驶的方便，相邻两线之间应有一定的直线长度。这个直线长度是指前一曲线的终点到后一曲线起点之间的长度。

①对于同向曲线间的最小直线长度，《规范》规定：同向曲线间的最短直线长度(以 m 计)以不小于 $6v$(v 为设计速度，以 km/h 计)为宜：另外，对于计算行车速度 $v \leqslant 40$ km/h 的山岭重丘区公路的特殊困难地段，可以适当放宽。

②对于反向曲线间的最小直线长度，《规范》规定：当设计速度不小于 60 km/h 时，反向圆曲线间直线最小长度(以 m 计)以不小于设计速度的 2 倍为宜；当曲线两端设有缓和曲线时，也可以直接相连，构成 S 形曲线。

3. 直线的运用

平面线形采用直线时应注意线形与地形的关系，并应符合上述直线的最大长度和最小长度的要求：在运用直线线形并决定其长度时，原则是“宜直则直，宜曲则曲”。在下述路段上可采用直线。

(1)路段完全不受地形、地物限制的平坦地区或山间的宽阔河谷地带。

(2)城镇及其近郊道路,或以直线为主体进行规划的区域。

(3)较长的桥梁、隧道等构造物路段。

(4)路线交叉点及其附近。

(5)双车道公路提供超车的路段。

必须采用长直线时,相应纵坡不应过大;若两侧地形过于空旷,宜采用植树或设置一定建筑物等技术措施予以改善:定线时应将能引起兴趣的自然风景或建筑物纳入驾驶员的视线范围。在长直线尽头设置的平曲线,除曲线半径、超高、视距等符合规定外,还必须采取设置标志、增大路面抗滑能力等安全保障措施,以确保行车安全。

2.1.2　圆曲线

1. 圆曲线的特点

各级公路和城市道路不论转角大小均应设置平曲线,而圆曲线是平曲线的重要组成部分。在路线改变方向的转折处(交点处),往往可插入与两端直线相切的圆曲线来实现路线方向的改变。

按照地形条件选用不同大小的圆曲线,使其更加适应驾驶员的视觉、心理感受。

一般认为,圆曲线作为公路平面线形具有以下主要特点。

(1)曲线上任意点的曲率半径为常数,故测设和计算简单。

(2)曲线上任意点都在不断地改变方向,比直线更能适应地形的变化,尤其是由不同半径的多个圆曲线组合而成的复曲线,对地形、地物和环境有更强的适应能力。

(3)汽车在圆曲线上行驶受到离心力的作用,而且往往要比在直线上行驶多占用道路宽度。

(4)汽车在小半径的圆曲线内侧行驶时,视距条件较差,受到边坡或其他障碍物的影响较大,因而容易发生行车事故。

2. 圆曲线半径及圆曲线长度

行驶在曲线上的汽车由于受离心力作用,其稳定性受到影响,而离心力又与曲线半径密切相关,半径愈小愈不利,所以在选择平曲线半径时应尽可能采用较大的值，只有在地形或其他条件受到限制时才使用较小的曲线半径。为了行车的安全与舒适，《标准》规定了圆曲线半径在不同情况下的最小值。

(1)极限最小半径。

极限最小半径是指各级公路在采用允许最大超高和允许的横向摩阻系数情况下，能保证汽车安全行驶的最小半径。

(2)不设超高的最小半径。

当平曲线半径较大时，离心力的影响较小，路面摩阻力就可以保证汽车有足够的稳定性，这时就可以不设超高，而允许设置与直线段上相同的双向横坡的路拱形式。因此，不设超高的最小半径就是指不必设置超高就能满足行驶稳定性的最小半径。

3. 圆曲线半径的运用

在道路平面设计时，应根据沿线地形、地貌等条件，尽可能选用较大半径，以便于安全、舒适行驶。在选定半径时既要技术合理，又要注意经济适用；既不能盲目采用大半径而过分增加工程量，也不能仅考虑当前通行要求而采用低标准。在运用平曲线半径时，应遵循的一般原则是：在地形条件许可时，要力求使半径尽可能接近不设超高的最小半径，但是选用曲线半径时，最大半径一般不应超过10000 m。

4. 圆曲线的最小长度

汽车在曲线线形的道路上行驶时，如果曲线很短，则驾驶员操作方向盘频繁而紧张，而且在高速行驶的情况下是危险的。在平面设计中，公路圆曲线一般由前、后缓和曲线和中间圆曲线三段曲线组成。为便于驾驶操作和行车安全与舒适，汽车在任何一段线形上行驶的时间均不应短于 3 s，在曲线上行驶里程需要 9 s。如果中间圆曲线为零，形成凸形曲线，但凸形曲线与两回旋曲线衔接，对行车不利，只有在受地形条件限制的山嘴或特殊困难情况下方可使用。因此，在平曲线设计时，圆曲线的最小长度一般要有 3 s 的行程。

2.1.3 缓和曲线

缓和曲线是道路平面线形要素之一。它是设置在直线与圆曲线之间或半径相差较大的两个转向相同的圆曲线之间的一种曲率连续变化的曲线。在现代高速公路上，有时缓和曲线所占的比例超过了直线和圆曲线，成为平面线形的主要组成部分。缓和曲线具有如下作用。

(1)曲率连续变化,便于车辆遵循。汽车在转弯行驶的过程中,存在一条曲率连续变化的曲线轨迹,无论车速高低,这条轨迹线都是客观存在的,它的形式和长度则随行驶速度、曲率半径和驾驶员转动方向盘的快慢而定。在低速行驶时,驾驶员尚可利用路面的富裕宽度在一定程度上把汽车保持在车速范围之内,缓和曲线似乎没有必要。但在高速行驶时,汽车则有可能超越自己的车道驶出一条很长的过渡性的轨迹线。从安全的角度出发,有必要设置一条驾驶者易于遵循的路线,使车辆在进入或离开圆曲线时不致侵入邻近的车道。

(2)离心加速度逐渐变化,旅客感觉舒适。汽车行驶在曲线上产生离心力,其大小与曲线的曲率成正比。汽车由直线驶入圆曲线或由圆曲线驶入直线,由于曲率的突变会使乘客有不舒适的感觉,所以应在曲率不同的两曲线之间设置一条过渡性的曲线以缓和离心加速度的变化。

(3)超高横坡度及加宽逐渐变化,行车更加平顺。行车道从直线上的双坡断面过渡到圆曲线上的单向坡面和从直线上的正常宽度过渡到圆曲线上的加宽宽度,一般情况下是在缓和曲线长度内完成的。为避免车辆在这一行驶过程中急剧地左右摇摆,并保证路容的美观,设置一定长度的缓和曲线也是必要的。

(4)与圆曲线配合,使线形更加美观。圆曲线与直线径相连接,在连接处曲率突变,在视觉上有不平顺的感觉。设置缓和曲线以后,线形连续、圆滑,使线形更加美观。同时从外观上看也感到安全,效果显著。

1. 缓和曲线的形式

通过对汽车等速行驶进行研究,汽车行驶轨迹的弧长与曲线的曲率半径的乘积为一常数。这一性质与数学上的回旋线正好相符。其基本公式为:

$$rl = A^2 \tag{2-1}$$

式中,r 为回旋线上某点的曲率半径,m;l 为回旋线上某点到原点的曲线长,m;A 为回旋线参数,m。

由于 r、l 的单位是长度的二次方(m^2),为使量纲一致,故令回旋线的常数 $C = A^2$。A 表征回旋线曲率变化的缓急程度。在回旋线的任一点上,是随 l 的变化而变化的,但在缓和曲线处,$l=L_s$,$r=R$,则 $RL_s=A^2$,即有:

$$A = \sqrt{RL_s} \tag{2-2}$$

式中,R 为回旋线所连接的圆曲线半径,m;L_s 为回旋线的缓和曲线长度,m。

缓和曲线的形式还有三次抛物线、双扭线、n 次抛物线、正弦形曲线、麦克康奈尔曲线等。世界各国使用回旋线居多,我国《标准》推荐的缓和曲线也是回旋线。

2. 缓和曲线最小长度影响因素

(1)旅客感觉舒适。

汽车在缓和曲线上行驶时,其离心加速度随缓和曲线曲率的变化而变化,如果变化过大,将会使乘客感受到横向冲击。

(2)超高渐变率适中。

由于在缓和曲线上设置有超高过渡段,如果过渡段太短会因路面急剧地由双坡变为单坡而形成一种扭曲的面,对行车和路容均不利。

《规范》规定了适中的超高渐变率,由此可导出计算过渡段最小长度的公式为:

$$L_{s(\min)} = \frac{B\Delta i}{p} \tag{2-3}$$

式中,B 为旋转轴至行车道(设路缘带时为路缘带)外侧边缘的宽度,m;Δi 为超高坡度与路拱坡度代数差,%;p 为超高渐变率。

(3)行驶时间不可过短。

不管缓和曲线的参数如何,都不可使车辆在缓和曲线上的行驶时间过短,否则会使驾驶员操作不便,甚至造成驾驶操纵的慌张和忙乱。一般认为汽车在缓和曲线上的行驶时间至少应有 3 s。即:

$$L_{s(\min)} = \frac{v}{1.2} \tag{2-4}$$

2.1.4 平面线形的主要组合形式

(1)基本型:按“直线—圆曲线—直线”的顺序组合,或按“直线—回旋线—圆曲线—回旋线—直线”的顺序组合。

(2)S 形:两个反向圆曲线用缓和曲线连接的组合。

(3)卵形:用一个缓和曲线连接两个同向圆曲线的组合形式。

(4)凸形:在两个同向缓和曲线间不插入圆曲线而径向衔接的组合。

(5)复合型:两个以上同向缓和曲线间在曲率相等处相互连接的形式。

(6)C 形:同向曲线的两缓和曲线在曲率为零处径向衔接的组合形式。

2.2 纵横断面

2.2.1 纵断面

沿着道路中线竖直剖切然后展开即为路线的纵断面。由于自然因素的影响以及经济性要求，路线纵断面总是一条有起伏的空间线。在纵断面图上有两条主要的线：一条是地面线，它是根据中线上各桩点的高程面点绘的一条不规则的折线，反映了沿着中线地面的起伏变化情况；另一条是设计线，它是设计人员经过技术、经济以及美学等多方面比较后定出的一条具有规则形状的几何线，反映了道路路线的起伏变化情况。纵断面图是道路纵断面设计的主要成果，也是道路设计的技术文件之一。把道路的纵断面图与平面图结合起来，就能准确地定出道路的空间位置。

1. 纵断面图标高

纵断面设计线是由直线和竖曲线组成的。直线(均匀坡度线)有上坡和下坡，是用坡度和水平长度表示的。在直线的坡度转折处，为平顺过渡应设置竖曲线，按坡度转折形式的不同，竖曲线有凹有凸，其大小用半径和水平长度表示。

路线纵断面图上的设计标高，即路基设计标高，《规范》规定如下。

(1)新建公路的路基设计标高。

高速公路和一级公路采用中央分隔带的外侧边缘标高，二、三、四级公路采用路基边缘标高，在设置超高、加宽地段为设超高、加宽前该处边缘标高。

(2)改建公路的路基设计标高。

一般按新建公路的规定办理，也可视具体情况而采用行车道中线处的标高。

2. 坡度与坡长的定义

坡度是变坡点高程差与相邻变坡点水平距离的比值，坡长是指两变坡点的水平距离。

$$i = \frac{\Delta h}{L} \tag{2-5}$$

式中，i 为坡度，%；Δh 为变坡点高程差；L 为水平距离。

通常认为上坡为正值，下坡为负值。

3. 最大纵坡

最大纵坡是指在纵坡设计时，各级道路允许采用的最大坡度值，它是道路纵断面设计的重要控制指标。在地形起伏较大地区，其直接影响路线的长短、使用质量、运行成本及造价。

各级道路允许的最大纵坡是根据汽车的动力特性、公路等级、自然条件以及工程和运营等因素，通过综合分析合理确定的。

(1)汽车的动力特性。

不同类型的车辆具有不同的动力特性和制动性能，其上坡时的爬坡能力和下坡时的制动性能也各不相同。按照道路上行驶的车辆类型及其所具有的动力特性来确定汽车在规定速度下的爬坡能力和下坡的安全性，是确定道路最大纵坡的常用方法。

(2)道路等级。

不同的道路等级对应于不同的设计速度，等级高时通行能力大，要求的行车速度也快，相应地其纵坡要求小。因而不同等级、性质的道路，其最大纵坡的限制值也不一样。在确定最大纵坡时，必须把保证各等级道路具有规定的设计速度作为前提。

(3)自然条件。

公路所经地区的地形起伏情况、海拔高度、气温、降雨、冰雪等自然因素对汽车的行驶条件和爬坡能力都会产生影响。处于长期冰冻地区的道路就必须避免采用陡坡，以防止行车下滑等不安全因素的产生。

确定最大纵坡时，不仅要考虑上述三方面因素，还要考虑工程和运营的经济性等。

4. 最小纵坡

在挖方路段、设置边沟的低填方路段和其他横向排水不畅的路段，为了保证排水，防止水渗入路基而影响路基的稳定性，应设置不小于0.3%的纵坡(一般情况下以不小于0.5%为宜)。当然，对于干旱地区，以及横向排水良好、不产生路面积水的路段，可不受此限制。

5. 坡长限制

若纵断面上变坡点过多，从行车来看，纵向起伏变化频繁，会使车辆行驶频繁颠簸，影响了行车的舒适和安全；从线形几何构成来看，相邻边坡点之间的距离不宜过短，最短应不小于相邻竖曲线的切线长，以便插入适当的竖曲线来缓和纵坡的要求，这也是平、纵面线形的合理组合与布置。因此，从行车的平顺性和线形几何的连续性考虑，纵坡都不宜过短。

坡长太短，对行车不利，而长距离的陡坡对汽车行驶也很不利，特别是当纵坡坡度为 5％以上时，汽车上坡为克服坡度阻力，采用低速挡行驶。坡长过长，长时间使用低速挡行驶会使发动机过热，水箱沸腾，行驶无力：而下坡时，则因坡度过陡、坡段过长频繁制动，影响行车安全。在高速公路以及快慢车混合行驶的公路上，坡度过大、坡长过长会影响行车速度和通行能力，因此对纵坡长度也必须加以限制。

6. 平均纵坡

在进行路线纵坡设计时，若地形困难、高差很大，设计时可能不断交替地运用最大纵坡和缓和坡段，形成所谓的“台阶式”纵断面，不能保证使用质量。汽车在这样的坡段上行驶，上坡会长时间地使用二挡，造成发动机长时间发热，导致车辆水箱沸腾，下坡则频繁制动，驾驶员紧张驾驶，也易引起不良后果。因此有必要从行车舒适和安全的角度来控制纵坡平均值，这样既可保证路线的平均纵坡不致过陡，也可以避免局部地段使用过大的平均纵坡。

为了合理地运用最大纵坡、坡长限制和缓和坡段的规定，保证纵坡均衡匀顺，确保行车安全和舒适，《标准》规定：二级、三级、四级公路越岭路线相对高差为 200～500 m 时，平均纵坡以接近 5.5％为宜；越岭路段相对高差大于 500 m 时，平均纵坡以接近 5.0％为宜，并注意任何相连 3 km 路段的平均纵坡不宜大于 5.5％。平均纵坡计算见下式：

$$i_p = \frac{H}{L} \tag{2-6}$$

式中，H 为相对高差，m；L 为路线长度，m。

7. 合成坡度

合成坡度是指在设有超高的平曲线上，路线纵坡与超高横坡所组成的坡度。合成坡度按照下式计算：

$$I = \sqrt{i^2 + i_h^2} \tag{2-7}$$

式中，I 为合成坡度；i 为路线纵坡度；i_h 为超高横坡度。

实践证明，合成坡度对于控制急弯和陡坡组合的路段纵坡设计是非常必要的。在条件许可时，以采用较小的合成坡度为宜。

8. 竖曲线设计

(1)竖曲线的定义。

纵断面上两坡段的转折处，为了行车安全、舒适以及视距的要求，需要用一段曲线缓和，称为竖曲线。竖曲线的线形有用圆曲线的，也有用抛物线的。在公路使用范围内，圆曲线和抛物线几乎没有差别，但是设计和计算上，抛物线则比圆曲线方便得多，因此设计上一般采用二次抛物线作为竖曲线。

(2)竖曲线的最小半径。

在纵断面设计中，竖曲线的设计受众多因素影响，其中有三个主要因素限制着竖曲线的最小半径和最小长度。

①缓和冲击。汽车行驶在竖曲线上时，产生径向离心力。这个力在凹形竖曲线上是增重，在凸形竖曲线上是减重。这种增重与减重达到某种程度时，旅客就有不舒适的感觉，同时对汽车的悬挂系统也有不利影响，所以在确定竖曲线半径时，对离心加速度应加以控制。

②时间行程不可过短。汽车从直坡道行驶到竖曲线上，尽管竖曲线半径较大，当坡角很小时，竖曲线长度也很短。如长度过短，汽车速度大，驾驶员容易产生变坡很急的错觉，乘客也会感到不舒适。因此，汽车在竖曲线上的行程时间不可过短，最短应满足 3 s。

③满足视距的要求。若道路为凸形或凹形竖曲线，当半径太小时，会阻挡驾驶员的视线。对地形起伏较大地区的道路，在夜间行车时，若竖曲线半径过小，前灯照射距离近，会影响行车安全；如果城市道路路线桥、门式交通标志及广告宣传牌等处在凹形竖曲线上方，也会影响驾驶员的视线。因此为了保证行车安全，对竖曲线的最小半径和最小长度应加以限制。

2.2.2 横断面

2.2.2.1 公路横断面类型

公路横断面的组成和各部分的尺寸要根据设计交通量、交通组成、设计速度、地形条件等因素综合确定。在保证公路通行能力、交通安全的前提下，尽量做到用地省、投资少，使公路发挥其最大的经济效益与社会效益。

1. 路基填挖方形式

路基填挖方分为路堤（填方路基）、路堑（挖方路基）和半填半挖路基三种形式。

对于等级高、交通量大的公路（如高速公路、一级公路），通常是将上、下行车辆分开。分隔的方式有两种：一种是相同高程道路用分隔带分隔；另一种是将上、下行车道放在不同的平面上分隔。前者称为整体式断面，后者称为分离式断面。整体式断面包括行车道、中间带、路肩以及紧急停车带、爬坡车道、避险车道、变速车道等组成部分，而分离式断面不包括中间带。不设分隔带的整体式断面（如二级、三级、四级公路）包括行车道、路肩以及错车道等组成部分。公路在直线段和小半径平曲线段路基宽度不同，在小半径平曲线上，路基宽度还包括行车道加宽的宽度。

2. 横断面类型

（1）单幅双车道。单幅双车道公路是指整体式供双向行车的双车道公路。在我国公路总里程中双车道占的比重大，适用于二级、三级公路和一部分四级公路。这类公路适应的交通量范围大，最高达 15 000 辆小客车/天，设计速度范围为 20～80 km/h。在这种公路上行车，只要机动车各行其道、视距良好，车速一般不会受影响；但当交通量大、非机动车多、视距条件较差时，其车速和通行能力则降低较多。所以对混合行驶、相互干扰较大的路段，可设专用非机动车道和人行道，与机动车分离行驶。

（2）双幅多车道。双幅多车道是指设中央分隔带的或分离的四车道及其以上多车道公路。有些分离式路基为利用地形或处于风景区等，甚至做成两条独立的单向行车公路。此类公路车速高、通行能力大，每条车道能担负的交通量比一条双车道公路还多，且行车顺畅、事故率低，但造价高，适用于高速公路和一级公路。

（3）单车道。交通量小、地形复杂、工程艰巨的山区公路或地方道路采用错车道的单车道公路，这种情况适用于地形复杂的四级公路。此类公路造价低，但适应的交通量小、车速低。为满足错车的需要，应在不大于 300 m 的距离内选择有利地点设置错车道，使驾驶员能看到相邻错车道之间的车辆。错车道处的路基宽度不小于 6.5 m，有效长度不小于 20 m。

2.2.2.2　公路横断面组成

1. 行车道

行车道是指专为纵向排列、安全顺适地通行车辆而设置的公路带状部分。所谓行车道宽度，是为了交通安全和行车顺适，根据汽车大小、车速高低而确定的各种车辆以不同速度行驶时所需的宽度。行车道宽度要根据车辆最大宽度，加上错车、超车所需要的余宽来确定。

高速公路和一级公路有四条以上的车道，用中央分隔带将上、下行车辆分开或做成分离式路基，每一侧再分出快车道和慢车道。

2. 路肩

路肩是位于行车道外缘至路基边缘，具有一定宽度的带状结构部分。路肩通常由硬路肩(高速公路和一级公路设置)、土路肩组成。各级公路都要设置土路肩。

(1)路肩的作用。

①供发生故障的车辆临时停车。

②由于路肩紧靠在路面的两侧设置，故可以保护行车道等主要结构的稳定。

③提供侧向余宽，能增进驾驶的安全性和舒适感。

④作为道路养护操作的工作场地。

⑤为设置路上设施提供位置。

⑥对未设人行道的道路，可供行人及非机动车等使用。

⑦在不损坏公路结构的前提下，也可作为埋设地下设施的位置。

⑧挖方路段，可增加弯道视距。

⑨精心养护的路肩可使公路美观。

⑩有的国家将较宽的硬路肩作为警车的临时专用道。

(2)硬路肩。

硬路肩是指经过铺装的路肩，它可以承受汽车荷载的作用力，在混合交通的公路上便于非机动车、行人通行。在填方路段，为使路肩能汇集路面积水，在路肩边缘应设置路缘石。

(3)土路肩。

土路肩是指不加铺装的土质路肩，它起保护路面和路基的作用。

考虑我国土地的利用情况和路肩的功能，在满足路肩功能最低需要的条件下，原则上尽量采用较窄的路肩，充分挖掘路肩的作用。

(4)中间带。

高速公路和一级公路的设计速度较高且车道较多，不设中间带难以保证行车安全，也难以保证该等级道路的应有功能。《标准》规定，高速公路和一级公路整体式断面必须设置中间带。中间带由两侧路缘带和中央分隔带组成。

中间带的作用如下。

①分离往返车流。

②可作为设置公路标识牌及其他交通管理设施的场地，也可作为行人的安全岛。

③设置一定宽度的中间带并种植花草灌木或设置防眩网，可防止对向车辆灯光炫目，还可起到美化路容和环境的作用。

④设于分隔带两侧的路缘带，由于有一定宽度且颜色醒目，既引导驾驶员视线，又增加了行车所需要的侧向余宽，从而提高行车的安全性和舒适性。

⑤可以防止在不分离的多车道公路上驶向对向车道而引起交通事故。

⑥可以避免车辆中途掉头，消灭紊乱车流，减少交通事故。

宽中间带的作用明显，但投资和占地多，不宜采用，原则上我国均采用窄的中间带，构造上高出车道表面，分隔带一般用路缘石围砌，高出路面 10～20 cm。

(5)路缘带。

路缘带是路肩或中间带的组成部分，与行车道连接，用行车道的外侧标线或不同的路面颜色来表示。路缘带主要起引导驾驶员视线和分组侧向余宽的作用，以利于行车安全。

(6)路缘石。

路缘石是设置在路面与其他构造物之间的标石。在分隔带与路面之间，人行道与路面之间一般都需要设置路缘石。路缘石的形状有立式、斜式和曲线式等几种。

高速公路和一级公路中央分隔带上的路缘石起导向、连接和排水的作用，但高度不宜太高，如果路缘石较高(大于 20 cm)，当高速行驶的汽车撞上路缘石时，将导致汽车飞跃甚至翻车。因此高速公路的分隔带因排水必须设置路缘石时，应使用低矮、光滑的斜式或曲线式的路缘石，高度宜小于 12 cm。

2.3　公路交叉

公路与公路、公路与铁路及公路与其他道路或管线相交的形式称为交叉，相交的地方称为交叉口。相交公路在同一平面上的交叉称为平面交叉；相交公路分别在不同平面上的交叉称为立体交叉。

2.3.1　公路与公路平面交叉

在平面交叉口，不同方向的车流和行人互相影响和干扰，不但会降低车速、阻滞交通、降低通过能力，而且容易发生交通事故。因此，公路交叉口是公路的重要组成部分，是公路交通的咽喉部位，必须予以足够的重视，进行合理的设计。平面交叉口设计的基本要求：一是保证车辆和行人在交叉口能以最短的时间安全地通过，使交叉口的通行能力能适应各条公路的行车要求；二是正确设计交叉口的立面，保证交叉口范围内的地面水迅速排除。

1. 平面交叉口的交通分析

各个方向的车流驶入交叉口后，以直行、右转弯和左转弯的方式驶离交叉口。这样，由于交叉口车辆行驶方向不同，车辆间的交错也有所不同，产生各种危险点(包括冲突点、合流点及分流点)。

(1)冲突点：当来自不同行驶方向的车辆以较大的角度相互交叉的地点，称为冲突点，亦称交叉点。

(2)合流点：当来自不同行驶方向的车辆以较小的角度向同一方向汇合的地点，称为合流点，亦称汇合点。

(3)分叉点：当同一行驶方向的车辆向不同方向分开的地点，称为分叉点，亦称分流点。

上述不同类型的交错点，都存在着碰撞的危险，以左转与直行车辆和直行与直行车辆所产生的冲突点对交通的影响最大，其次是汇合点和分叉点。因此，在交叉设计中应尽量减少冲突点、汇合点和分叉点。

在交叉口处，如果机动车和非机动车同时通过，则产生的冲突点更多。

通过分析可得出下列结论。

(1)交叉口危险点的数量随交叉口相交路线数量的增加而显著增加。所以，除特殊情况外，应力求减少交叉公路的条数，尽量避免5条及以上的公路相交。

(2)产生冲突点最多的是左转弯车辆，若无左转弯车辆，则冲突点的个数会明显减少。因此，在交叉口设计中如何正确处理和组织左转弯车辆，是保证交叉口交通通畅和行车安全的关键。

为了减少和消除交叉口上的冲突点，保证交叉口的交通安全，可以采取一些措施。通常，消除或减少冲突点的方法如下。

(1)进行交通管制。即在交叉口处设置交通信号灯或由交警指挥，使直行车和左转弯车在通行时间上错开。

(2)采用渠化交通。合理布置交通岛、交通标志和标线、增设行车道等(如采用环形交叉，俗称转盘)，引导各方向车流沿一定方向行进，减少车辆之间的相互干扰，使车流像水流一样被渠化。

(3)采用立体交叉。将相互冲突的车流从空间上分开,使其互不干扰。这是彻底解决交叉口交通问题的有效方法。但立体交叉造价高,有的立体交叉仍有平面交叉问题,所以,不能随意采用立体交叉。

为了交通安全,应在交叉口设置标志牌,使驾驶员有精神准备;同时,交叉口应具有足够的视距,使驾驶员能看到各方向来车情况,以便及时采取措施。

2. 平面交叉口设计的主要内容

平面交叉口设计的主要内容如下。

(1)正确选择交叉口形式,确定各组成部分的几何尺寸。

(2)进行合理的交通组织,合理布置各种交通设施。

(3)验算交叉口的行车视距,保证安全通行条件。

(4)合理进行交叉口的立面设计,布置各种排水设施。

3. 平面交叉口的基本类型和特点

按几何形状,平面交叉可分为十字形交叉、T 形交叉及其演变而来的 X 形交叉、Y 形交叉、错位交叉、环形交叉和复合交叉等。

(1)十字形交叉。相交公路夹角 $90°\pm15°$范围内的四路交叉。

(2)T 形交叉。相交公路夹角为 90°或在 $90°\pm15°$范围的三路交叉。

(3)X 形交叉。相交公路夹角小于 75°或大于 105°的四路交叉。

(4)Y 形交叉。相交公路夹角小于 75°或大于 105°的三路交叉。

(5)错位交叉。由两个方向相反距离相近的 T 形交叉所组成的交叉口;若由两个 Y 形交叉所组成的则为斜交错位交叉。

(6)环形交叉。在交叉口中央设置较大的圆形或其他形状的中央岛,所有车辆绕岛作逆时针行驶直至离岛驶去。

(7)复合交叉。指五条及以上的公路交汇的地方,交叉口中心较突出,但交通组织不便,且占地较大,必须慎重全面地考虑。

按布置形式,平面交叉一般可分为加铺转角式交叉、分道转弯式交叉、加宽路口式交叉和环形交叉四类。

(1)加铺转角式交叉。在平面交叉转弯处,用适当半径的圆曲线平顺连接相交公路的路基和路面的形式称为加铺转角式交叉。此类交叉形式简单,占地少,造价低,设计方便,但行车速度低,通行能力小。一般适用于交通量不大,车速不高,转弯车辆少的三、四级公路或地方公路。设计时主要解决合适的转角曲线半径和足够的视距问题。

(2)分道转弯式交叉。通过在路面上设置导流岛、分隔器、分隔带、交通岛或划分车道等限制行车路线,使不同车型、车速和行驶方向的车辆,沿着指定方向通过交叉口的形式,称为分道转弯式交叉。分道转弯式交叉适用于交通量不大、车速较高、转弯车辆较多的三、四级公路。设计时主要解决分道转弯半径、保证足够的视距和满足导流岛端部半径的要求。分道转弯式交叉也起到渠化交通的作用。

(3)加宽路口式交叉。为避免转弯车辆阻塞直行车和其他交叉公路的车辆,可以采用加宽路口增设转弯车道或变速车道或附加车道的平面交叉,称为加宽路口式交叉。这种交叉可以单增右转或左转车道,也可同时增设左、右转车道。此类交叉可以减少转弯车辆对直行车辆的干扰,车速较高,事故率低,通行能力较大,但占地多,投资大,适用于交通量较大、转弯车辆较多的二级公路。设计时主要解决扩宽的车道数,同时也要满足视距和转弯半径的要求。

(4)环形交叉。在交叉口中央设置中心岛,用环道组织渠化交通,使车辆进入环道后均按逆时针方向绕岛单向行驶,直至所要去的路口,离岛驶出的平面交叉,称为环形交叉。环形交叉的优点是各种车辆可以连续不断地单向行驶,没有停滞,减少了车辆在交叉口的延误时间,环道上的行车只有交织的分流,消除了冲突点,提高了行车安全性,交通组合简便,不需信号管制,但占地较多,造价较高,直行车和左转弯车绕行的距离较长。环形交叉适用于多路交叉和畸形交叉。

4. 平面交叉口的视距保证

为了保证交叉口的行车安全,司机在进入交叉口前的一段距离内应能看清楚相交公路上车辆的行驶情况,以便能顺利驶过交叉口或及时采取相应措施,避免相撞。这段必要的距离必须大于或等于停车视距 S_T。

由两条相交公路的 S_T 作为边长,在交叉口处所组成的三角形成为视距三角形。在视距三角形内不得有阻碍司机视线的障碍物存在。

5. 交叉口立面(竖向)设计

交叉口立面设计的目的是通过调整交叉口范围的行车道、人行道及附近地面等有关各点的设计标高,合理确定各相交公路之间及交叉口和周围建筑物之间共同面的形状,以符合行车舒适、排水迅速和建筑艺术三方面的要求。通常,竖向设计图中用等高线来表示交叉口各部位的设计标高和排水方向。

6. 平面交叉设计成果

(1)平面交叉口平面布置图。比例尺用 1∶1000～1∶500,图中示出路中心线和路面边缘线，注明交叉点，各岔道其终点、加桩、控制断面的位置和桩号，并列出平曲线要素表。图中还应标出各控制断面的宽度、横坡度和两侧路面边缘设计标高，并注明交叉口处各坡段的纵坡等。

(2)纵横断面图。除横断面图可用 1∶200～1∶100 比例尺外，其余要求与一般路线设计的相同。

(3)交叉口地形图和竖向设计图以及交叉口的工程数量等资料。

2.3.2　公路与公路立体交叉

1. 立体交叉的基本组成

立体交叉通常由跨线构造物、主线、匝道、出入口、变速车道(加速、减速车道)、斜带及三角形地带等部分组成。

(1)跨线构造物。它是立体交叉实现车流空间分离的主体构造物，包括设于地面以上的跨线桥(上跨式)以及设于地面以下的地道(下穿式)。

(2)主线。它是组成立体交叉的主体，通常指两条相交公路的直行车道，主要包括连接跨线构造物两端到地坪标高的引道和交叉范围内引道以外的直行路段。

(3)匝道。它是立体交叉的重要组成部分，是指供上、下相交公路转弯车辆行驶的连接道，有时包括匝道与主线以及匝道与匝道之间的跨线桥(或地道)。匝道有右转匝道和左转匝道之分。右转匝道即从公路右侧驶出后直接右转约 90°，至相交公路右侧进入，一般不需跨线构造物。其特点是形式简单，车辆行驶方便，行车安全。左转匝道即车辆转 90°～270°越过对向车道，至少要设置一座跨线构造物。

(4)出入口。由主线驶出进入匝道的路口为出口，由匝道驶入主线的路口为入口。

(5)变速车道。由于匝道采用比主线低的车速，因此进出主线都要改变车速。为车辆进出变速而设的附加车道，称为变速车道，入口处为加速车道，出口处为减速车道。

(6)斜带及三角形地带。变速车道与主线衔接的三角形渐变段称为斜带。匝道与主线间、匝道与匝道间所围成的地区统称为三角形地带。三角形地带可用于交叉口绿化环境、照明等。

2. 立体交叉的类型

(1)按结构物形式分类。立体交叉按相交公路结构物形式划分为上跨式立体交叉和下穿式立体交叉两类。

①上跨式立体交叉是指用跨线桥从相交公路上方跨过的交叉形式。这种立体交叉施工方便，造价较低，排水易处理，但占地面积大，引道较长，高架桥影响视线和市容，宜用于市区以外或周围有高大建筑物处。

②下穿式立体交叉是指用地道（或隧道）从相交公路下方穿过的交叉形式。这种立体交叉占地面积小，立面易处理，对视线和市容影响小，但施工期较长，造价较高，排水困难，多用于市区。

(2)按交通功能分类。立体交叉按交通功能可划分为分离式立体交叉和互通式立体交叉两类。

①分离式立体交叉。分离式立体交叉是指采用上跨或下穿方式相交的立体交叉。车辆只能直行通过交叉口，不能互相转道。这种立体交叉占地面积小，构造简单，设计的重点考虑路线的上下位置。

②互通式立体交叉。互通式立体交叉设跨线构造物使相交公路空间分离，上、下公路之间有匝道连接，并可供转弯车辆行驶。这种立体交叉构造较复杂，占地面积大，但车辆可安全转道、连续行驶。互通式立体交叉适用于高速公路与其他各类公路、大中城市出入口公路以及重要港口、机场或游览胜地的公路相交处。

互通式立体交叉根据交叉处车流轨迹线的交错方式和几何形状的不同，又可分为部分互通式立体交叉、完全互通式立体交叉和环形立体交叉三种类型。

a.部分互通式立体交叉：相交公路的车流轨迹线之间至少有一个平面冲突点的交叉。这是一种低级的互通式立体交叉，代表形式有菱形立体交叉和部分苜蓿叶形立体交叉。其特点是形式简单，仅需一座跨线的构造物，用地和工程费用小，但次线与匝道连接处为平面交叉，影响了通行能力和行车安全。

b.完全互通式立体交叉：相交公路的车流轨迹线全部在空间分离的交叉。它是一种比较完善的立体交叉，代表形式有喇叭形立体交叉、苜蓿叶形立体交叉、Y形立体交叉、X形立体交叉等。其特点是匝道数与转弯方向数相等，各转向都有专用匝道，无冲突点，行车安全，通行能力大，但立体交叉占地面积大、造价高。完全互通式立体交叉适用于高速公路之间及高等级公路与其他较高等级公路相交。

c.环形立体交叉：相交公路的车流轨迹线因匝道数不足而共同使用，且有交织路段的交叉。其特点是保证主要公路直通，交通组织方便，占地少且无冲突点，但通行能力受到环道交织能力的限制。车速也受到环岛半径的限制，绕行距离长，构造物多。环形立体交叉适用于较高等级公路与次高等级公路，以五条以上公路相交为宜。布设时应让主线直通，中心岛可采用圆形、椭圆形或其他形状。

3. 一般要求

当高等级公路相交或交通量过大时，或在行车速度高、地形条件许可的情况下，经过技术和经济综合评定，可采用立体交叉。

在设置立体交叉时，应遵循《标准》和《规范》的规定。

(1)高速公路与其他各级公路交叉时，必须采用立体交叉。交叉形式除在控制出入的地方设互通式立体交叉外，均采用分离式立体交叉。互通式立体交叉的形式、设置的间距及加(减)速车道、匝道的设计，应根据有关规定及具体情况确定。

(2)一级公路与其他公路交叉时，应尽量采用立体交叉。交叉形式可根据具体情况采用互通式或分离式立体交叉。

(3)其他各级公路的交叉，当交通条件需要或有条件的地点，也可采用立体交叉。

(4)立体交叉的建筑限界应满足要求。

4. 公路与公路立体交叉设计成果

(1)布置图。比例尺一般用 1∶1000～1∶500，内容包括地形、地物、路线(包括匝道)、跨线桥及其他构造物等。

(2)纵、横断面图。比例尺和要求与平面交叉相同。

(3)跨线桥设计图。其要求与一般桥梁设计相同。

(4)如有挡土墙、窨井、排水管、排水泵站等其他构造物，必须附设计图。

(5)有比较方案时，应绘制布置图并提供有关资料。

(6)提供交叉口的工程数量等资料。

2.3.3　公路与其他路线交叉

1. 公路与铁路相交叉

高速公路、一级公路与铁路交叉时必须采用立体交叉，其他各级公路与铁路交叉时应尽可能采用立体交叉。公路与铁路立体交叉时，桥下净空应满足有关要求；公路与铁路平面交叉时交叉角宜为正交，必须斜交时交叉角应大于 45°。

2. 公路与乡村道路相交叉

高速公路、一级公路与乡村道路交叉时必须采用立体交叉，其他各级公路与乡村道路交叉时可采用平面交叉。公路与乡村道路立体交叉时，桥下净空应满足有关要求。

3. 公路与管线等相交叉

各种管线和管道均不得侵入公路建筑限界。架空管线和管道与公路交叉时宜为正交，其距离路面的最小垂直距离应满足有关规定；埋入地下的管线和管道其埋置深度应满足有关规定。

2.4 高速公路简介

高速公路是专供汽车分向、分车道行驶并全部控制出入且通行能力特大的公路。早在1919年，德国就修建了设有上、下行车道，中间设分隔带的公路，称为AVUS，是高速公路的雏形。意大利也是较早修建高速公路的国家，美国、日本、荷兰等先进国家其高速公路的发展速度也非常迅猛。我国的高速公路出现比较晚，1988年建成的沪嘉高速公路是我国最早修建的高速公路，全长18.5 km。

2.4.1 高速公路的特点

1. 行车速度高

高速公路是按汽车高速行驶的要求设计的。对于慢速机动车、非机动车以及行人、牲畜一律禁止通行。国外绝大部分国家设计行车速度在平原地区采用120 km/h(个别国家采用140 km/h)，在山区一般采用100 km/h。路上形成连续车流，在车道上的行车速度不得低于60 km/h或80 km/h。我国目前采用的设计速度为：平原微丘区20 km/h；重丘区100 km/h；山岭区80 km/h；特殊路段可采用60 km/h，但长度不宜大于15 km。

2. 通过能力大

高速公路上车辆分道行驶，互不干扰，通过能力大，从根本上解决了交通的拥塞。

3. 设有中央分隔带

为了有效地分隔两个方向的车辆交通，保证车辆高速安全行驶，在上、下两行车道之间必须设置中央分隔带。

4. 立体交叉

高速公路与任何铁路、公路相交时，均应设置立体交叉。立体交叉既起到了消除侧向车辆干扰的作用，又控制了车辆的出入或流向。

5. 控制出入

为了保证汽车在公路上达到高速、安全、通过能力大的要求，高速公路沿线除通过互通式立体交叉处可以进出外，沿线是封闭的。车辆必须经过专设的入口和出口进出高速公路。

6. 交通设施完备

高速公路沿线设有各种完善、形状和颜色显著易辨的标志，夜间能反光或发光。在入口稠密的市区、交通要道和交叉口处，设置有照明设备；并在公路沿线设有必要的护栏、防护网、防眩设备、隔音墙、可变式道路信号板、紧急电话等安全和防护工程设施。

7. 服务设施齐全

高速公路沿线设有停车场、加油站、汽车修理站、小卖部、饭店、旅馆等服务设施。

8. 投资大、造价高

高速公路投资大、造价高，通常要修建许多桥梁、隧道和高架桥等构造物。

9. 用地面积大

一条最简单的四车道高速公路用地宽度至少是 30 m，加之预留空地，占地将更大。

特别是完全互通式立体交叉每座用地达 $4\times10^4\sim1\times10^5\ m^2$。较高的用地使工程造价增加，征地费用有时甚至达到修路费用的 1/3。

10. 其他特点

无法照顾短程运输，必须有相应的辅道配合等。

总之，高速公路除了采用高标准的几何设计外，还必须具有上述特点，才能充分发挥高速公路快速、安全、舒适的作用。

2.4.2　高速公路的线形设计

高速公路的线形设计标准比一般公路要高，主要体现在公路的通行能力和行车速度两个方面。因此，快速、安全、舒适是高速公路线形设计的基本要求。影响高速公路线形标准的因素主要有公路的重要程度、设计速度、设计车辆、交通量以及所在地区的地形等。其中，设计速度、设计车辆和交通量是最基本的因素。下面简单介绍高速公路的平、纵、横设计要点。

1. 平面设计

高速公路的平面设计中已经较少采用直线，而用大半径曲线代替。因为直线不易与地形协调，其不仅单调，而且连续感也差。

平面线形设计还应遵循《标准》和《规范》规定的其他要求。

2. 纵断面设计

高速公路的纵断面应尽量采用平缓纵坡，但纵坡不得小于0.3%，以保证排水畅通，并尽量采用大半径竖曲线。

纵断面线形设计还应遵循《标准》和《规范》规定的其他要求。

3. 横断面设计

高速公路的横断面必须采用中央分隔带或往返分离式路基。路面边缘必须有硬路肩相连，并保证排水畅通，保证边坡和路基稳定。弯道上的横断面不得有任何妨碍视线的障碍物，包括不得在弯道内侧上种植树木，以保证视距。

横断面设计还应遵循《标准》和《规范》规定的其他要求。

2.4.3　高速公路的沿线设施

高速公路有非常完善的沿线设施，包括交通安全设施、服务设施、管理设施和环境保护措施等。这些设施是公路不可缺少的组成部分。

1. 交通安全设施

为了保证行车安全和充分发挥高速公路的作用，高速公路的沿线应按规定设置必要的交通安全设施。常见的交通安全设施有护栏、防护网、防眩设施、交通标志与交通标线、照明设施等。

(1)护栏。护栏设于中央分隔带和路基两侧。其主要作用是防止高速行驶的车辆在失去控制的情况下越出路外或冲向对面方向车道，使车辆恢复到正常行驶方向。同时护栏还起到引导司机视线的作用。

一般护栏在中央分隔带上应全面连续设置，在路基两侧可根据需要部分设置，通常当路基高度达到 3 m 以上时都应设置护栏。

护栏按刚度不同划分为柔性护栏、半刚性护栏和刚性护栏；按位置不同划分为路侧护栏、中央分隔带护栏、路桥过渡段护栏和活动护栏。

(2)防护网。防护网是在公路用地外缘设置的一种禁入栅栏。设置防护网是为了防止牲畜、行人、非机动车等闯入或横穿高速公路。防护网一般设置在靠近高速公路设有其他道路的地段，互通式立体交叉、服务区等设施的地段，或有居民区，人、家畜有可能进入的周围地段。

防护网一般采用铁刺围栏禁入栅栏或金属网型禁入栅栏，其高度为 1.0～1.5 m。

(3)防眩设施。设置防眩设施的目的是使夜间行驶中的车辆不受对面方向行驶车辆的影响。如果采用宽中央分隔带可不设置。

防眩设施一般分为百叶板式和金属网式两种，其高度一般为 1.4～1.7 m。

(4)交通标志与交通标线。交通标志是用图形、符号和文字传递特定信息，对公路上行驶的司机给予指路、指示、警告、禁令等，用以管理交通的安全设施。交通标志包括警告标志、禁令标志、指示标志和指路标志等。

交通标线是由各种标线、箭头、文字、立面标记等构成的交通安全设施，其作用是管理和引导交通。它包括行车道中心线、车道分界线、停止线等。

(5)照明设施。为使夜间交通顺畅和保证行车安全，在运输特别繁忙和重要的路段内，应尽可能按一定的间距配置路灯，使整个路段得以照明。

2. 服务设施

高速公路是全部控制出入的公路，汽车在行驶途中不能随意出入和停车。为了方便司乘人员临时休息、汽车加油和排除临时故障，沿线必须设置必要的服务设施。服务设施根据服务内容和设备规模一般分为服务区和停车场两大类。

服务区规模较大，设备齐全。设置有停车坪、加油站、汽车修理部、饭店、商店、旅馆、公用电话等。为了能给司乘人员提供良好的休息环境，服务区一般选择在风景优美的地方。

停车场的服务内容和规模比服务区小得多，一般仅包括停车坪和厕所。停车场一般没有加油站和修车设施。

服务区和停车场的形式一般可分为两侧分离式、单侧集中式和中央集中式三种类型。

服务区的间距一般情况下不超过 50 km,大型服务区不超过 100 km。停车场的间距一般为 15～25 km。

3. 管理设施

管理设施主要包括监控、收费、通信、配电和管理养护等设施,实时收集交通信息并及时发布,迅速采取相应对策,疏导交通、保障行车安全。管理设施的建设规模应根据预测交通量进行总体设计,并据此实施基础工程、地下管线及预留预埋工程等。

4. 环境保护设施

高速公路设计应重视环境保护,减少由于公路修建和使用对环境所产生的影响。这些问题主要有噪声、污水及汽车废气等造成的大气污染。措施如下。

(1)防噪声设施。交通噪声是公路运输的公害之一。噪声会损害听觉、危及健康,影响正常的工作和生活,并对建筑物和仪器也产生损害。为此,不少国家都制定有噪声的限度标准,一般规定路上噪声不超过 60 dB,并限制住宅区噪声白天不超过 45 dB,晚上不超过 35 dB。

为了防止噪声干扰,首先在高速公路选线时就应注意使路线尽量远离住宅区,不得已时,尽量缩短通过长度并采取相应措施。目前,高速公路上常用的防噪声措施有以下三类。

①隔音墙。通常墙高 3～5 m,多用隔音水泥板制成,适用于路侧有建筑物的隔音。

②隔音堤。在高速公路的路基两侧设置顶宽 2～3 m,边坡 1∶2,高度以能挡住受音点为宜的土堤,并在堤上绿化进行隔音。隔音堤一般适用于路侧有建筑物且用地较宽的情况。

③隔音林带。隔音林带宽度一般为 10～20 m,隔音效果好,但占地较多,适用于路侧有建筑物且用地较宽的情况。

(2)污水处理。对带有污染的路面排水、服务区和停车场产生的污水,要以不影响水源、农田为原则,设置必要的排水设施或沉淀池进行处理。

(3)公路绿化。公路绿化具有减轻污染、净化空气、美化环境、引导司机视线等作用,并且可以使人心情舒畅,增加行车的舒适感和安全感。因此,高速公路的用地范围内,应大力进行绿化,尽量通过绿化减轻施工和运营对周围环境的影响。

2.4.4　高速公路的交通控制与管理

1. 交通控制与管理的概念

高速公路的交通控制与管理是保证车辆安全运行的必要条件。管理的措施和水平对运输效果影响很大，若管理跟不上，即使按高速公路的标准进行设计，也达不到预期的设计效果，甚至导致频繁的交通事故。

高速公路的交通控制与管理是通过监控系统和管理系统来实现的。实践证明，在高速公路上行驶的车流应该有一个最佳的密度和速度，低于此车速，车辆密度增加容易形成不稳定的车流，造成延误运行时间。通过交通控制和管理，可使高速公路上的车流保持车速、密度、间距的最佳组合，达到高速安全运行的目的。

目前，交通控制与管理的方法主要是预先在高速公路的主线上、出入口及互通式立体交叉等处设置车辆检测器和电视摄像等监控系统，将监视路段内的交通运行情况传送到交通控制管理中心，由计算机处理后对整个监视路段发出交通信号，指示车辆按规定的方向运行。交通控制管理中心是进行交通控制与管理系统的核心，一般配备有电子计算机、操作台、沿线地图模拟监测板、交通数据监测板、监测电视及图像显示设备等。

2. 交通控制的类型与选择

根据国情、公路所在的路段及重要程度等，高速公路交通控制的类型可分为主线控制、出入口控制和区域性控制等。一般情况下，主线控制与区域性控制适用于城市及城郊高速公路，出入口控制是高速公路普遍采用的交通控制方法。

(1)主线控制是对行驶在高速公路上的车辆实行分流或限制。其目的是保持行驶车流的最佳密度和车速，有效地提高公路的通行能力。

主线控制的方法除利用沿途可变式道路情报板指导汽车行驶外，主要是在收费处、隧道口等处设置限制信号机，通过关闭一条或几条车道，或将这些关闭的车道变为反向行驶车道，以提高通行能力降低时的安全性和使用效率。如澳大利亚悉尼大桥在交通高峰期间，当出现双向车流的某一侧交通量特别大时，通过车道限制信号机进行分流，就是属于主线控制的一种形式。

(2)出入口控制是高速公路控制出入的主要形式。入口控制是将可能引起主线阻塞的车流封闭在入口以前，出口控制是利用出口迅速疏导已经发生的阻塞。显然，入口控制要优于出口控制，故一般都采用入口控制的方法。

控制入口的措施主要有完全封闭入口、周期性入口控制和感应式入口控制等。它们是利用在入口处设置信号色灯或自动路障来实现的。如感应式入口控制,平时为绿色通行信号,当主线上车流速度和密度达到最低警戒线时,交通控制与管理中心的沿线地图监测板上就会显示红色路阻信号,并据此发出控制入口的指令。该控制系统能缩短车辆的停车时间,有效地调节车流的均匀性。

(3)区域性控制即把协调原则推广应用到相应规模地区的交通信号上。主要特点是区域控制范围内的主线及其他道路的各个交叉口的交通管理均自动控制,当发现运行不畅或交通事故时,通过指令对相关区域范围各交叉口色灯或车道进行调整等,来达到重新组织交通确保最大通行能力的目的。

3. 监控系统

监控系统由交通信息收集系统和中央控制交通信息处理系统组成。各种交通信息、道路信息、气象信息等是进行交通控制与管理的根据和基础。信息的内容和数量反映了高速公路的控制与管理水平。这些信息是通过交通信息收集系统提供给交通管理中心的。

交通信息收集系统可收集沿途设置的紧急电话、交通巡逻车、气象观测站提供有关信息,以及交通量、车流速度及密度等交通数据。交通量、车流速度及密度等交通数据主要是通过设置在高速公路上的车辆检测器和电视摄像机获得的。车辆检测器设在高速公路的出入口及主线上,并与中央控制室的交通数据板相连通。摄像机由中央控制室操作,可以旋转、俯仰、变焦,并将交通情况在电视屏幕上显示出来。中央控制室管理人员通过操纵监控电视与交通数据板,即可获得交通实况和数据板显示的各处交通量、速度、密度及拥挤情况。这些交通信息经信息处理系统处理后,由管理系统发出工作指令,对路上交通实施控制与管理。

4. 管理系统

管理系统由交通信息提供系统和中央交通信息控制系统组成。管理系统通过发布交通信息和指令,告知驾驶员有关信息,促使其选择合理的行车方式和路线,使路上交通量均匀分布,提高公路通行能力,达到高速安全行驶的目的。

高速公路的交通管理系统除由交通管理人员在现场管理外,主要是通过可变式道路情报板、主线控制和出入口控制进行管理。

(1)可变式道路情报板。这种装置是高速公路上专供交通管理中心提供随时变化的情报用的。交通管理中心将收集到的各种数据和信息经计算机处理后，通过管理人员发出指令，在情报板上显示出文字或图形，向司机提供有关交通事故、交通阻塞、道路维修施工及气象情况等各种随机信息，并及时发出行车指示。

可变式道路情报板操作简单，内容可随时变化，可以远距离操纵，一次可以给多块情报板同时下指令。其位置一般设置在互通式立体交叉的出入口、收费站、隧道口以及必要的主线上。

(2)主线控制。交通管理中心的管理人员利用设置在收费处、隧道口等处的车道限制信号机，根据情况进行车道调整等措施，指示汽车疏散线路。如美国采用的主线控制装置，平时为绿色，车道关闭时变红色“X”符号。

(3)出入口控制。交通管理中心的管理人员在向可变式道路情报板发出指令的同时，可根据情况通过操作键盘，对整个监控系统的出入口发出色灯信号，指示车辆按规定的方向运行。

2.4.5 高速公路展望

1. 高速公路国际化

随着各国的政治、经济、科技、文化、军事的交流与合作，高速公路向国际化发展将是大势所趋，为了更好地发挥高速公路的效益，加强国际间的运输联系，一些发达国家正把主要高速公路连接起来，构成国际高速公路网。

2. 重视交通安全

虽然高速公路的事故率较一般公路低，但是，对于越来越多的车祸仍应引起足够的重视。

高速公路上的车流由于密度大、车速快，一旦出现了交通事故往往影响极大，死伤人员极多。所以，有人认为，高速公路是“没有硝烟的战场”。各国均积极采取各种措施，从法规及技术方面来改善高速公路交通安全状况。

3. 向智能公路发展

智能公路体系的主体是信息设备，就是在高速公路上设置监测器和信息发射装置，通过中心控制室将监测器收集的信息处理后来指示高速公路路口的信号装置以控制车流量，同时通过电子显示牌直接向驾驶员显示或通过信号发射装置向汽车内的接收装置发送声音、文字或图形等形式的交通信息，还可利用卫星监视系统进行交通监控，通过卫星转发交通信息，通过以上或其他先进的方式向驾驶员提供最优行驶路线，行车速度、交通情况、本车车位等信息，控制高速公路保持最佳的通行能力。

4. 多功能高速公路

从高速公路的发展来看，建设初期人们只着眼于道路线形设计、结构设计等道路本身的建造技术。此后，随着社会的进步和科学的发展，道路以外的附属设施（如安全设施、信息设施、管理设施等）逐步引起人们的关注。未来的高速公路将着眼于多功能的利用，不仅利用路面，还将利用空间，充分发挥道路功能使之成为多功能高速公路。

多功能高速公路运输设想：沿高速公路设置公用电缆沟、铺设光缆、电力线及其他管道、线路，不仅为交通控制与管理服务，随着公路网的形成，还将成为一个国家或地区通信网的主干线。这样，高速公路将不仅输送人员、物资等物流，还将输送电力等能源和各种信息流，使高速公路成为多功能的道路。

5. 开拓发展高速公路的新途径

目前，国外高速公路仍在以不同的速度和规模发展，以适应不断增加的交通量和经济发展的需要。如德国高速公路发展的重点是加强技术改造，将四车道改为六车道，以进一步提高高速公路的通行能力，同时，将建设重点移向东部地区。泰国曼谷市地面上已无空余之地供修建公路，于是将重点移向地上空间，计划采用拟建高架高速公路、空中铁路等措施，增加路线数量。日本在扩大高速公路方面，除了增加数量和拓宽、改建原有工程外，还采用增加或改善互通式立体交叉、扩建休息设施、局部地段增加新的公路线的方法。

第3章　公路工程施工

3.1　路基工程

3.1.1　路基类型

3.1.1.1　一般路基干湿类型

路基的干湿类型表示路基在最不利季节的干湿状态，划分为干燥、中湿、潮湿和过湿四类。原有公路路基土的干湿类型可以根据路基的分界相对含水量或分界稠度划分；新建公路路基的干湿类型可以根据路基临界高度来判别。高速公路应使路基处于干燥或中湿状态。

3.1.1.2　特殊路基类型

1. 软土地区路基

以饱水的软弱黏土沉积为主的地区称为软土地区。软土包括饱水的软弱黏土和淤泥。在软土地基上修建公路时，容易产生路堤失稳或沉降过大等问题。我国沿海、沿湖、沿河地带都有广泛的软土分布。

2. 滑坡地段路基

滑坡是指在一定的地形地质条件下，由于各种自然因素和人为因素影响，山坡的不稳定土（岩）体在重力作用下，沿着一定的软弱面（带）作整体、缓慢、间歇性的滑动变形现象。滑坡有时也具有急剧下滑现象。

3. 岩坍与岩堆地段路基

岩坍是岩崩与坍塌的统称，包括错落、坍塌、落石、危岩。岩堆则是陡峻山坡上岩体崩塌物质经重力搬运在山坡脚或平缓山坡上堆积的松散堆积体。

4. 泥石流地区路基

泥石流是指山区由于地形陡峻，松散堆积物丰富，特大暴雨或大量冰融水流出时，突然暴发的包含大量泥沙、石块的洪流。有时每年发生，有时多年发生一次，危害程度也不一样。

5. 岩溶地区路基

岩溶是石灰岩等可溶性岩层，在流水的长期溶解和剥蚀作用下，产生特殊的地貌形态和水文地质现象的统称。岩溶对路基的危害一般为溶洞顶板坍塌引起的路基下沉和破坏；岩溶地面坍塌对路基稳定性的破坏；反复泉与间歇泉浸泡路基基底，引起路基沉陷、坍塌或冒浆；突然性的地下涌水冲毁路基等。可溶性碳酸盐类岩石主要集中在我国华南和西南，其次是长江中、下游的华中区。

6. 多年冻土地区路基

凡是土温等于或低于 0℃且含有冰的土(石)称为冻土，这种状态保持三年或三年以上者，称为多年冻土。主要集中于我国东北大、小兴安岭和青藏高原。

7. 黄土地区路基

黄土是一种以粉粒为主，多孔隙，天然含水量小，呈黄红色，含钙质的黏土。广泛分布于黄河中游的河南西部，山西、陕西和甘肃的大部分地区以及青海、宁夏、内蒙古部分地区。黄土的湿陷性是在外荷载或自重的作用下受水浸湿后产生的湿陷变形。

8. 膨胀土地区路基

膨胀土系指土中含有较多的黏粒及其他亲水性较强的蒙脱石或伊利石等黏土矿物成分且有遇水膨胀、失水收缩的特点，是一种特殊膨胀结构的黏质土。多分布于全国各地二级及二级以上的阶地与山前丘陵地区。

9. 盐渍土地区路基

盐渍土中氯盐、硫酸盐受水浸时易溶解，可形成雨沟、洞穴、湿陷等病害，冬季冻胀、盐胀形成鼓包、开裂，夏季溶蚀、翻浆。盐渍土在我国分布较广，新疆、青海、甘肃、内蒙古、宁夏等省区分布较多。

10. 沙漠地区路基

沙漠沙地地区气候干燥，降雨小、温差大，冷热变化剧烈；风大沙多；土中含易溶盐多；植被稀疏、低矮。我国新疆、青海、甘肃、内蒙古、宁夏、陕西等省区分布有大面积的沙漠与沙地。

11. 雪害地段路基

公路雪害有积雪和雪崩两种主要形式。积雪包括自然降雪和风吹雪。自然降雪一般不致对公路造成严重危害；风吹雪可阻断交通，埋没车辆，主要发生在我国东北地区、青藏高原及新疆等地。

12. 涎流冰地段路基

涎流冰分为山坡涎流冰和河谷涎流冰，主要分布在寒冷地区和高寒地区。山坡涎流冰由山坡或路基挖方边坡出露的地下水冻结形成。河谷涎流冰则是沿沟谷漫流的泉水和冰雪融水冻结形成。

3.1.2　原地基处理要求

3.1.2.1　原地基处理原则

(1)原地基处理应按照设计要求精心施工，在确保工程质量的原则下，因地制宜，合理利用当地材料和工业废料。

(2)原地基处理除执行施工技术规范的规定外，还应符合国家及相关部门颁发的有关标准、规范规定，遵守国家有关法规。

(3)原地基处理应节约用地，保护耕地和农田水利设施，保护生态环境。

3.1.2.2　原地基处理要求

(1)路基用地范围内的树木、灌木丛等均应在施工前砍伐或移植清理，砍伐的树木应移置于路基用地之外，进行妥善处理。

(2)路堤修筑范围内，原地面的坑、洞、墓穴等，应用原地土或砂性土回填，并按规定进行压实。

(3)原地基为耕地或松土时，应先清除有机土、种植土、草皮等，清除深度应达到设计要求，一般不小于 15 cm，平整后按规定要求压实。

(4)基底原状土的强度不符合要求时，应进行换填，换填深度应不小于 30 cm，并予以分层压实到规定要求。

(5)基底应在填筑前进行压实。高速公路、一级公路、二级公路路堤基底的压实度应符合原设计要求，当路堤填土高度小于路床厚度(80 cm)时，基底的压实度不宜小于路床的压实度标准。

(6)当路堤基底横坡陡于 1 ∶ 5 时，基底坡面应挖成台阶，台阶宽度不小于 1 m，并予以夯实。

3.1.3 路堤填料的选择与填筑方式

3.1.3.1 路堤填料的选择

1. 路堤填料的一般要求

用于公路路基的填料要求挖取方便，压实容易，强度高，水稳定性好。其中强度要求是按 CBR 值确定，应通过取土试验确定填料最小强度和最大粒径。

2. 路堤填料的选择

常见的路堤填料有土石材料和巨粒土。级配良好的砾石混合料是较好的路基填料。特殊情况下，黄土、盐渍土、膨胀土等土体用作路基填料时，应严格按其特殊的施工要求进行施工。淤泥、沼泽土、冻土、有机土、含草皮土、生活垃圾、树根和含有腐殖物质的土不得用作路基填料。

3. 工业废渣

满足质量要求(如最小强度、最大粒径等)或经过处理之后满足要求的煤渣、高炉矿渣、钢渣、电石渣等工业废渣可以用作路基填料，但在使用过程中应注意避免造成环境污染。

3.1.3.2 路基填筑施工技术

1. 土方路堤施工技术

土方路堤填筑常用推土机、铲运机、平地机、挖掘机、装载机等机械按以下几种方法作业。

(1)水平分层填筑法：填筑时按照横断面全宽分成水平层次，逐层向上填筑，是路基填筑的常用方法。

(2)纵向分层填筑法：依路线纵坡方向分层，逐层向上填筑。常用于地面纵坡大于 12%、可用推土机从路堑取料的路堤。缺点是不易碾压密实。

(3)横向填筑法：从路基一端或两端按横断面全高逐步推进填筑，填土过厚，不易压实，仅用于机械无法进场、无法自下而上填筑的深谷、陡坡、断岩、泥沼等地形。

(4)联合填筑法：路堤下层用横向填筑而上层用水平分层填筑。适用于因地形限制或填筑堤身较高，不宜采用水平分层法或横向填筑法进行填筑的情况。

单机或多机作业均可，一般沿线路分段进行，每段距离以 20～40 m 为宜，多在地势平坦或两侧有可利用的山地土场的场合采用。

2. 填石路基施工技术

(1)填料要求：山区石质路堤最为常见，石料来源主要是路堑和隧道爆破后的石料，其强度(饱水试件极限抗压强度)要求不小于 15 MPa，风化程度应符合规定，最大粒径不宜大于层厚的 2/3。在高速公路及一级公路填石路堤路床顶面以下 50 cm 范围内，填料粒径不得大于 10 cm。在其他等级公路填石路堤路床顶面以下 30 cm 范围内，填料粒径不得大于 15 cm。

(2)填筑方法：①竖向填筑法(倾填法)：以路基一端按横断面的部分或全部高度自上往下倾卸石料，逐步推进填筑。主要用于以下路段：二级及二级以下且铺设低级路面的公路，在陡峻山坡施工特别困难或大量爆破以挖作填路段，无法自下而上分层填筑的陡坡、断岩、泥沼地区，水中作业的填石路堤。②分层压实法(碾压法)：自下而上水平分层，逐层填筑，逐层压实，是普遍采用并能保证填石路堤质量的方法。常用于高速公路、一级公路和其他等级公路的填石路堤。③强力夯实法：用起重机吊起夯锤从高处自由落下，利用强大的动力冲击，迫使岩土颗粒位移，提高填筑层的密实度和地基强度。该方法机械设备简单，击实效果显著，施工中不需铺撒细粒料，施工速度快，有效解决了大块石填筑地基厚层施工的夯实难题。对强夯施工后的表层松动层，采用振动碾压法进行压实。④冲击压实法：利用冲击压实机大振幅低频率地对路基填料进行冲击，压密填方。其具有分层法连续性的优点，又具有强力夯实法压实厚度深的优点。缺点是在周围有建筑物时，使用受到限制。

3. 土石路堤施工技术

(1)填料要求：土石混合料中石料强度大于 20 MPa 时，石块的最大粒径不得超过压实层厚的 2/3；当石料强度小于 15 MPa 时，石料最大粒径不得超过压实层厚。

(2)填筑方法：土石路堤不得采用倾填方法，只能采用分层填筑，分层压实。当土石混合料中石料含量大于 70％时，宜采用人工铺填；当土石混合料中石料含量小于 70％时，可用推土机铺填，最大层厚 40 cm。

4. 高填方路堤施工技术

水田或常年积水地带，用细粒土填筑路堤高度在 6 m 以上，其他地带填土或填石路堤高度在 20 m 以上时，称为高填方路堤。高填方路堤应采用分层填筑、分层压实的方法施工，每层填筑厚度根据所采用的填料决定。如果填料来源不同，性质相差较大时，不应分段或纵向分幅填筑。位于浸水路段的高填方路堤应采用水稳定性较高及渗水性好的填料，边坡比不宜小于1∶2，避免边坡失稳。

5. 粉煤灰路堤施工技术

粉煤灰路堤可用于高速公路。凡是电厂排放的硅铝型低铝粉煤灰都可作为路堤填料。由于是轻质材料，粉煤灰的使用可减轻土体结构自重，减少软土路堤沉降，提高土体抗剪强度。粉煤灰路堤一般由路堤主体部分、护坡和封顶层以及隔离层、排水系统等组成，其施工步骤与填土路堤施工方法相类似，仅增加了包边土和设置边坡盲沟等工序。

3.1.4 挖方路基施工技术

3.1.4.1 土质路堑施工技术

1. 横向挖掘法

土质路堑横向挖掘可采用人工作业，也可机械作业，具体方法如下。

(1)单层横向全宽挖掘法：从开挖路堑的一端或两端按断面全宽一次性挖到设计标高，逐渐向纵深挖掘，挖出的土方般都是向两侧运送。该方法适用于挖掘浅且短的路堑。

(2)多层横向全宽挖掘法：从开挖路堑的一端或两端按断面分层挖到设计标高，适用于挖掘深且短的路堑。

2. 纵向挖掘法

土质路堑纵向挖掘多采用机械作业，具体方法如下。

(1)分层纵挖法：沿路堑全宽，以深度不大的纵向分层进行挖掘，适用于较长的路堑开挖。

(2)通道纵挖法：先沿路堑纵向挖掘一通道，然后将通道向两侧拓宽以扩大工作面，并利用该通道作为运土路线及场内排水的出路。该层通道拓宽至路堑边坡后，再挖下层通道，如此向纵深开挖至路基标高，该法适用于从较长、较深、两端地面纵坡较小的路堑开挖。

(3)分段纵挖法：沿路堑纵向选择一个或几个适宜处，将较薄一侧堑壁横向挖穿，使路堑分成两段或数段，各段再纵向开挖。该法适用于过长，弃土运距过远，一侧堑壁较薄的傍山路堑开挖。

3. 混合式挖掘法

多层横向全宽挖掘法和通道纵挖法混合使用。先沿路线纵向挖通道，然后沿横向坡面挖掘，以增加开挖面。该法适用于路线纵向长度和挖深都很大的路堑开挖。

3.1.4.2　石质路堑施工技术

1. 基本要求

在开挖程序确定之后，根据岩石条件、开挖尺寸、工程量和施工技术要求，通过方案比较拟定合理的方式。其基本要求如下。①保证开挖质量和施工安全。②符合施工工期和开挖强度的要求。③有利于维护岩体完整和边坡稳定性。④可以充分发挥施工机械的生产能力。⑤辅助工程量少。

2. 开挖方式

(1)钻爆开挖：是当前广泛采用的开挖施工方法。有薄层开挖、分层开挖(梯段开挖)、全断面一次开挖和特高梯段开挖等方式。

(2)直接应用机械开挖：使用带有松土器的重型推土机破碎岩石，一次破碎深度 0.6～1.0 m。该法适用于施工场地开阔、大方量的软岩石方工程。优点是没有钻爆工序作业，不需要风、水、电辅助设施，简化了场地布置，加快了施工进度，提高了生产能力。缺点是不适于破碎坚硬岩石。

(3)静态破碎法：将膨胀剂放入炮孔内，利用产生的膨胀力，缓慢地作用于孔壁，经过数小时至 24 h 达到 300～500 MPa 的压力，使介质裂开。该法适用于在设备附近、高压线下以及开挖与浇筑过渡段等特定条件下的开挖。优点是安全可靠，没有爆破产生的公害。缺点是破碎效率低，开裂时间长。

3.1.5　路基雨期施工技术

1. 雨期施工地段的选择

(1)雨期路基施工地段一般应选择丘陵和山岭地区的砂类土、碎砾石、岩石地段和路堑的弃方地段。

(2)重黏土、膨胀土及盐渍土地段不宜在雨期施工；平原地区排水困难，不宜安排雨期施工。

2. 雨期施工前的准备工作

(1)对选择的雨期施工地段进行详细的现场调查研究，据实编制实施性的雨期施工组织计划。

(2)应修建施工便道并保持晴雨畅通。

(3)住地、库房、车辆机具停放场地、生产设施都应设在最高洪水位以上地点或高地上,并应远离泥石流沟槽冲积堆一定的安全距离。

(4)应修建临时排水设施,保证雨期作业的场地不被洪水淹没并能及时排除地面水。

(5)应储备足够的工程材料和生活物资。

3. 雨期填筑路堤

(1)雨期路堤施工地段除施工车辆外,应严格控制其他车辆在施工场地通行。

(2)在填筑路堤前,应在填方坡脚以外挖掘排水沟。保持场地不积水。如原地面松软,应采取换填措施。

(3)应选用透水性好的碎(卵)石土、砂砾、石方碎渣和砂类土作为填料。利用挖方土做填方时应随挖随填及时压实。含水量过大无法晾干的土不得用作雨期施工填料。

(4)路堤应分层填筑。每一层的表面,应做成2%～4%的排水横坡。当天填筑的土层应当天完成压实。

(5)雨期填筑路堤需借土填方时,取土坑距离填方坡脚不宜小于3 m。平原区路基纵向取土时,取土坑深度一般不宜大于1 m。

4. 雨期开挖路堑

(1)土质路堑开挖前,在路堑边坡坡顶2 m以外开挖截水沟并接通出水口。

(2)开挖土质路堑宜分层开挖,每挖一层均应设置排水纵横坡。挖方边坡不宜一次挖到设计标高,应沿坡面留出30 cm厚,待雨期过后整修到设计坡度。以挖作填的挖方应随挖随运随填。

(3)土质路堑挖至设计标高以上30～50 cm时应停止开挖,并在两侧挖排水沟。待雨期过后挖到路床设计标高后再压实。

(4)土的强度低于规定值时应按设计要求进行处理。

(5)雨期开挖岩石路堑,炮眼应尽量水平设置。边坡应按设计坡度自上而下层层刷坡,坡度应符合设计要求。

3.1.6　路基冬期施工技术

1. 冬期施工

(1)在反复冻融地区,昼夜平均温度在－3℃以下,连续 10d 以上时,进行路基施工称为路基冬期施工

(2)当昼夜平均温度上升到－3℃以上,但冻土未完全融化时,亦应按冬期施工。

2. 路基施工可在冬期进行的工程项目

(1)泥沼地带河湖冻结到一定深度后,如需换土时可趁冻结期挖去原地面的软土、淤泥层换填合格的其他填料。

(2)含水量高的流动土质、流沙地段的路堑可利用冻结期开挖。

(3)河滩地段可利用冬期水位低,开挖基坑修建防护工程,但应采取加温保温措施,注意养护。

(4)岩石地段的路堑或半填半挖地段,可进行开挖作业。

3. 路基工程不宜冬期施工的项目

(1)高速公路、一级公路的土路基和地质不良地区的二级以下公路路堤。

(2)铲除原地面的草皮、挖掘填方地段的台阶。

(3)整修路基边坡。

(4)在河滩低洼地带将被水淹的填土路堤。

4. 路基冬期施工前应进行的准备工作

(1)对冬期施工项目按次排队,编制实施性的施工组织计划。

(2)冬期施工项目在冰冻前应进行现场放样,保护好控制桩并树立明显的标志,防止被冰雪掩埋。

(3)冰冻前应挖好坡地上填方的台阶,清除石方挖方的表面覆盖层、裸露岩体。

(4)维修保养冬期施工需用的车辆、机具设备,充分备足冬期施工期间的工程材料。

(5)准备施工队伍的生活设施、取暖照明设备、燃料和其他越冬所需的物资。

5. 冬期填筑路堤

(1)冬期施工的路堤填料,应选用未冻结的砂类土,碎、卵石土,开挖石方的

石块石渣等透水性良好的土。

(2)冬期填筑路堤,应按横断面全宽平填,每层松厚度应按正常施工减少20%~30%且最大松铺厚度不得超过30 cm。压实度不得低于正常施工时的要求。当天填的土必须当天完成碾压。

(3)当路堤高距离路床底面1 m时,应碾压密实后停止填筑。

(4)挖填方交界处,填土低于1 m的路堤都不应在冬期填筑。

(5)冬期施工取土坑应远离填方坡脚。如条件限制需在路堤附近取土时,取土坑内侧到填方坡脚的距离应不得小于正常施工护坡道的1.5倍。

(6)冬期填筑的路堤,每层每侧应按设计和施工技术规范规定超填并压实。待冬期后修整边坡削去多余部分并拍打密实或加固。

6. 冬期施工开挖路堑表层冻土的方法

(1)爆破冻土法。当冰冻深度达1 m以上时可用此法炸开冻土层。炮眼深度取冻土深度的0.75~0.90倍,炮眼间距取冰冻深度的1.0~1.3倍并按梅花形交错布置。

(2)机械破冻法。1 m以下的冻土层可选用专用破冻机械如冻土犁、冻土锯和冻土铲等,予以破碎清除。

(3)人工破冻法。当冰冻层较薄,破冻面积不大时,可用日光暴晒法、火烧法、热水开冻法、水针开冻法、蒸汽放热解冻法和电热法等方法胀开或融化冰冻层,并辅以人工撬挖。

7. 冬期开挖路堑

(1)当冻土层被开挖到未冻土后,应连续作业,分层开挖,中间停顿时间较长时,应在表面覆雪保温,避免重复被冻。

(2)挖方边坡不应一次挖到设计线,应预留30 cm厚台阶,待到正常施工季节再削去预留台阶,整理达到设计边坡。

(3)路堑挖至路床面以上1 m时,挖好临时排水沟后,应停止开挖并在表面覆以雪或松土,待到正常施工时,再挖去其余部分。

(4)冬期开挖路堑必须从上向下开挖,严禁从下向上掏空挖"神仙土"。

(5)每日开工时先挖向阳处,气温回升后再挖背阴处,如开挖时遇地下水源,应及时挖沟排水。

(6)冬期施工开挖路堑的弃土要远离路堑边坡坡顶堆放。弃土堆高度一般不应大于3 m,弃土堆坡脚到路堑边坡顶的距离般不得小于3 m,深路堑或松软地带应保持 5 m 以上。弃土堆应摊开整平，严禁把弃土堆于路堑边坡顶上。

3.1.7　路基排水分类

排除地面水可采用边沟、截水沟、排水沟、跌水与急流槽、拦水带、蒸发池等设施。其作用是将可能停滞在路基范围内的地面水迅速排除，防止路基范围内的地面水流入路基内。

排除地下水设施有排水沟、暗沟(管)、渗沟、渗井、检查井等。其作用是将路基范围内的地下水位降低或拦截地下水并将其排除路基范围以外。

3.1.8　软土路基施工技术

3.1.8.1　软土地基的工程特性

淤泥、淤泥质土及天然强度低、压缩性高、透水性小的一般黏土统称为软土。大部分软土的天然含水量 30%～70%，孔隙比 1.0～1.9，渗透系数为 10^{-8}～10^{-7}cm/s，压缩性系数为 0.005～0.020，抗剪强度低(快剪黏聚力在 10 kPa 左右，快剪内摩擦角 0°～5°)，具有触变性，流变性显著。对于高速公路，标准贯击次数小于 4，无侧限抗压强度小于 50 kPa 且含水量大于 50%的黏土，或标准贯击次数小于 4 且含水量大于 30%的砂性土统称为软土。修建在软土地区的路基，主要是路堤填筑荷载引起软基滑动破坏的稳定问题和量大且时间长的沉降问题。

3.1.8.2　软土地基处理施工技术

软土地基处理施工具体方法有几十种，常常多种方法综合应用。按加固性质，主要有以下几种。

1. 表层处理法

(1)砂垫层。

①机理：在软土层顶面铺砂垫层，主要起浅层水平排水作用，使软土中的水分在路堤自重的压力作用下，加速沉降发展，缩短固结时间。但对基底应力分布和沉降量的大小无显著影响。②适用条件：该法适用于路堤高度小于两倍极限高度(在天然软土地基上，基底不作特殊加固处理而用快速施工方法修筑路堤的填筑最大高度)，软土层及其硬壳较薄或软土表面渗透性很低的硬壳等情况。亦适用于软土层稍厚但具有双面排水条件的地基。③特点：砂垫层施工简便，不需

特殊机具设备，占地较少。但需放慢填筑速度，严格控制加荷速率，使地基有充分时间进行排水固结。因此，适用于施工期限不紧迫、砂料来源充足、运距不远的施工环境。④形式：有排水砂垫层、换土砂垫层、砂垫层和土工布混合使用等形式。

(2)反压护道。

①机理：在路堤两侧填筑一定宽度和高度的护道，以改善路堤荷载方式来增加抗滑力的方法，使路堤下的软基向两侧隆起的趋势得到平衡，从而保证路堤的稳定性。②适用条件：路堤高度不大于 1.5～2.0 倍的极限高度，非耕作区和取土不太困难的地区。③特点：采用反压护道加固地基，不需特殊的机具设备和材料，施工简易方便，但占地多、土用量大，后期沉降大，养护工作量也大。

(3)土工聚合物处治处置。

土工布。①机理：土工布铺设于路堤底部，在路基自重作用下受拉产生抗滑力矩，提高路基稳定性。土工布在软土地基加固中的作用包括排水、隔离、应力分散和加筋补强。②土工布连接一般采用搭接法或缝接法。目前缝接法有一般缝法、丁缝法和蝶形法。

土工格栅。①机理：土工格栅加固土的机理存在于格栅与土的相互作用之中。一般可归纳为格栅表面与土的摩擦作用、格栅孔眼对土的锁定作用和格栅肋的被动抗阻作用。三种作用均能充分约束土的颗粒侧向位移，从而大大地增加了土体的自身稳定性，对土的加固效果明显高于其他土工织物。②优点：可迅速提高地基承载力，加快施工进度；控制软基地段沉降量发展，缩短工期，使公路及早投入使用。

2. 换填法

换填法一般适用于地表下 0.5～3.0 m 的软土处治。

(1)开挖换填法。

将软弱地基层全部挖除或部分挖除，用透水性较好的材料(如砂砾、碎石、钢渣等)进行回填。该方法简单易行，也便于掌握。对于软基较浅(1～2 m)的泥沼地特别有效。但对于深层软基处理，要求沉降控制较平的路基、桥涵构造物、引道等，应考虑采用其他方法。

(2)抛石挤淤法。

在路基底部抛投一定数量片石，将淤泥挤出基底范围，以提高地基的强度。这种方法施工简单、迅速、方便。本方法适用于常年积水的洼地，排水困难，泥炭呈流动状态，厚度较薄，表层无硬壳，片石能沉达底部的泥沼或厚度为 3～4 m 的软土;在特别软弱的地面上施工由于机械无法进入或是表面存在大量积水无法排除时;石料丰富、运距较短的情况。

(3)爆破排淤法。

①机理及特点:将炸药放在软土或泥沼中爆炸,利用爆炸时的张力作用,把淤泥或泥沼扬弃,然后回填强度较高的渗水性土壤,如砂砾、碎石等。爆破排淤是换土的一种施工方法,比一般方法换填深度大、工效较高,软土、泥沼均可采用。②适用条件:当淤泥(泥炭)层较厚,稠度大,路堤较高和施工期紧迫时;路段内没有桥涵等构造物,路基承载力均衡致,因整体沉降对道路不会产生破坏等情况都可考虑换填。但对桥涵构造物及两侧引道等,应考虑采用其他方法。③施工要点:爆破排淤分为两种,一种方法是先在原地面上填筑低于极限高度的路堤,再在基底下爆破,适用于稠度较大的软土或泥沼。另一种方法是先爆后填,适用于稠度较小,回淤较慢的软土。

3. 重压法

(1)堆载预压法。

①机理:在软基上修筑路堤,通过填土堆载预压,使地基土压密、沉降、固结,从而提高地基强度,减少路堤建成后的沉降量。②特点及适用范围:堆载预压法对各类软弱地基均有效,使用材料、机具简单,施工操作方便。但堆载预压需要一定的时间,适合工期要求不紧的项目。对于深厚的饱和软土,排水固结所需要的时间很长,同时需要大量的堆载材料,在使用上会受限。③方式:进行预压的荷载超过设计的道路工程荷载,称为超载预压;预压荷载等于道路工程荷载,称为等载预压。

(2)其他重压法。

①真空预压法:利用大气压强 0.098 MPa 等效堆载预压法对软基进行加固。即依靠真空抽气设备,使密封的软弱地基产生真空负压力,使土颗粒间的自由水、空气沿着纵向排水通道上升到软基上部砂垫层内,由砂垫层过滤再排到软基密封膜以外,从而使土体固结。该法适用于含水量高孔隙比大、强度低、渗透系数和固结系数均较小的黏土。②真空预压加堆载预压法:是堆载预压和真空预压两种方法的结合,原理与真空预压相同,但加载更大,预压时间缩短了一半。

4. 垂直排水固结法

利用砂井、袋装砂井、塑料排水板增加土层竖向排水途径,缩短排水距离、加速地基固结。

(1)砂井。

用振动打桩机、柴油打桩机(冲击式和振动式)以及下端装有活瓣钢桩靴的桩管将砂(含泥量不大于3%)或砂和角砾混合料(含泥量不大于5%)形成砂井。在施工时考虑避免“缩颈”和减少对土的扰动。方法有三种:①套管法:将带有活瓣管尖或套有混凝土端靴的套管沉到预定深度,然后在管内灌砂后,拔出套管,形成砂井。根据沉管工艺的不同,又分为静压沉管法、振动沉管法等。②水冲成孔法:通过专用喷头,在水压力作用下冲孔,成孔后清孔,再向孔内灌砂形成。适用于土质较好且均匀的砂性土。③螺旋钻成孔法:以动力螺旋钻钻孔,提钻后灌砂成砂柱。适用于陆上工程,砂井长度10 m以内且土质较好,不会出现缩颈、塌孔现象的软弱地基。优点是设备简单机动,成孔规则。缺点是灌砂质量较难掌握,不太适用于很软弱的地基。

(2)其他垂直排水固结法还有袋装砂井和塑料排水板。

5. 其他软基处理施工技术

其他软基处理施工技术包括旋喷桩、粒料桩和生石灰桩等。

3.1.9 膨胀土路基施工技术

1. 膨胀土的工程特性

具有较大吸水膨胀、失水收缩特性的高液限黏土称为膨胀土。膨胀土黏性含量很高,黏粒成分主要由水矿物组成,其中直径0.002 mm的胶体颗粒一般超过20%。土的液限$W_L>40\%$,塑性指数$I_P>17$,多数在22～35。自由膨胀率一般超过40%。按工程性质分为强膨胀土、中等膨胀土、弱膨胀土3类。

2. 膨胀土的主要特征

(1)土的黏土矿物成分主要由亲水性矿物组成,如蒙脱石、伊利石等。

(2)有较强的胀缩性。

(3)有多裂隙性结构。

(4)有显著的强度衰减期。

(5)多含有钙质或铁锰质结构。

(6)一般呈棕、黄、褐及灰白色。

(7)自然坡度平缓,无直立陡坡。

(8)对公路路基及工程建筑有较强的潜在破坏作用。

3. 膨胀土地区路基的破坏

(1)路堤会出现路基沉陷、边坡溜塌、路肩坍塌和滑坡等变形破坏。

(2)路堑会出现剥落、冲蚀、溜塌和滑坡等破坏。

3.1.10　滑坡路基施工技术

1. 各类滑坡的共同特征

(1)滑带土体软弱,易吸水不易排水,呈软塑状,力学指标低。

(2)滑带的形状在匀质土中多近似于圆弧形,在非匀质土中为折线形。

(3)水多是滑坡发展的主要原因,地层岩性是产生滑坡的物质基础,滑坡多是沿着各种软弱结构面发生的。

(4)自然因素和人为因素引起的斜坡应力状态的改变(爆破、机械振动等)均有可能诱发滑坡。

2. 滑坡防治的工程措施

滑坡防治的工程措施主要有排水、力学平衡和改变滑带土等。①对于滑坡的处治,应分析滑坡的外表地形、滑动面、滑坡体的构造、滑动体的土质及饱水情况,以了解滑坡体的形式和形成的原因,根据公路路基通过滑坡体的位置、水文、地质等条件,充分考虑路基稳定的施工措施。②路基滑坡直接影响到公路路基稳定时,不论采用何种方法处理,都必须做好地表水及地下水的处理。③对于滑坡顶面的地表水,应采取截水沟等措施处理,不让地表水流入滑动面内。必须在滑动面以外修筑一两条环形截水沟;对于滑坡体下部的地下水源应截断或排出。④在滑坡体未处治之前,禁止在滑坡体上增加荷载(如停放机械、堆放材料、弃土等)。⑤对于挖方路基上边坡发生的滑坡,应修筑一条或数条环形截水沟。⑥当挖方路基上边坡发生的滑坡不大时,可采用刷方(台阶)减重、打桩或修建挡土墙进行处理以达到路基边坡稳定。⑦填方路堤发生的滑坡,可采用反压土方或修建挡土墙等方法处理。⑧沿河路基发生滑坡,可修建河流调治构造物(堤坝、丁坝、稳定河床等)及挡土墙方法处理。⑨滑坡表面处治可采用整平夯实山坡,填筑积水坑,堵塞裂隙或进行山坡绿化固定表土。

3.1.11　湿陷性黄土路基施工技术

1. 湿陷性黄土的工程特性

湿陷性黄土一般呈黄色或黄褐色,粉土含量常占 60%以上,含有大量的碳酸盐、硫酸盐等可溶盐类，天然孔隙比在1左右，肉眼可见大孔隙；受水浸湿后，在自重压力与附加压力共同作用下，土的结构迅速破坏而发生显著下沉；具有湿陷性和易溶蚀、易冲刷、各向异性等工程特性，因此黄土地区的路基易产生多种问题及病害。

2. 湿陷性黄土地基的处理措施

湿陷性黄土地基应采取拦截、排除地表水的措施，防止地表水下渗，减少地基地层湿陷下沉。其地下排水构造物与地面排水沟渠必须采取防渗措施。

若地基土层有强湿陷性或较高的压缩性且容许承载力低于路堤自重力时，应考虑地基在路堤自重和活载作用下所产生的压缩下沉。除采用防止地表水下渗的措施外，可根据湿陷性黄土工程特性和工程要求，因地制宜采取换填土、强夯法、预浸水法、挤密法、化学加固法等措施对地基进行处理。

3. 地基陷穴处理方法

对现有的陷穴、暗穴，可以采用灌沙、灌浆、开挖回填等措施，开挖的方法可以采用导洞、竖井和明挖等。

3.1.12 路基施工爆破技术

3.1.12.1 综合爆破方法施工特点

常用爆破方法有以下几种。

1. 光面爆破

在开挖限界的周边，适当排列一定间隔的炮孔，在有侧向临空面的情况下，用控制抵抗线和药量的方法进行爆破，使之形成一个光滑平整的边坡。

2. 预裂爆破

在开挖限界处按适当间隔排列炮孔，在没有侧向临空面和最小抵抗线的情况下，用控制药量的方法，预先炸出一条裂缝，使拟爆体与山体分开，作为隔震减震带，起保护开挖限界以外山体或建筑物和减弱地震对其破坏的作用。

3. 微差爆破

两相邻药包或前后排药包以若干毫秒的时间间隔（一般为15～75 ms）依次起爆，称为微差爆破，亦称毫秒爆破。

4. 定向爆破

利用爆能将大量土石方按照指定的方向，搬移到一定的位置并堆积成路堤的一种爆破施工方法，称为定向爆破。

5. 洞室爆破

为使爆破设计断面内的岩体大量抛掷(抛坍)出路基，减少爆破后的清方工作量，保证路基的稳定性，可根据地形和路基断面形式，采用抛掷爆破、定向爆破、松动爆破方法。

抛掷爆破有 3 种形式。

(1)平坦地形的抛掷爆破(亦称扬弃爆破)：自然地面坡角 $\alpha < 15°$，路基设计断面为拉沟路堑，石质大多是软石时，为使石方大量扬弃到路基两侧，通常采用稳定的加强抛掷爆破。

(2)斜坡地形路堑的抛掷爆破：自然地面坡角 α 在 15°～50°，岩石也较松软时，可采用抛掷爆破。

(3)斜坡地形半路堑的抛坍爆破：自然地面坡角 $\alpha > 30°$，地形地质条件均较复杂，临空面大时，宜采用这种爆破方法。在陡坡地段，岩石只要充分破碎，就可以利用岩石本身的自重坍滑出路基，提高爆破效果。

3.1.12.2　综合爆破施工技术

综合爆破一般包括小炮和洞室炮两大类。小炮主要包括钢钎炮、深孔爆破等钻孔爆破；洞室炮主要包括药壶炮和猫洞炮，随药包性质、断面形状和微地形的变化而不同。用药量 1 t 以上为大炮，1 t 以下为中小炮。

1. 钢钎炮

钢钎炮通常指炮眼直径小于 70 mm 和深度小于 5 m 的爆破方法。

(1)特点：炮眼浅，用药少，每次爆破的方数不多，并全靠人工清除；不利于爆破能量的利用。由于眼浅，以致响声大而炸下的石方不多，所以工效较低。

(2)优点：比较灵活，在地形艰险及爆破量较小地段(如打水沟、开挖便道、基坑等)，在综合爆破中是一种改造地形，为其他炮型服务的辅助炮型，也是一种不可缺少的炮型。

2. 深孔爆破

深孔爆破是孔径大于 75 mm、深度在 5 m 以上，采用延长药包的一种爆破方法。

(1)特点:炮孔需用大型的潜孔凿岩机或穿孔机钻孔,如用挖运机械清方可以实现石方施工全面机械化,是大量石方(万方以上)快速施工的发展方向之一。

(2)优点:劳动生产率高,一次爆落的方量多,施工进度快,爆破时比较安全。

3. 药壶炮

药壶炮是在深2.5~3.0 m的炮眼底部用小量炸药经一次或多次烘膛,使眼底成葫芦形,将炸药集中装入药壶中进行爆破的一种方法。

(1)特点。主要用于露天爆破,其使用条件是:岩石应在Ⅺ级以下,不含水分,阶梯高度小于20 m,自然地面坡度在70°左右。如果自然地面坡度较缓,一般先用钢钎炮切脚,炸出台阶后再使用。经验证明,药壶炮最好用于Ⅶ~Ⅸ级岩石,中心挖深4~6 m,阶梯高度在7 m以下。

(2)优点:装药量可根据药壶体积而定,一般为10~60 kg,最多不超过100 kg。每次可炸岩石数十方至数百方,是小炮中最省工、省药的一种方法。

4. 猫洞炮

猫洞炮指炮洞直径为0.2~0.5 m,洞穴成水平或略有倾斜(台眼),深度小于5 m,用集中药于炮洞中进行爆炸的一种方法。

(1)特点:充分利用岩体本身的崩塌作用,能用较浅的炮眼爆破较高的岩体,一般爆破可炸松15~150 m^3。其最佳使用条件是:岩石等级一般为Ⅸ级以下,最好是Ⅴ~Ⅶ级;阶梯高度最小应大于炮眼深度的两倍,自然地面坡度不小于50°,最好在70°左右。由于炮眼直径较大,爆能利用率甚差,故炮眼深度应大于1.5~2.0 m,不能放孤炮。猫洞炮每次可炸岩石4~10 m^3,单位耗药量在0.13~0.30 kg/m^3。

(2)优点:在有裂缝的软石坚石中,阶梯高度大于4 m,药壶炮药壶不易形成时,采用这种爆破方法,可以获得好的爆破效果。

3.2 路面工程

3.2.1 路面基层工程施工

在路面结构中,直接位于路面面层之下的主要承重层称为基层。铺筑在基层下的次要承重层称为底基层。基层承受由面层传递的行车荷载的垂直应力作用,抵御自然因素的影响,是构成路面整体结构的主要组成部分。基层根据组成材料和使用性能的不同，可分为有结合料稳定类（有机结合料类和无机结合料类）和无结合料粒料类。

3.2.1.1　路面基层概述

1. 基层、垫层的含义

（1）基层。

基层是面层的下卧层，主要承受由面层传来的车辆载荷的垂直力，并将其扩散到下面的垫层和土基中去，它是路面结构中的承重层，应具有足够的刚度和强度。虽然位于面层之下，但是仍有可能经受地下水和渗入雨水的侵蚀，所以应具有足够的水稳定性和冰冻稳定性，以及足够的抗冲刷能力。

（2）垫层。

垫层介于土基与基层之间，它的功能是改善土基的湿度和温度状况，以保证面层和基层的强度、刚度和稳定性不受土基水温状况变化造成的不良影响。另外，可以将基层传下的车辆荷载应力加以扩散，以减小土基产生的应力和变形。

2. 路面基层的分类

（1）有结合料的稳定类。

①有机结合料稳定类：包括热拌沥青碎石或乳化沥青碎石混合料、沥青贯入碎石等。

②无机结合料稳定类主要包括以下几种。

a. 水泥稳定类：包括水泥稳定沙砾、沙砾土、碎石土、未筛分碎石、石屑、土等，以及经加工性能稳定的钢渣、矿渣等。

b. 石灰稳定类：包括石灰稳定土（石灰土）、天然沙砾土、天然碎石土，以及用石灰土稳定级配沙砾、级配碎石和矿渣等。

c. 综合稳定类：石灰粉煤灰类包括石灰粉煤灰、二灰土、二灰砂、二灰碎石、二灰矿渣等；石灰粉煤灰包括水泥粉煤灰沙砾、碎石及砂等；石灰煤矿渣包括石灰煤渣、石灰煤渣土、石灰煤渣碎石、石灰煤渣沙砾等。

（2）无结合料的粒料类。

①嵌锁型：包括泥结碎石、泥灰结碎石、填隙碎石等。

②级配型：包括级配碎石、级配砾石、符合级配的天然沙砾、部分经轧制掺配而成的级配砾石、碎石等。

3. 路面基层的作用

沥青类路面通过厚度较薄的柔性面层分布传递荷载于基层，常需铺筑较厚的基层作为承重层。当基层厚度较大时，还可视受载情况和当地材料供应情况等，分两层铺筑。

直接位于沥青面层（可以是一层、二层或三层）下用高质量材料铺筑的上层为主要承重层，称作基层；位于主要承重层下用质量较差一些的材料铺的下层为次要承重层，称作底基层。水泥混凝土路面通过厚度较厚的刚性路面板（面层）极大地扩散荷载，故分布于基层的荷载很小，水泥混凝土路面板本身就起到了承重作用。但是水泥混凝土是脆性材料，变形能力较小，抗弯拉强度仅有抗压强度的 1/6 或 1/7 左右。

因此，要求混凝土板下的基层起连续、均匀支承的弹性地基作用，使混凝土板获得可靠支撑，不脱空，从而充分发挥水泥混凝土板的承重作用。通常水泥混凝土路面基层厚度比沥青类路面基层要小得多，一般不设底基层。

3.2.1.2　半刚性基层施工

1. 半刚性基层材料的概念和特点

半刚性路面基层是指在路面基层材料中掺入一定比例的石灰、水泥、粉煤灰或其他工业废渣等结合料，加水拌和形成的混合料，经摊铺压实及养护后形成的路面基层，与传统的全柔性路面基层（级配碎石、级配砾石、填隙碎石等）相比，半刚性路面基层具有较高的强度、刚度及良好的板体性、水稳性和一定的抗冻性，大大提高了路面的承载能力，因而被称为半刚性基层材料。

20 世纪中叶以来，半刚性路面基层在国内外被广泛用作路面基层，特别是理化性能优越的水泥稳定粒料与石灰、粉煤灰稳定粒料（通常称为二灰稳定粒料），被广泛用作高等级道路路面的基层与底基层。因其强度大、承载能力高，对适应较薄的沥青面层，适当减薄沥青面层厚度，具有很大的现实意义与经济意义。半刚性基层材料以其强度高、原材料来源广、修建成本低等优势，成为我国道路建设中的主导路面基层类型。

但是半刚性基层材料结构单一，致使所设计的基层抗裂、抗冲刷能力不足，降低了其应用效果。

2. 半刚性基层施工工艺

(1)路拌法施工（以石灰稳定土为例）。

①准备下承层。

当石灰稳定土用作基层时，要准备底基层；当石灰稳定土用作底基层时，要准备土基。对土基必须用 12～15 t 三轮压路机或等效的碾压机械进行碾压检验。

在碾压过程中如发现土过干、表层松散，应适当洒水；如土过湿，发生“弹簧”现象，应采用挖开晾晒换土、掺石灰或水泥等措施进行处理；在槽式断面的路段，两侧路肩上每隔一定距离（如 5 cm～10 cm）应交错开挖泄水沟（或做盲沟）。

②施工放样。

在底基层、老路面或土基上恢复中线；直线段每隔 15～20 m 设一桩，平曲线段每隔 10～15 m 设一桩，并在两侧路肩边缘外设指示桩；进行水平测量；在两侧指示桩上用明显标记标出水泥稳定土层边缘的设计高。

③备料。

根据灰土层的宽度、厚度及最大干密度，计算出需要干燥土的数量；再根据土的含水量和所用运料车辆的吨位，计算每车料的堆放距离和每平方米灰土需要的石灰用量，确定石灰摆放的纵横间距。

按照松铺厚度将土摊铺均匀一致，有利于机械化施工；铺土后，先用推土机大致推平，然后用平地机整平，清余补缺，保证厚度一致，表面平整。

④洒水闷料。

如果已经整平的土含水量过低，那么需要在土层上洒水闷料；需要注意的是，洒水要均匀，杜绝出现局部水分过多的现象，严禁洒水车在洒水段内停留和调头。

⑤摆放和摊铺石灰。

按计算所得的每车石灰的纵横间距，用石灰在土层上做标记，同时划出摊铺石灰的边线；用刮板将石灰均匀摊开，石灰摊铺完后，表面应没有空白位置。测量石灰的松铺厚度，根据石灰的含水量和松密度，校核石灰用量是否合适。

⑥拌和与洒水。

对于二级及二级以上道路，使用生石灰粉时，宜先用平地机将石灰翻到土层中间，但不能翻到底部；对于三、四级道路的石灰稳定细粒土和中粒土，在没有专用拌和机械的情况下，可用农用旋转耕作机与多种铧犁或平地机相配合拌和四遍；为石灰稳定级配碎石或沙砾时，应先将石灰和需添加的黏性土拌和均匀，然后均匀地摊铺在级配碎石或沙砾层上，再一起进行拌和；用石灰稳定塑性指数大的黏土时，应采用两次拌和。第一次加 70%～100%预定剂量的石灰进行拌和，闷放 1～2 d，此后补足需用的石灰，再进行第二次拌和。

⑦整形与碾压。

混合料拌和均匀后应立即用平地机初平。

一般在直线段，由两侧向路中心刮平；在曲线段，由内侧向外侧刮平。然后，用轮胎压路机、轮胎拖拉机或平地机快速碾压。不平整的地方，用齿耙把表面5 cm耙松，必要时，用新拌的混合料找平，再进行碾压。每次整平碾压，均需按要求调整坡度和路拱。为避免出现薄层贴补，在总厚度满足要求的情况下，摊铺时宁高勿低，整平时宁刮勿补。

整平后当混合料处于最佳含水量不超过2%的范围时，进行碾压。如表面水分不足，应适当洒水。在人工摊铺和整平的情况下，应先用拖拉机、6～8 t两轮压路机或轮胎轧路机碾压1～2遍，再用重型轮胎压路机、振动压路机或12 t以上的三轮压路机进行碾压。碾压结束之前，用平地机终平一次，使高程、路拱和超高符合设计要求，局部低洼之处不得找补，以免出现薄层贴补现象。

⑧接缝和调头处的处理。

两个工作段之间，需要采用对接的形式进行搭接。在上一部分拌和之后，留下5～8 m的距离不进行碾压工作。当进行下一路段的施工时，再与上一段没有碾压的部分共同进行拌和。需要注意的是，在实际的施工过程中，由于工作需要，拌和机械常常需要调头，但是已压成的石灰稳定土层上不允许拌和机械调头。其他拌和机械的调头位置需要采取必要的保护措施，例如，在上面覆盖10 cm左右厚的沙或者沙砾等，使得石灰稳定土层的表面不被机械破坏。

在石灰稳定土层阶段的施工过程中，需要避免纵向接缝的出现，如果必须分两幅施工，纵缝与纵缝之间不能够出现斜接的情况。

(2)厂拌法施工(以水泥稳定土为例)。

①准备工作。

向驻施工现场监理单位报送“基层开工报告单”，经同意后方可进行基层施工；土基、垫层、底层及其中埋设的各种沟、管等隐蔽构造物，必须经过自检合格，报请驻场监理单位检验，签字认可后，方可铺筑其上面的基层；各种材料进场前，应检查其规格和品质，不符合技术要求的不得进场；材料进场时，应检查其数量，并按施工平面图堆放，而且还应按规定项目对其抽样检查，其抽样检查结果，报驻场监理单位；水泥稳定土基层施工前应铺筑试验段。

②施工放样。

恢复中心线，中心线两侧按照路面设计图设计标桩，每10 m设标桩，桩上划出基层设计高和基层松铺厚度。

松铺厚度＝压实厚度×松铺系数

这样做的目的是使基层的高度、厚度和平整度达到标准。

③拌和与推铺。

拌和时应按混合料配合比要求准确配料，使集料级配、结合料剂量等符合设计，并根据原材料实际含水量及时调整向拌和机内的加水量。水泥稳定土混合料的含水量可高出最佳含水量 1%～2%，这样可获得较好的压实效果。

拌和好的水泥稳定类混合料应尽快运到施工现场摊铺并碾压成型，以免因时间过长而使混合料强度损失过大。运输混合料的距离较长时，应用篷布等覆盖混合料以免水分损失过大。

对于二级及二级以上道路，应采用专用稳定土拌和机进行拌和，并设专人跟随拌和机，随时检查拌和深度并配合拌和机操作员调整拌和深度。拌和深度应达稳定层底并宜侵入下承层 5～10 mm，以利于上下层黏结，严禁在拌和层底部留有素土夹层。

对于三、四级道路，在没有专用拌和机械的情况下，可用农用旋转耕作机与多种铧犁或平地机相配合进行拌和；也可用缺口圆盘耙与多铧犁或平地机相配合，拌和水泥稳定细粒土和中粒土，应注意拌和效果，拌和时间不可过长。

④整形碾压。

在整形施工过程中，平土机是常用的施工机械。除了使用机械之外，还可以直接人工整形。

但需要注意的是，高速道路施工作业一般都使用机械进行整平；在初步整平的阶段，使用轻型的机械快速碾压路面，进而将潜在不平整的位置暴露出来，再进行整平工作也就更加方便了。

一般情况下，整形要进行 1 次到 2 次；路面局部地区可能会出现低洼现象，那么需要使用齿耙把低洼路面表层 5 cm 耙松，再使用新拌的混合料进行找补、整平；在整形工序进行过程中，路面不能够有任何车辆通过；在整形工作完成以后，使用大于 12 t 的三轮压路机、重型轮胎压路机或振动压路机碾压。

在碾压过程中，碾压的速度应该适中，采用由低处向高处、由近处向远处的方式进行碾压作业，直到达到需要的压实度位置。施工时，基层表面不能过于干燥，需要始终保持潮湿的状态，如果出现表层水蒸气蒸发过快的现象，那么需要施工人员及时补洒少量的水。在碾压过程中如果出现了“弹簧”“松散”“起皮”等现象，施工人员要及时将这样的路面翻开，重新进行拌和，或者采用其他有效的方式将这一问题解决，使路面的质量达到使用标准的要求。

⑤接缝处理。

横向接缝的处理方式主要包括以下几点。

使用摊铺机将混合料摊铺，混合料摊铺是持续的过程，不能被中断，如果有特殊情况造成摊铺作业中断 2 h 以上，再施工时应该设置横向接缝，并且摊铺机要远离混合料的末端。

末端的混合料需要进行人工整平，在混合料的边缘放置两根方形的木棍，方木的高度需要与混合料压实的厚度相等，将方木附近的混合料整平；方木的另一侧用沙砾或碎石回填，回填的距离为 3 m 左右，并且回填的高度应该高于方木几厘米；在重新进行摊铺工作之前，把方木、沙砾或者碎石全部清理，下承层也需要进行彻底清扫；此时将摊铺机放置到已压实层的尼部，重新进行混合料的摊铺工作。

如果摊铺工作因为种种原因中断，也没有按照上述方式将横向接缝进行科学的处理，并且摊铺工作被中断的时间超过了 2 h。此时再进行摊铺工作时，需要把摊铺机附近以及机械底部没有完全被压实的混合料清理掉，并将已碾压密实且高程和平整度符合要求的末端挖成一横向垂直向下的断面，这一工作完成之后，才可以进行后续的摊铺工作。

纵向接缝处理方法主要包括以下几点。

在施工过程中，应该尽量避免出现纵向接缝，如果由于某些原因，必须要产生纵向接缝，那么纵向接缝必须是垂直的，并且采用以下措施进行科学的处理。

在上一幅摊铺作业过程中，在后面一幅的一侧施工钢模板或者方木作为支撑，这时使用的钢模板或者方木的厚度应该等同于路面压实的厚度；在道路养护完成之后，在摊铺另一幅路面之前，先将钢模板或者方木拆除。

⑥养护及交通管制。

养护期应采取洒水保湿措施，在铺筑上层之前，至少养护 7 d，养护方法根据情况可采用洒水、覆盖沙等方法。未采用覆盖措施时，应封闭交通。采用覆盖沙或喷洒沥青膜养护，不能封闭交通时，应限制车速不得超过 30 km/h。养护期结束，应立即对上层进行施工，以免产生收缩裂缝；或先铺封层，开放交通，待基层充分开裂后，再对上层进行施工，以减少反射裂缝。

3.2.1.3 粒料类基层施工

1. 级配碎(砾)石

(1)准备下承层。

级配碎石路拌法施工的下承层表面应保持平整，具有规定的路拱，平整度和压实度应符合规范规定。需要注意的是，下承层断面不宜做成槽式。

(2)测量放样。

按照规范的具体规定逐个断面检查下承层的标高。

(3)备料。

计算材料用量，根据各路段的基层或底层的宽度、厚度及规定的压实干密度并按确定的配合比，分别计算各段需要的未筛分碎石和石屑的数量或不同粒级碎石和石屑的数量，并计算每车料的堆放距离。

未筛分碎石的含水量较最佳含水量宜大 1%左右。未筛分碎石和石屑可按预定比例在料场混合，同时，洒水加湿，使混合料的含水量超过最佳含水量约 1%。

(4)运输与摊铺。

集料装车时，应控制每车料的数量基本相等。在同一料场供料的路段内，宜由远到近卸置集料。卸料距离应严格掌握，避免料不够或过多。未筛分碎石和石屑分别运送时，应先运送碎石。

应事先通过试验确定集料的松铺系数并确定松铺厚度。人工摊铺混合料时，其松铺系数为 1.40～1.50；平地机摊铺混合料时，其松铺系数为 1.25～1.35。用平地机或其他合适的机具将料均匀地摊铺在预定的宽度上，表面应力求平整，并具有规定的路拱。同时，应摊铺路肩用料。

(5)拌和及成型。

施工时根据拟定的混合料配合比、基层宽度与厚度及预定达到的干密度等计算确定各规格集料的用量，以先粗后细的顺序将集料分层平铺在下承层上，然后用人工或平地机进行摊平；级配碎(砾)石混合料可用稳定土拌和机、自动平地机、多铧犁与缺口圆盘耙相配合拌和，拌和应均匀，避免出现集料离析现象，确保级配碎(砾)石基层具有良好的整体强度。应边拌和边洒水，使混合料达到最佳含水量。表面整理成规定的路拱横坡，随后用拖拉机、平地机或轮胎压路机在初平的混合料上快速碾压 1～2 遍，使潜在的不平整部位暴露出来，再用平地机整平。

(6)碾压。

整形后，当混合料的含水量等于或略大于最佳含水量时，轮压路机、振动压路机或轮胎压路机进行碾压。直线和不设超高的平曲线段，由两侧路肩开始向路中心碾压，在设超高的平曲线段，由内侧路肩向外侧路肩进行碾压。

碾压时，后轮应重叠 1/2 轮宽；后轮必须超过两段的接缝处。后轮压完路面全宽时，即为一遍，碾压一直进行到符合要求的密实度为止。一般需碾压6～8遍，应使表面无明显轮迹。压路机的碾压速度，头两遍以采用1.5～1.7 km/h为宜，以后用2.0～2.5 km/h。路面的两侧应多压2～3遍。严禁压路机在已完成的或正在碾压的路段上调头或急刹车。凡含土的级配碎石层，都应进行滚浆碾压，一直压到碎石层中无多余细土泛到表面为止，滚到表面的浆(或事后变干的薄土层)应清除干净。

(7)接缝处理。

位于两个作业段之间衔接处的横缝，需要进行搭接拌和；在施工过程中，应该尽量避免纵缝的出现，如果实在难以避免纵缝，那么纵缝也需要进行搭接拌和。

2.填隙碎石基层施工

填隙碎石基层施工的顺序为：准备下承层，施工放样，运输和摊铺粗骨料，稳压，撒布石屑；振动压实；第二次撒布石屑，振动压实，局部补撒石屑并扫匀，振动压实，填满空隙洒水饱和(湿法)或洒少量水(干法)，碾压。其中，运输和摊铺粗骨料及振动压实是确保施工质量的关键。

填隙碎石施工时，细集料应干燥；采用振动压路机充分碾压，尽量使粗碎石骨料的空隙被细集料填充密实，而填隙料又不覆盖粗碎石表面自成一层，粗碎石应“露头”。

填隙碎石的压实度用固体体积率来表示，用作基层时，不应小于83%；用作底基层时，不应小于85%。填隙碎石基层碾压完毕，铺封层前禁止开放交通。

3.2.2 沥青路面面层施工

沥青混合料面层是指用沥青作结合料铺筑的路面结构。由于使用了黏结力较强的沥青材料，集料间的黏结力大大增强，因而提高了沥青混合料的强度和稳定性，使面层的行驶质量和耐久性都得到提高。与水泥混合料面层相比，沥青混合料面层具有表面平整、无接缝、行车平稳、振动小、噪声低、施工期短、养护方便等优点。

3.2.2.1 沥青路面概述

1.沥青路面的特点

沥青路面由于使用了黏结力较强的沥青材料，使经嵌挤压实的矿料之间的黏结力大大加强，路面的使用质量和耐久性都大为提高。表面平整、坚实、无接缝、行车平稳舒适、噪声小。

路面强度可根据矿料的粒径、颗粒级配和沥青用量的不同进行调节，以适应不同的需要。面层透水小，特别是密实沥青混凝土面层透水更小，能大大防止地表水进入路面基层和路基，从而使路面强度稳定。同时，土基和基层内水分也难以排出。

在潮湿路段，若路面结构处理不当，易发生土基和基层变软，导致路面破坏。沥青混合料的生产可工厂化，质量易得到保证。面层适宜机械化施工，且施工进度快，摊铺完成后就可开放交通，分期建设和后期修补也较方便。

沥青路面的缺点是抗弯强度低，温度稳定性差，夏季高温暴晒，路面易变形而破坏；冬季低温时，沥青材料变脆而开裂。另外，履带式车辆不能在沥青路面上行驶。

2. 沥青路面的分类

(1)按强度构成原理划分。

按强度构成原理划分，沥青路面可分为密实类路面和嵌挤类路面。

①密实类沥青路面要求矿料的级配按最大密实原则设计，其强度和稳定性主要取决于混合料的黏聚力和内摩阻力。

密实类沥青路面按其空隙率的大小可分为闭式和开式两种：闭式混合料中粒径小于0.6 mm的矿料颗粒含量较大，空隙率小于6%，混合料致密而耐久，但热稳定性较差；开式混合料中粒径小于0.6 mm的矿料颗粒含量较小，空隙率大于6%，其热稳定性较好。

②嵌挤类沥青路面要求采用颗粒尺寸较为均一的矿料，路面的强度和稳定性主要依靠骨料颗粒之间相互嵌挤所产生的内摩阻力，而黏聚力则起着次要的作用。按嵌挤原则修筑的沥青路面，其热稳定性较好，但因空隙率较大、易渗水，且耐久性较差。

(2)按施工工艺划分。

按施工工艺，沥青路面可分为层铺法、路拌法和厂拌法。

①层铺法是用分层撒布沥青、分层撒铺矿料和碾压的方法修筑，其主要优点是工艺和设备简便、功效较高、施工进度快、造价较低；其缺点是路面成型期较长，路面需要经过炎热季节行车碾压之后方能成型。用这种方法修筑的沥青路面有沥青表面处治和沥青贯入式两种。

②路拌法是在道路现场用机械将矿料和沥青材料就地拌和、摊铺和碾压密

实形成沥青面层的方法。

此类面层所用的矿料为碎(砾)石,称为路拌沥青碎(砾)石;所用的矿料为土则称为路拌沥青稳定土。路拌沥青面层通过就地拌和,沥青材料在矿料中分布比层铺法均匀,可以缩短路面的成型期。但因所用的矿料为冷料,需使用黏稠度较低的沥青材料,故混合料的强度较低。

③厂拌法是把具有一定级配的矿料和沥青材料在工厂用专用设备加热拌和,然后送到工地摊铺碾压而成的沥青路面。

矿料中细颗粒含量少,不含或含少量矿粉,混合料为开级配的(空隙率达10%～15%),称为厂拌沥青碎石;若矿料中含有矿粉,混合料按最佳密实级配配制的(空隙率10%以下)称为沥青混凝土。厂拌法按混合料铺筑时温度的不同,又可分为热拌热铺和热拌冷铺两种。

(3)按沥青路面材料技术特点划分。

按沥青路面材料技术特点划分,沥青路面可分为沥青混凝土路面、热拌沥青碎石路面、乳化沥青碎石路面。

①沥青混凝土路面。

沥青混凝土路面指按级配原理选配的矿料与适量沥青在严格控制条件下均匀拌和、经摊铺碾压而成型的沥青路面。沥青混凝土是采用经人工选配具有一定级配组成的矿料(碎石或轧碎砾石、石屑或砂、矿粉等)与一定比例的路用沥青材料,在严格控制条件下拌制而成的混合料。

热拌的沥青混合料宜在集中地点用机械拌制。一般选用固定式热拌厂;在线路较长时宜选用移动式热拌机。冷拌的沥青混合料可以集中拌和,也可就地拌和。沥青混凝土适合于各级路面。

②热拌沥青碎石路面。

热拌沥青碎石路面指由一定级配的集料与适量的沥青在要求的控制条件下均匀拌和、经摊铺碾压而成型的沥青路面。热拌沥青碎石适合于三、四级道路。

③乳化沥青碎石路面。

乳化沥青碎石路面指用乳化沥青作结合料与相关集料在要求的控制条件下均匀拌和、经摊铺碾压而成的沥青路面。乳化沥青是将黏稠沥青加热至热熔状态,经机械的强力搅拌作用,使沥青以细微液滴状态分布在含有乳化剂的水溶液中,成为水包油状的沥青乳液。乳化沥青碎石适合于三、四级道路。

此外,还有沥青玛𤧛脂碎石SMA路面、沥青贯入路面以及沥青表面处治路面等。

3.2.2.2　沥青路面施工

1. 沥青材料的选择

(1)沥青路面原材料的选择。

沥青路面原材料包括沥青、粗集料、细集料、填料等。

①沥青材料。

a. 石油沥青。道路石油沥青一般采用经过乳化、稀释、调和、改性等工艺加工处理的石油沥青产品作为结合料。我国道路石油沥青以针入度为指标分为7个标号，每一种标号的沥青，都分为A、B、C三个等级，分别适用于不同等级的道路和不同的结构层次。

A级沥青：各个等级的道路，适用于任何场合和层次。

B级沥青：高速道路、一级道路沥青下面层以下的层次，二级及二级以下道路的各个层次；用作改性沥青、乳化沥青、改性乳化沥青、稀释沥青的基质沥青。

C级沥青：三级及三级以下道路的各个层次。

b. 乳化沥青。乳化沥青是石油沥青或煤沥青在乳化剂、稳定剂的作用下经乳化加工制得的均匀的沥青产品，也称沥青乳液。按乳化沥青的使用方法分为喷洒型(用P表示)和拌和型(用B表示)乳化沥青两大类。

其主要优点为：冷态施工、节约能源；利便施工、节约沥青；乳化沥青施工不需加热，故不污染环境；避免了操作人员受沥青挥发物的毒害。乳化沥青适用于沥青表面处置路面、沥青贯入式路面、常温沥青混合料路面，以及透层、黏层与封层。乳化沥青的类型应根据使用目的、矿料种类、气候条件选用。

对酸性石料，以及当石料处于潮湿或在低温状态下施工时，宜采用阳离子乳化沥青；对碱性石料，且石料处于干燥状态或与水泥、石灰、粉煤灰共同使用时，宜采用阳离子乳化沥青。

c. 改性沥青。改性沥青是掺加橡胶、树脂、高分子聚合物、磨细的橡胶粉或其他填料等外掺剂(改性剂)，或采取对沥青轻度氧化加工等措施，使沥青或沥青混合料的性能得以改善制成的沥青结合料。使用改性沥青通常对改善沥青路面高温及低温稳定性有明显效果。

改性沥青主要用于机场跑道、防水桥面、停车场、运动场、重要交通路面、交叉路口和路面转弯处等特殊场合的铺装应用，也可用于道路网的养护。

②粗集料。

粗集料可以采用碎石、破碎砾石、筛选砾石、矿渣等。粗集料应该洁净、干燥、无风化、不含杂质，力学指标应符合相应道路等级的要求。

粗集料应具有良好的颗粒形状，用于道路沥青面层的碎石不宜采用颚式破碎机加工。筛选砾石仅适用于三级及三级以下道路和次干路以下的城市道路的沥青表面。处置路面和拌和法施工的沥青面层的下面层，不得用于贯入式路面及拌和法施工的沥青面层的中上面层。

对用于抗滑表层沥青混合料中的粗集料，应该选用坚硬、耐磨、韧性好的碎石或碎砾石，矿渣及软质集料不得用于防滑表层。用于高速道路、一级道路、城市快速道路、主干路沥青路面表面层及各类道路抗滑用的粗集料，应符合磨耗值和冲击值的要求。在坚硬石料来源缺乏的情况下，允许掺加一定比例普通集料作为中等或小颗粒的粗集料，但掺加比例不应超过粗集料总质量的40%。

③细集料。

细集料是指集料中粒径小于4.75 mm的那部分材料。沥青面层的细集料可采用机制沙、天然沙、石屑。细集料应洁净、干燥、无风化、无杂质，并有适当的颗粒级配。

④填料。

填料的粒径小于0.6 mm，沥青与填料混合而成的胶浆是沥青混合料形成强度的重要因素，所以填料必须采用由石灰岩或岩浆岩中的强基性岩石等憎水性石料经磨细的矿粉。矿粉要求干燥、洁净、能自由地从矿粉仓流出，其质量应符合技术要求。有时为提高沥青混合料的黏结力，也可掺加部分消石灰或水泥作为填料，其用量一般为矿料总量的1%～3%。

(2)沥青混合料的选择。

沥青混合料是由矿料(粗集料、细集料和填料)与沥青拌和而成的混合料，包括沥青混凝土混合料和沥青碎石混合料。沥青混合料是一种黏弹塑性材，具有优良的物理力学性能(包括抵抗各种荷载的能力、高温稳定性、低温柔韧性、水稳定性等)，修筑路面时不需要设置接缝，具有减震吸声的效果，施工方便，能及时开放交通，并可再生利用。因此，沥青混合料是高等级道路修筑的一种主要路面材料。

①沥青混合料的特性。

a.良好的力学性能。沥青混合料是一种黏弹性材料，采用它修筑的路面，夏季具有一定的高温稳定性，冬季具有一定的低温抗裂性。路面平整无接缝且有弹性。

b.良好的抗滑性。沥青混合料路面既平整又具有一定的粗糙度，有利于高速行车的安全。在潮湿状态下，路面仍具有较高的抗滑性。

c. 施工方便。采用沥青混合料修筑的路面，施工操作方便，养护期短，能及时开放交通。

d. 经济耐久。采用沥青混合料修筑的路面，造价比水泥混凝土路面低得多。高速道路和机场道面使用期可达二十余年。

e. 便于维修养护、分期改建和再生利用，当沥青混合料路面出现坑槽可以补修。随着道路交通量的增加可分期改建，在旧路面上拓宽和加厚。对旧有的沥青混合料还可再生利用，节约能源、节约投资，社会和经济效益较高。此外，路面的噪声小，晴天无尘，雨天不泞，易于清洁，黑色无强烈反光，便于汽车高速行驶。

②沥青混合料的选择。

沥青面层集料的最大粒径宜从上至下逐渐增大，并与压实层厚度相匹配；沥青面层一般应采用双层或三层式结构，各层之间应联结成为整体，在沥青层下必须浇洒透层油，沥青层与沥青层之间必须喷洒黏层油；沥青路面应满足耐久性、抗车辙、抗裂、密水、抗滑等多方面性能要求，并应根据施工机械、工程造价等实际情况选择沥青混合料的种类；可对上面层或中面层沥青结合料采取改性措施，或采用 SMA 等特殊的矿料级配；保证各层的组合不致发生早期破坏，并在此基础上优先或侧重考虑各层的服务功能做出选择。高速道路的紧急停车带（硬路肩）沥青面层应采用与车行道相同的结构，但表面层一般应采用密级配沥青混凝土混合料铺筑；各层沥青混合料应满足所在层位的功能性要求，便于施工，不容易离析。各层应连续施工并连接成为一个整体。当发现混合料结构组合及级配类型的设计不合理时，应进行修改、调整，以确保沥青路面的使用性能。

2. 沥青混合料路面施工

(1)施工准备。

①材料准备：做好配合比设计，报送监理工程师审批，对各种原材料进行符合性检验。选购经调查试验合格的材料进行备料，矿粉应分类堆放且不得受潮，必要时做好矿粉场地的硬化处理和场地四周排水及搭设库房或储存罐。

②测量放样：沥青混合料路面施工前，应在下承层上重新恢复道路中线，放样边桩根据摊铺机的宽度和摊铺方案控制纵向摊铺条带的划分。

③机械准备：检查、调试沥青混合料路面施工机械的工作状态，确保机械性能正常摊铺机、压路机组合、运料车及其他机械设备各就各位。

④下承层准备：铺筑沥青层前，应检查基层或下卧沥青层的质量，检查下承层的高程、路拱、平整度等参数，不符合要求的不得铺筑沥青面层。旧沥青路面

或下承层已被污染时，必须清洗或经铣刨处理后方可铺筑沥青混合料。仔细清扫下承层，待干燥后洒布黏层油。

⑤试验段：各层开工前在监理工程师批准的现场备齐全部机械设备进行试验段铺筑，以确定松铺系数、施工工艺、机械配备、人员组织、压实遍数，并检查压实度，沥青含量、矿粉级配、沥青混合料马歇尔各项技术指标等。注意气象预报，加强工地现场、沥青拌和厂及气象台站之间的联系，待天气条件合适，其他准备工作均已就绪，就可以开始混合料的摊铺作业。

(2)混合料配合比设计。

沥青混合料配合比设计的主要任务就是确定粗集料、细集料、矿粉和沥青材料相互配合的最佳组成比例，使之满足沥青混合料的技术要求，并符合经济性原则。连续级配的沥青混合料配合比设计通常按下列两个步骤进行。

①根据沥青混合料的矿料最佳级配范围，计算各组成矿料的配合比。矿料的最佳级配范围可以通过理论计算的方法并结合生产实践经验予以确定。实际施工时，往往人工轧制的各种矿料的级配很难完全符合某一级配的范围。这就必须采用两种或两种以上符合质量要求的矿料分别进行筛析试验，并测定各种矿料的相对密实度。根据各种矿料的颗粒组成，确定达到级配曲线要求时各种矿料的配比，并按配比配合起来，以满足级配要求。矿料配比确定方法有试算法、正规方程法、图解法等。

②确定最佳沥青用量。现行规范采用马歇尔试验确定沥青混合料的最佳沥青用量，以 OAC 表示。沥青掺量可以采用油石比或沥青用量两种表达方式。

油石比是指沥青占矿料总量的百分比；沥青用量是指沥青占沥青混合料总量的百分比。实际应用中，可根据当地的实践经验选择适宜的沥青用量，分别制作几组级配的马歇尔试件，初选一组满足或接近设计要求的级配作为设计级配，再进行马歇尔试验确定最佳沥青用量。

(3)沥青混合料的拌制与运输。

沥青混合料必须在拌和厂采用拌和机械拌制。拌和机械分为连续式和间歇式两种，前者的单位时间生产能力大于后者。拌和设备的选型应根据工程量和工期综合考虑，并且拌和设备的生产能力应与摊铺能力相匹配，最好略高于摊铺能力。拌和机可以是固定式的或移动式的。

热拌沥青混合料采用较大吨位的自卸卡车运输到铺筑工地。运输车的运能应略大于拌和能力和摊铺速度。运送路途中，应在混合料上覆盖篷布，防止雨淋或污染环境。混合料运送到摊铺地点的温度应符合《公路沥青路面施工技术规范》(JTG F40—2004)的规定。车厢内侧板表面应涂薄层掺水柴油(油∶水＝1∶3),以此来防止沥青黏结到车厢体上。运送到工地时,已经成团块、温度不符合要求或遭受雨淋的沥青混合料,不得使用。

(4)沥青混合料的摊铺。

热拌沥青的混合料使用沥青摊铺机械进行摊铺工序。摊铺机械的受料斗事先要涂一层薄薄的隔离剂或者防黏结剂。

在高速道路、一级道路、城市快速路或者主干道铺筑沥青混合料的过程中,如果是双车道,那么一台摊铺机进行铺筑的宽度需要在6 m以内;如果是3车道或者大于3车道,那么一台摊铺机进行铺筑的宽度需要在7.5 m以内。

一般情况下,铺筑作业最少使用两台机械进行作业,摊铺机两两之间错开10～20 m的距离同时进行铺筑工作。在两幅之间需要进行搭接,搭接的宽度应该控制在30～60 mm。搭接部分需要避开车轮印迹,上下层的搭接位置最少需要错开200 mm。在施工前的0.5～1 h,摊铺机要进行预热。在施工过程中,熨平板的温度应该在100℃以上。铺筑时,要调整好熨平板的振捣或夯锤压实装置的振动频率和振幅,保证路面初始压实度符合标准需求。熨平板加宽连接应仔细调节至摊铺的混合料没有明显的离析痕迹。摊铺机运行速度不需要过快,但是必须保证摊铺机能够匀速行驶,以确保能够均匀摊铺混合料。摊铺作业是一个连续的过程,尽量避免在摊铺过程中出现停顿。

一般情况下,摊铺机的摊铺速度为2～6 m/min。如果在摊铺过程中混合料出现了离析、龟裂或者拖痕等问题,施工人员应该马上分析原因,并且在最短的时间内将问题解决。

摊铺机应采用自动找平方式。下面层或基层宜采用钢丝绳或路缘石、平石引导的高程控制方式。上面层宜采用平衡梁或雪橇式摊铺厚度控制方式。中面层根据情况选用找平方式,直接接触平衡梁的轮子不得黏附沥青。

铺筑改性沥青或SMA路面时宜采用非接触式平衡梁,沥青混合料的松铺系数应根据混合料类型施工,机械和施工工艺等应通过试验段确定,试验段长不宜小于100 m。摊铺过程中应随时检查摊铺层厚度及路拱、横坡。

摊铺机的螺旋布料器也需要进行均衡、稳定的转动。一般情况下,摊铺机的螺旋布料器的转动速度与摊铺机的摊铺速度相对应。在摊铺机的两侧有大于或者等于送料器高度2/3的混合料,这是为了避免混合料在摊铺作业中出现离析。

使用摊铺机进行作业时,不要频繁地进行人工修正。如果必须要使用人工进行局部的摊铺或者进行混合料的更换工作,必须小心仔细。

在路面狭窄部分、平曲线半径过小的匝道或加宽部分，以及小规模工程不能采用摊铺机铺筑时可用人工摊铺混合料。人工摊铺沥青混合料应符合下列要求。

半幅施工时，路中一侧宜事先设置挡板；沥青混合料宜卸在铁板上，摊铺时不得扬锹远甩。铁锹等工具宜沾防黏结剂或加热使用；边摊铺边用刮板整平，刮平时应轻重一致，控制次数，严防集料离析；摊铺不得中途停顿，并加快碾压。

如因故不能及时碾压时，应立即停止摊铺，并对已卸下的沥青混合料覆盖苫布保温；低温施工时，每次卸下的混合料应覆盖苫布保温；在雨季铺筑沥青路面时，应注意天气，已摊铺的沥青层因遇雨未行压实的应予以铲除。

(5)碾压成型。

压路机在施工过程中的速度需要与上一阶段摊铺机的工作速度相适应。压路机每次应由两端折回的位置阶梯形的随摊铺机向前推进，使每一次折回的位置不在同一个横断面之上。摊铺机如果一直在正常工作，没有出现停顿，那么压路机也应该持续进行作业，保证碾压温度始终保持在正常的范围内波动。

在实际作业过程中，如果是较为平缓的路段，那么压路机的驱动轮可以适当靠近摊铺机，这样可以减少波纹或者热裂缝的出现。在碾压过程中，压路机的轮子可能会附着沥青混合料，影响路面的平整度和压实度，此时绝对不能向碾压轮喷洒柴油，只需要喷洒少量的水或者洗衣粉溶液。

在碾压的末尾处，如果此时压路机能够稍微转动方向，就可以将摊铺机后面的压痕减至最小。在作业过程中，压路机不允许在没有经过碾压成型的路段上进行停顿、停车以及调头。在已成型的路面上，振动压路机在行驶时必须要将振动装置关闭。

桥梁、挡墙等构造物拐弯死角、加宽以及道路边缘等位置无法使用压路机进行压实，应用振动夯板进行压实处理工序。雨水井或者其他检查井的边缘还应用人工夯锤、热烙铁补充压实。

在完成碾压并且沥青的温度依旧很高的混合料之上，任何车辆以及机械设备都不得停放，矿料、油料等也不得洒于表面。待路面温度在50℃以下时，才能够允许通车。如果有紧急事件需要尽早恢复通车，可以在沥青路面洒水，加快路面的降温速度。

(6)接缝处理。

沥青路面的各种施工缝(包括纵缝及横缝)都必须密实、平顺。

①纵向接缝施工：摊铺时采用梯队作业的纵缝应采用热接缝；半幅施工不能

采用热接缝时，宜加设挡板或采用切刀切齐；铺另半幅前必须将缝边缘清扫干净，并涂洒少量黏层沥青，摊铺时应重叠在已铺层上 5～10 cm。

②横向接缝的施工：对高速道路和一级道路，中、下层的横向接缝时可采用斜接缝，在上面层应采用垂直的平接缝。其他等级道路的各层均可采用斜接缝。平接缝应做到紧密黏结、充分压实、连接平顺。

3.2.3　水泥混凝土路面施工

水泥混凝土路面也称刚性路面，具有强度高、刚度大、稳定性好、养护维修费用低、使用寿命长等优点，在道路工程特别是高等级、重交通量的道路中已得到广泛应用。水泥混凝土包括普通混凝土、钢筋混凝土、连续配筋混凝土、预应力混凝土、装配式混凝土和钢纤维混凝土等面层板和基层、垫层所组成的路面。普通混凝土路面是指除接缝区和局部范围（边缘和角隅）外不配置钢筋的混凝土路面。水泥混凝土路面的缺点为：对水泥和水的需要量大，开放交通迟，有接缝和修复困难等。

3.2.3.1　水泥混凝土路面材料组成

1. 水泥

道路、城市道路、厂矿道路应采用硅酸盐水泥或普通硅酸盐水泥（简称普通水泥），水泥强度等级不应低于 42.5 级。

当条件受限制时，可采用矿渣水泥，其强度不应低于 42.5 级；中轻交通等级道路强度等级不宜低于 32.5 级，并严格控制用水量，适当延长搅拌时间，加强养护工作；亦可采用 32.5 号普通水泥，但应采取掺外加剂、干硬性混凝土或真空吸水措施。

民航机场道路和高速道路，必须采用强度不低于 42.5 级的硅酸盐水泥，水泥应有出厂合格证（含化学成分、物理指标），并经复验合格，方可使用。不同强度等级、厂牌、品种、出场日期的水泥，不得混合堆放，严禁混合使用。出场期超过三个月或受潮的水泥，必须经过试验，按其试验结果决定正常使用或降级使用。已经结块的水泥不得使用。

2. 粗集料

粗集料的最大公称粒径，碎砾石不应大于 26.5 mm，碎石不应大于 31.5 mm，砾石不宜大于 19.0 mm；钢纤维混凝土粗集料最大粒径不宜大于 19.0

mm。混凝土所用的集料应坚硬耐磨、表面粗糙、有棱角,并符合规定级配。

3. 细集料

混凝土的细集料是指细度模数在2.5以上的天然沙、机制沙或混合沙,海沙不得直接用于混凝土面层。淡化海沙不得用于城市快速路、主次干道,但可用于支路。细集料应质地坚硬、耐久、洁净,技术指标与级配符合规范要求。

4. 水

饮用水可直接作为混凝土搅拌和养护用水。非饮用水应进行水质检验,符合有关规定,还应与蒸馏水进行水泥凝结时间与水泥胶砂强度的对比试验。

5. 外加剂

(1)流变剂。

流变剂是改善新拌混凝土流变性能的外加剂,工程中常用的流变剂为减水剂。工程中常用的减水剂有木质素系减水剂(简称M剂)、萘系减水剂(简称NF、MF剂等),水溶性树脂(蜜胺树脂)类减水剂等。

(2)调凝剂。

调凝剂是调节水泥混凝土凝结时间的外加剂,通常有早强剂、促凝剂、速凝剂和缓凝剂。早强剂常用的有氯化钙和三乙醇胺复合早强剂。促凝剂常用的有水玻璃、铝酸钠、碳酸钠、氟化钠、氯化钙和三乙醇胺等。速凝剂是使水泥混凝土迅速凝结和硬化的外加剂,可用于冬季施工。

常用的调凝剂有红星1号、711型、782型等,通常掺入量为水泥用量的2.5%~4.0%,初凝时间可在5 min之内,终凝时间在10 min之内,缓凝剂常在气温较高时拌制混凝土使用,有羟基羧酸盐类(酒石酸等)、多羟基碳水化合物(糖蜜等)和无机化合物类等。

(3)引气剂。

引气剂能在混凝土中形成细小的、均匀分布的空气微泡。对新拌混凝土可改善其工作性、减少泌水和离析;对硬化后的混凝土,可缓冲其水分结冰膨胀的作用。目前,常用的有松香热聚物、烷基磺酸钠和烷基苯丙酸钠等。

3.2.3.2 水泥混凝土面层施工技术

1. 施工准备

(1)施工机械选择。

常见的水泥混凝土路面的摊铺机械有滑模摊铺机、轨道摊铺机、三辊轴机组、小型机具和碾压混凝土摊铺机械等。

(2)技术准备。

当采用自拌混凝土时,应选择合适的拌和场地。场地要求为:运送混合料的运距尽量短,水、电等方便,有足够面积的场地,能合理布置拌和机和沙、石堆放点,并能搭建水泥库房等;有碍施工的建筑物、灌溉渠道和地下管线等,均应在施工前拆迁完毕。混凝土摊铺前,对基层进行整修,检测基层的宽度、路拱、标高、平整度、强度和压实度等各项指标,达到设计和规范要求后,经监理工程师同意后进行。混凝土摊铺前,基层表面应洒水润湿,以免混凝土底部水分被干燥基层吸去。

2. 模板与钢筋

模板安装应符合下列规定:支模前应核对路面标高、面板分块、胀缝和构造物位置;模板应安装稳固、顺直、平整,无扭曲,相邻模板连接应紧密、平顺,不应错位;严禁在基层上挖槽嵌入模板;使用轨道摊铺机应采用专用钢制轨模。

钢筋安装应符合下列规定:钢筋安装前应检查其原材料品种、规格与加工质量,确认符合设计规定;钢筋网、角隅钢筋等安装应牢固、位置准确;钢筋安装后应进行检查,合格后方可使用;传力杆安装应牢固、位置准确;胀缝传力杆应与胀缝板、提缝板一起安装。

3. 混凝土搅拌

混凝土的搅拌时间应按配合比要求与施工要求,经试拌确定最佳搅拌时间,每盘最长总搅拌时间宜为 80～120 s;外加剂宜稀释成溶液,均匀加入进行搅拌;混凝土应搅拌均匀,出仓温度应符合施工要求。

搅拌钢纤维混凝土还应符合下列要求:当钢纤维体积率较高、搅拌物较干时,搅拌设备一次搅拌量不宜大于其额定搅拌量的 80%;钢纤维混凝土的投料次序、方法和搅拌时间应以搅拌过程中钢纤维不产生结团和满足使用要求为前提,通过试拌确定;钢纤维混凝土严禁用人工搅拌。

4. 混凝土拌合物的运输

(1)机动车运送。

在路面施工中,为了便于混凝土的摊铺,一般采用自卸车运送混凝土拌合物(工程量一般,现场条件有一定限制时,也可以使用机动翻斗车)。机动车运送混凝土拌合物,主要的风险类型是车辆伤害,其风险控制的重点在于以下几点。

杜绝超载、超速行驶的不安全行为;遇视线不良天气(大雾、沙尘暴等)时,严防快速行驶；卸料前，应确认车厢上方无电线或障碍物；车厢处于举升状态时，严禁作业人员上车厢清除残料；卸料后，严禁在车厢倾斜情况下行驶。

除了要严防车辆伤害外，还应加强现场指挥，防止机动车与其他施工机械之间发生碰撞而导致各种意外伤害事故，防止造成地面作业人员的意外伤亡。

(2)手推车运送。

在工程量很小或现场条件不适合使用大中型运输车时，可使用现场拌和混凝土，采用手推车将混凝土运送到摊铺现场。手推车运送混凝土拌合物应杜绝猛跑、撒把溜车的不安全行为，以免手推车倾翻而导致机械伤害(很可能是伤害他人)；严防车斗内载人的不安全行为，以免造成机械伤害；多车推送混凝土时，防止前后车之间距离过近(一旦后车控制不住手推车，很可能造成前车的推车人受到挤压伤害)。

5. 混凝土拌合物的摊铺

(1)人工小型机具施工。

人工小型机具施工水泥混凝土路面层，应符合下列规定。

混凝土松铺系数宜控制在 1.10～1.25；摊铺厚度达到混凝土板厚度的 2/3 时，应拔出模内钢钎，并填实钎洞；混凝土面层分两次摊铺时，上层混凝土的摊铺应在次下层混凝土初凝前完成，且下层厚度宜为总厚度的 3/5；混凝土摊铺应与钢筋网、传力杆及边缘角隅钢筋的安放相配合；一块混凝土板应一次连续浇筑完毕；混凝土采用插入式振捣器振捣时，不应过振，且振动时间不宜少于 30 s，移动间距不宜大于 50 cm。使用平板振捣器振捣时应重叠 10～20 cm，振捣器行进速度应均匀。

(2)三辊轴机组铺筑。

三辊轴机组铺筑应符合下列规定：辊轴机组铺筑混凝土面层时，辊轴直径应与摊铺层厚度匹配，且必须同时配备排式振捣机。振捣器的直径宜为 50～100 mm，间距不应大于其有效作用半径的 1.5 倍，且不得大于 50 cm；当面层铺装厚度小于 15 cm 时，可采用振捣梁，其振捣频率宜为 50～100 Hz，振捣加速度宜为 4～5 g(g 为重力加速度)；当一次摊铺双车道面层时，应配备纵缝拉杆插入机，并配有插入深度控制和拉杆间距调整装置。

铺筑作业应符合下列要求：卸料应均匀，布料应与摊铺速度相适应；设有接缝拉杆的混凝土面层，应在面层施工中及时安设拉杆；三辊轴整平机分段整平的作业单元长度宜为 20～30 m，振捣机振实与三辊轴整平工序之间的时间间隔不宜超过 15 min；在一个作业单元长度内，应采用前进振动、后退静滚方式作业，最佳滚压遍数应经过试铺确定。

6. 表面修整

(1)抹平作业。

采用抹平机抹平表面时,其风险控制的重点在于以下几点:杜绝抹平机带病使用的不安全行为,以免造成机械伤害;作业时,严防无专人收放电缆的不安全行为,以免造成触电伤害;杜绝抹平机带负荷启动的不安全行为,以免造成设备损坏。

(2)吸水作业。

路面混凝土摊铺、振捣、抹平后,在混凝土表面铺上吸垫,启动真空设备,从混凝土中吸出游离水,可降低混凝土水灰比,从而提高混凝土路面的质量。真空吸水装置作业时,其风险控制的重点在于以下几点。

杜绝真空泵绝缘不良而导致触电伤害;吸水作业时,严防操作人员在吸垫上行走,以免造成吸垫损坏或者影响工程质量;冬期施工时,严防真空泵存有冷却水,以免造成真空泵损坏;严防掀起盖垫前未断电,以免造成触电伤害。

3.2.3.3　滑模式摊铺机施工

滑模摊铺的特点是在摊铺机两侧安装固定的滑模板,因此,不需另设轨模,由四个液压缸支承腿控制的履带行走机构行走,它可以通过控制机构上下移动,调整摊铺层厚度。这种摊铺机一次通过就可以完成摊铺、捣实、整平等多道工序。滑模摊铺机械化程度高,其施工工艺较为复杂,每一个流程都要求做到充分、精确。

整个施工工艺可分为:施工前准备→混凝土拌和→混凝土运输→滑模摊铺及整修养护→灌填缝料→验收及开放交通。

1. 施工前的准备

铺筑前需要保证基层平整,设有沙垫层的,垫层表面应平整、密实;模板尺寸、位置、高程等应满足设计要求,支撑牢固稳定,隔离剂涂刷均匀,模板接缝严密、模内洁净;预埋胀缝板的位置正确;边缘、角隅及其他部位的钢筋安装牢固,位置准确,传力杆与胀缝垂直,绑扎牢固,套筒安装齐全、位置准确;各种检查井井盖、井座,雨水口子、圈应预先安装完成,且安装牢固,位置准确,标高与路面标高协调一致;水泥混凝土运输应确保及时、连续;设有纵缝的水泥混凝土路面层,在成型水泥混凝土板块侧立面,应按要求涂刷隔离剂。

2. 正确设置滑模摊铺机各项工作参数

(1)振捣棒位置。

振捣棒的位置应在压板最低点以上，振捣棒的横向间距大于450 mm均匀排列，两侧最边缘振捣棒与摊铺边缘距离不宜大于250 mm。振捣棒位置是保证面板不产生纵向收缩裂缝的关键，振捣棒随滑模摊铺机拖行时，将粗集料推开，会形成无粗集料的砂浆暗沟。在所有道路路面摊铺时，振捣棒的最低点位置必须设置在路表面以上，防止路面开裂。

(2)前倾斜角。

挤压底板前倾斜角宜设置为30°，提浆夯板位置宜在挤压底板前缘以下5～10 mm之间，这是横向拉裂与否的关键要素。

(3)超铺角及搓平梁。

两边缘超铺角为3°～8°。搓平梁前宜调整到与挤压板后沿同高，搓平梁的后沿比挤压底板后沿低1～2 mm，并与路面同高。

(4)位置校准。

滑模摊铺机首次摊铺路面，应对挂线及其铺筑位置、几何参数和机架水平度进行校准，正确无误后，方可开始摊铺。

(5)复核测量。

在开始摊铺的5 min内，应在铺筑行进中对摊铺出的路面标高、边缘厚度中线、横坡度等参数进行复核测量。所摊铺的路面精确度应符合规范要求。

3. 混凝土搅拌与运输

搅拌前应先检查搅拌设备的各机构是否运转正常，并根据实验室提供的配料单将各材料数据输入搅拌设备微机里，接到前方通知后，进行搅和。

搅和时应根据搅和物粘聚性、均质性及强度稳定性试拌确定最佳拌和时间。所生产的拌合物应色泽一致，如有生料、干料、离析或外加剂成团的非均质混合物时，严禁用于路面铺筑。

把搅拌好的混凝土拌合物运到摊铺现场，在运输过程中要保证不漏浆、不变干、不离析，卸料时尽量不要堆积太高。卸料高度不应超过1.5 m。远距离运输或运输桥面、钢筋混凝土路面混凝土拌合物时，宜采用混凝土运输车。机前布料尽量使混凝土在全宽方向厚度较均匀，中间可高一点，布料高度一般比成型后的路面高出6～10 cm为宜。

4. 铺筑作业技术要领

(1)摊铺速度。

操作滑模摊铺机应缓慢、匀速、连续不间断地作业。摊铺速度应根据拌合物稠度、供料多少和设备性能控制在0.5～3.0 m/min，一般为1 m/min。拌合物稠度发生变化时，应先调振捣频率，后改变摊铺速度。

(2)松方控制。

应随时调整松方高度板控制进料位置，开始时应略设高些，以保证进料。正常摊铺时应保持振捣仓内料位高于振捣棒100 mm左右，料位高低上下波动宜控制在±30 mm之内。为了摊铺高平整度的路面，挤压底板的料与振动仓内的混凝土之间始终应维持相互间压力的均衡。

(3)振捣频率控制。

正常摊铺时，振捣频率可在6 000～11 000 r/min之间调整，宜采用9000 r/min左右的频率。应防止混凝土过振、欠振或调振。应根据混凝土的稠度大小，随时调整摊铺的振捣频率或速度。摊铺机起步时，应先开启振捣棒振捣2～3 min，再缓慢平稳推进。摊铺机脱离混凝土后，应立即关闭振捣棒组。

(4)纵坡施工。

滑模摊铺机满负荷时可铺筑的路面最大纵坡为：上坡5%，下坡6%。

上坡时，挤压底板前仰角宜适当调小，并适当调轻抹平板压力，坡度较大时，为了防止摊铺机过载，推不动，宜适当调整挤压底板前仰角；下坡时，前仰角宜适当调大，并适当调大抹平板压力。

(5)纵缝拉杆安置。

摊铺单车道时，必须根据路面设计配置单侧或双侧打拉杆机械装置，打拉杆装置的正确插入位置应在挤压底板下的中部或偏后部，无论采用何种方式打入拉杆，其压力应满足一次打到位。打入拉杆位置必须在板厚中间，中间和侧向拉杆的高低和左右误差不得大于±2 mm。

5.路面修整

滑模摊铺过程中应采用自动抹平板装置进行抹面。对少量局部麻面和明显缺料部位，应在挤压板后或梁前补充拌合物，由搓平梁或抹平板机械修整。

滑模摊铺的混凝土面板在下列三种情况下，可用人工进行局部修整：用人工操作抹面抄平，精整摊铺后表面小缺陷，但不得在整个表面加薄层修补路面标高；对纵缝边缘出现的倒边、塌边、溜肩现象，应在顶侧模或在上部支方铝管进行边缘处补料修整；对起步和纵向施工接头处，应使用水准仪抄平并采用大于3 m的靠尺边测边修整。

滑模摊铺结束后，必须及时做好以下工作：要清洗滑模摊铺机，进行当日保养、加油、加水、打润滑油等；应丢弃端部的混凝土和摊铺机振动仓内遗留下的纯砂浆；设置施工缝端模，并用水准仪测量面板高程和横坡。

为使下次摊铺能紧接着施工缝开始，两侧模板应向内各收进 20～40 mm，收口长度宜比滑模摊铺机侧模板略长；施工缝部位应设置传力杆，并应满足路面平整度、高程、模坡和板长要求；在开始摊铺和施工接头时，应做好端头和结合部位的平整度，防止工作缝结合部低洼现象，接头部位宁高勿低。

3.2.4 路面施工新技术介绍

3.2.4.1 沥青路面双层摊铺施工工艺

双层摊铺技术是上下两层沥青混合料一次性摊铺施工的技术。表面结构得到优化的薄面层以及可有效降低路面噪音，这些道路结构要想达到所要求的铺装质量又要具有较好的性价比，只有通过上下两层同时铺装来完成。另外，在气候条件不利的情况下铺装高质量的温拌沥青混合料也可采用这种施工方式。

1. 双层摊铺施工工艺原理

双层摊铺工艺的基本设备由两套前后安装在一起的摊铺机组成。该设备与一个高效率的联合给料机一起作业，该给料机可交替把不同沥青混合料从运输车运送到两个混合料斗中。摊铺为一个连续均匀的过程，摊铺机一次完成两层的最终压实。

双层沥青混合料摊铺施工是由一台新型双层沥青摊铺机和一个高效率的履带式联合给料机以及传统工艺的热拌、运料、压实设备完成。

2. 双层摊铺机主要工作装置

双层摊铺机拥有两套独立的摊铺工作装置，其主要的结构部分包括接料斗、刮板输料器、螺旋分料器、熨平振捣装置以及自动找平装置等。

(1)接料斗。

双层摊铺机拥有两个前后布置、高度不同且相互独立的接料斗，分别贮存两种不同配合比的沥青混合料。根据相互位置以及摊铺作用，接受下面层物料的接料斗称为下面层料斗；位置靠前、接受上面层物料的接料斗称为上面层料斗。

(2)刮板输料器。

下面层物料的刮板输料器依然采用传统摊铺机的输料方式：将沥青混合料由料斗底部通过刮板输料器运送到摊铺槽内(刮料板、熨平板及熨平板两端的端面挡板等所包容的空间称为摊铺槽)，同样有两组刮板输料器控制左右两边的供料量。同时设置左右闸门控制数量，以适应摊铺时对沥青混合料量的不同需求。

(3)螺旋分料器。

两套螺旋分料器分别位于摊铺机后部的前、后两个摊铺槽内。位于行走方向较前方的螺旋分料器将刮板输料器从下面层料斗输送来的混合料经螺旋分料器横向地分送到摊铺槽的全幅宽度上。螺旋分料器为左、右两组螺旋轴，其螺旋叶片旋转方向相反，以使混合料由摊铺槽中部向两端输送。位于较后方的上面层摊铺螺旋分料器的功能和作用与前者完全相同。

(4)熨平振捣装置。

熨平振捣装置位于螺旋分料器的后部，其功能是将双层摊铺机各自摊铺槽内不同配合比的两种沥青混合料分别在全幅宽度上摊平、捣实和熨平。它主要由牵引臂、刮料板、振捣梁、熨平板、厚度调节机构和拱度调节机构等组成。端面挡板可以使摊铺层获得平整的边缘。在结构上，两套熨平振捣装置相对独立，各自完成摊铺、振捣、振动熨平及预压实等任务。

(5)自动找平装置。

双层摊铺机的自动找平装置是通过传感器寻找、跟踪基准，经控制器处理偏差信号，再将输出的 PWM 脉冲信号传递给电磁换向阀，并控制找平液压缸的动作，最终实现自动找平。

3. 双层摊铺接缝处理

由于双层摊铺的厚度大，接缝的高度也就越大，应尽量避免接缝和连接。摊铺宽度应覆盖路面全宽。如果需要设置纵向接缝，可以调节上层熨平板的伸缩边，使上、下层摊铺宽度错茬 10 cm 左右，实现前后摊铺接缝处的错缝搭接。

在纵向，双层摊铺机的上、下熨平板相隔一定距离(大于 30 cm)，在摊铺机启动时不可避免地产生一个纵向宽度大约 30 cm、厚度不一致的横接缝，处理比较困难。因此，要尽量避免摊铺机频繁停止和启动而产生横向接缝。在构造物较多的路段，桥面铺装厚度尽量与路面结构层设计一致，避免桥头处理的麻烦。摊铺碾压施工完成后，要求道路路面冷却至少 36 h 以后再开放交通，以避免路面变形。

3.2.4.2　水泥混凝土滑模施工中的新材料、新技术

1. 耐碱玻璃纤维、钢纤维

在水泥混凝土中，掺拌耐碱玻璃纤维可提高混凝土的抗弯拉强度，和相同水

泥用量的普通混凝土相比，其抗弯拉强度可提高5%～8%。掺拌钢纤维能提高混凝土的抗弯拉强度、劈裂强度、抗冻性、耐磨性以及抗疲劳性。和相同水泥用量的普通混凝土相比，其抗弯拉强度及劈裂强度可提高10%～15%。

耐碱玻璃纤维混凝土因水泥与水接触后立即发生水化反应，在其初始反应期内，混合物pH值可迅速增至13，所以对纤维的耐碱性有特殊的要求。采用的耐碱玻璃纤维长度为12 mm.

钢纤维混凝土的性能受钢纤维品种、性能及掺率的影响，同时，钢纤维混凝土对粗集料的粒径也有一定的要求。粗集料的最大粒径直接影响到钢纤维的握裹力。一般情况下，粗集料的最大粒径不宜超过钢纤维长度的1/2，极值不宜超过纤维长度的2/3.

在配合比方面，混凝土中掺入一定量的粉煤灰可以代替部分水泥和细骨料，降低了混凝土初始反应期的碱性，减小对玻璃纤维的腐蚀。

为保证纤维混凝土的均质性，应严格控制拌和的最短搅拌时间。纤维混凝土相对普通混凝土，搅拌时间应延长1/3，拌合物应均匀，性能良好，无离析现象。

纤维混凝土在摊铺施工时，振捣棒的位置符合施工规范要求，混凝土的摊铺速度和振捣频率应根据摊铺机前混凝土拌合物的坍落度及时进行调整。抗滑构造的制作可采用拉、挂软尾排刷拉毛，但排刷要经常换洗。

2. DBI(传力杆自动插入)技术

(1)DBI装置施工工艺过程。

①开始摊铺后，人工将一端套好塑料套的传力杆按一定顺序排放在布料小车的料槽内。

②手动启动小车卷扬机，小车从DBI一侧沿着滑动轨道滑动到另一侧，传力杆在滑动过程中自动落入卡槽内。启动另一侧卷扬机收回小车，进行下一循环的布料。

③此时，卡槽上下位置是相互错位的，当摊铺机走到预定位置时，卡槽上半部分在液压油缸的作用下水平移动一段距离与下半部分对齐，传力杆便自动落入混凝土面板的打入部位。同时，传力杆插入叉组件在升降液压油缸的作用下自动向下推移，在接近面板时自动启动插入叉振动器，将这排传力杆振动插入混凝土内。

④DBI插入组件在前后伸缩液压油缸的作用下向后缓慢推移，而摊铺机继续向前作业，这样传力杆插入组件相当于脱离摊铺机，插入装置与路面相对保持静止，保证插入过程尽可能不损坏挤压成型的面板表面。当传力杆插入深度达

到预定位置时，位置传感器给定信号，系统自动收回加压油缸，将插入叉组件上提到初始位置。

⑤同时，传力杆卡槽上半部分的推动油缸收回，继续保持卡槽上下错位，插入叉提升到位后，系统在左右两个水平油缸作用下自动将传力杆插入组件快速向摊铺机前进方向收回到前面的初始位置，等待下一循环。

(2)DBI技术的主要问题。

应用DBI技术时，应注意以下两个问题：

①传力杆的加工精度一定要满足下述规定：首先，传力杆两端必须是圆截面，不得挤压切断形成扁头，尺寸误差为1～3 mm；其次，传力杆必须垂直，只有这样才能保证行车分布时不卡传力杆。

②新拌混凝土不得特别干硬，必须满足规定的要求。

3.3 桥梁工程

3.3.1 桥梁基础施工

基础是桥梁结构物的重要组成部分，起着支承桥跨结构，保持体系稳定，把上部结构、墩台自重及车辆荷载传递给地基的重要作用。基础的施工质量直接决定着桥梁的强度、刚度、稳定性、耐久性和安全度。

3.3.1.1 明挖地基与基底处理

1.基坑开挖

(1)无水地基开挖。

一般小桥梁基础基坑开挖采用人力施工方法；大、中桥基础的基坑大而深，挖方量大，可采用机械或半机械施工方法。

①为避免地面水冲塌坑壁，在基坑顶缘适当距离设截水沟。坑顶边应留护道，有弃土或静荷载的护道宽度不小于0.5 m，有动荷载的护道宽度不小于1.0 m。

②应避免超挖。若超挖，应将松动部分清除，其处理方案应报监理、设计单位批准。

③挖至标高的土质基坑不得长期暴露、扰动或浸泡，并应及时检查基坑尺

寸、高程、基底承载力，符合要求后，应立即进行基础施工。

④每天开挖前及开挖过程中，应检查基坑或管沟的支撑及边坡情况。如发现异常（裂缝、疏松、支撑折断等），应立即采取防范、补救和加固措施。

⑤开挖深度超过 2 m 的，必须在边沿处设立两道护身栏。夜间施工必须有充足的灯光照明。

⑥挖大孔径桩及扩底桩施工前，必须按规定采取防止掉物、塌壁等安全防护措施。

⑦基坑施工不可延续时间过长，自基坑开挖至基础完成，应连续施工。

(2)有水地基开挖。

若地基的渗水量太大，超过了排水能力，或基坑土质不好，采用抽水开挖基坑时将会产生涌砂或涌泥现象，此时宜采取有水开挖的方法。

常用的有水开挖方法有如下 3 种。

①水力吸泥机方法。此法适用于砂类土及砾卵石类土，不受水深限制，其出土效率可随水压和水量的增加而提高。

②空气吸泥机方法。此法适用于水深 5 m 以上的砂类土或夹有少量碎卵石的基坑，浅水基坑不宜采用。在黏土层使用时，应与射水配合进行，以破坏黏土结构。吸泥时应同时向基坑内注水，使基坑内水位高于地下水水位约 1 m，以防止流沙或涌泥。

③挖掘机方法。此法适用于各种土质，但开挖时要注意基坑边坡的稳定，可采用反铲挖掘和吊机配抓泥斗挖掘，一般工效很高。

2. 基坑排水

基坑坑底多位于地下水位以下，随着基坑的下挖，渗水将不断涌进基坑，为保持基坑的干燥，便于基坑挖土和基础的砌筑与养护，施工过程中必须采取必要的排水措施。目前，常用的基坑排水方法有集水井排水法和井点降水法两种。

(1)集水井排水法。

基坑较浅，土体较稳定或土层渗水量不大时可用集水井排水法。集水井排水施工时，应在基坑内基础范围外坑角或每隔 30～40 m 设置集水井，且应设置在河流上游方向。井间挖排水沟，使基坑渗水通过排水明沟汇集于集水井内，然后用水泵抽出，将水位降至坑底以下。

集水井可用竹篾、编筐或木笼围护，坑底宜铺设 30 cm 左右厚度的滤料（碎石、粗砂），以防止泥沙堵塞吸水龙头。集水井应随挖土逐层加深，挖至设计标高后，井底应低于基坑底 1～2 m。抽水时应有专人负责维护集水沟和集水坑，使其不淤、不堵，能不停地将水排出。集水井排水法的抽水设备有潜水泥浆泵、活塞泵、离心泵或隔膜泵等，排水能力宜为总渗水量的 1.5～2.0 倍。

(2)井点降水法。

井点降水法适用于粉细砂、地下水位较高、有承压水、挖基较深、坑壁不稳定的土质基坑。选择井点类别时，应按照土壤的渗透系数、要求降低水位深度以及工程特点而定。

井点布置根据基坑平面尺寸、土质和地下水的流向，以及降低水位深度的要求而定。当降水深度不超过 6 m 时，可采用单排线状或环形井点布置，井点管应距基坑壁 1.5～2.0 m。当降水深度超过 6 m 时，应采用二级井点降水。

井管可根据土质分别用射水、冲击、旋转及水压钻机成孔。降水曲线应深入基底设计标高以下 0.5 m。井管埋设时，当井点管管端设有射水用的球阀时，可直接利用井点管水冲埋设。

井点管埋设完毕，应接通总管与抽水设备进行试抽水，检查有无漏水、漏气，出水是否正常、有无淤塞等现象。如发现异常情况，应及时检修好后方可投入使用。

井点管使用时，应保证连续不断地抽水，并准备双电源，按照正常出水规律操作。抽水时需要经常观测真空度以判断井点系统工作是否正常。真空度一般应不低于 55.3～66.7 kPa，并检查观测井中水位下降情况。如果有较多井点管发生堵塞，影响降水效果时，应逐根用高压水反向冲洗或拔出重埋。

基础工程施工完毕且基坑已回填土后，方可拆除井点系统。井点管所留井孔必须用砂砾或者黏土填实。

采用井点降水法进行基坑排水时，施工中应做好地面、周边建(构)筑物沉降及坑壁稳定的观测，必要时应采取防护措施。

3. 不同基底处理

(1)多年冻土地基的处理。

①基础不应置于季节冻融土层上，并不得直接与冻土接触。

②基础的基底修筑于多年冻土层(即永冻土)上时，基底之上应设置隔温层或保温层材料，且铺筑宽度应在基础外缘加宽 1 m。

③按保持冻结原则设计的明挖基础，其多年平均地温不低于－3℃时，应于冬期施工；多年平均地温低于－3℃时，可在其他季节施工，但应避开高温季节。

④施工前做好充分准备，组织快速施工。做好的基础应立即回填封闭，不宜间歇。必须间歇时，应以草袋、棉絮等加以覆盖，防止热量侵入。

⑤施工过程中,严禁地表水流入基坑。明水应在距坑顶 10 m 之外修排水沟,引于远离坑顶处排放,并及时排除季节冻层内的地下水和冻土本身的融化水。

⑥施工时,必须搭设遮阳棚和防雨篷。

(2)岩层基底的处理。

①风化的岩层,应挖至满足地基承载力要求或其他方面的要求为止。

②在未风化的岩层上修建基础前,应先将淤泥、苔藓、松动的石块清除干净,并洗净岩石。

③坚硬的倾斜岩层,应将岩层面凿平。倾斜度较大,无法凿平时,则应凿成多级台阶。台阶的宽度宜不小于 0.3 m。

(3)溶洞地基的处理。

①影响基底稳定的溶洞,不得堵塞溶洞水路。

②干溶洞可用砂砾石、碎石、干砌片或浆砌片石及灰土等回填密实。

③基底干溶洞较大,回填处理有困难时,可采用桩基处理,桩基应进行设计,并经有关单位批准。

(4)泉眼地基的处理。

①可将有螺口的钢管紧紧打入泉眼,盖上螺帽并拧紧,阻止泉水流出:或向泉眼内压注速凝的水泥砂浆,再打入木塞堵眼。

②堵眼有困难时,可采用管子塞入泉眼将水引流至集水坑排出,或在基底下设盲沟引流至集水坑排出。待基础砌体完成后,向盲沟压注水泥浆堵塞。采用引流排水时,应注意防止砂土流失。

③不论采用何种方法处理泉眼,都不应使基底泡水。

4. 基坑回填

当墩、台施工完毕后,即可对基坑进行回填,基坑回填应符合下列要求:

①基坑回填时,其结构的混凝土强度应不低于设计强度的 70%。

②在覆土线以下的结构必须通过隐蔽工程验收。

③基坑内积水需抽除,淤泥及杂物须清除干净。

④回填须采用含水量适中的粉质黏土或砂质黏土。

填土应分层铺筑,分层夯实或压实,每层松铺厚度一般为 30 cm,在墩、台结构物两侧同时回填,同步上升。若基坑为道路路基,则应按道路施工的要求进行。

桥台填土一般应在梁体结构安装完成后进行,若施工安排确须提前,应对填土高度和上升速度加以限制，并加强对台身位移的观察。在台身或挡土墙设有泄水孔部位，应按设计要求做泄水过滤层，严禁卡车直接在台后卸土或推土机推土，以免台背发生前倾或位移。

设有支撑的基坑，在回填土时，应随土方填筑高度分次由下往上拆除，严禁采取一次拆除后填土作业。

3.3.1.2　桩基础施工

当建筑物荷载较大，地基上部土层软弱，浅埋扩大基础不能满足安全、稳定与变形要求时，常采用桩基础。目前，我国桥梁工程中常用的是沉入桩施工和灌注桩施工。

1. 沉入桩施工

(1)锤击沉桩施工。

开锤前应检查桩锤、桩帽或送桩与桩的中心轴线是否一致。在松软土中沉桩，将桩锤放在桩顶上时，为防止下沉量过大，应先不解开钢丝绳，待安好桩锤再慢慢放长吊锤和吊桩的钢丝绳，使桩均匀缓慢地向土中沉入。同时，还要继续检查桩锤、桩帽或送桩的中心是否同桩的中心轴线一致，桩的方向有无变动，随时进行改正。经检查无误后即可进行锤击。

锤击沉桩的施工方法包括由一端自另一端顺序打桩、由中间向两端打桩、由两端向中间打桩和分段打桩。

由一端向另一端顺序打桩便于施工，应用较多。一般当桩数不多、间距较大、土不太密实、桩锤较重时，可采用此顺序打桩。

由中间向两端打桩可避免因中部土壤被挤紧而造成打桩困难的现象。一般在基坑较小，土质密实，桩多、间距小的情况下可采用此顺序打桩。

由两端向中间打桩可使土质越挤越紧，增加土的摩擦阻力，充分发挥摩擦桩的作用，适用于较松软的土中打摩擦桩。

分段打桩可解决后打桩不易打入的问题，且土壤挤出也比较均匀，可在基坑较大、柱数较多的情况下采用。

(2)射水沉桩施工。

①下沉空心桩时，一般用单管内射水。当桩下沉较深或土层较密实时，可用锤击或振动配合射水。下沉有困难时，如在砂质土层中，可再加外射水，以减小桩周的摩阻力，加快沉桩进度。

②下沉实心桩时，将射水管对称安装在桩的两侧，并能沿着桩身上下自由移

动，以便在任何高度上冲土。当在流水中沉桩或下沉斜桩时，应将水管固定于桩身上。

③射水沉桩机配合锤击，沉桩具有施工快、效率高、不易打坏桩的优点，但射水沉桩不适用于承受水平推力及上拔的锚固桩或离建筑物较近的桩，也不适用于沉斜桩。

④射水沉桩施工时，在沉入最后阶段 1～5 m 至设计标高时，应停止射水，单用锤击或振动沉入至设计深度。

⑤射水沉桩施工应尽可能用清水，以免堵塞射水嘴。输水管路应尽量减少弯曲，保证输水顺畅。为了排除管内积水，管路应不小于 0.2%的纵坡。射水沉桩施工设备主要有水泵和射水管。

⑥为了减水射水压力的损失，应尽可能将水泵设在沉桩地点附近。在河流中，可将水泵设在船上。

⑦内射水的射水管长度 L 应为：

$$L = L_1 + L_2 + L_3 \tag{3-1}$$

式中，L_1 为桩长，从桩尖至桩顶；L_2 为射水嘴伸出桩尖外的长度，一般为 15～20 cm；L_3 为射水管高出桩顶以上的高度(包括弯管)。

⑧射水管的直径根据水压和水量决定。

⑨不同土壤、不同深度和不同断面的桩，所需水压、水量、射水管的数量和直径等可参照规定选用。

(3)振动沉桩施工。

振动沉桩法具有沉桩速度快、施工操作简易安全且能辅助拔桩的优点，适用于松软的或塑态的黏质土或饱和砂类土层中，对于密实的黏性土、风化岩、砾石效果较差。基桩入土深度小于 15 m 时，单用振动沉桩即可，除此情况外，宜采用射水配合振动沉桩。如果采用有桩架的振动沉桩机，则振桩机机座、桩帽应连接牢固，桩机和桩中心轴线应尽量保持在同一直线上。振动沉桩的其他要求同锤击沉桩。

用振动打桩机作振动沉桩时，多用起重机、吊振拔机，此时应注意下列几点。

①起重机宜用滑轮机械式的起重机，不可用液压式的起重机，以防止起重机因振动漏油，影响起重机的使用。

②用振拔机时应将桩身吊直，如为钢板桩则应一侧入榫后再振动。如为振沉护筒时，则应将护筒采用双层井字架固定，护筒必须垂直下沉，在护筒与振拔机之间应用刚性的锥式桩帽连接，连接必须牢固。在振动过程中，应经常检查连

接部位的螺栓是否有松动现象,如有松动应及时拧紧。

③沉桩工作应一气呵成,不可中途停留过久,以免桩周围土壤阻力恢复,继续下沉困难。

(4)静力压桩施工。

静力压桩施工现场应先平整,并根据现场条件确定压桩机压桩顺序,尽量减少压桩机行走距离。压桩机的安装与拆卸应根据厂方产品说明书的规定执行。

吊装前应清理桩身,并检查桩身有无明显碰损处,以免影响夹持下压。吊桩进入压桩机夹具后,应对准桩位。开始压桩时,应以较低的压力徐徐压入,待无异常情况后,再开始正常工作。

压桩过程中,应防止一根桩压入时中断工作,以免间歇后桩阻力增大。采用接桩时应尽量缩短接桩时间,以减少压桩阻力。压桩过程中应严格控制桩身与地面的垂直度,不允许倾斜压入。如需接送桩时,应保证送桩的中心轴线与桩身的中心轴线上下一致。压桩过程中,还应随时注意桩下沉有无变化,如有水平方向位移时,则桩尖可能遇到障碍,应将桩拔出,清除障碍或与设计单位研究后再进行施工。

(5)桩的复打。

假极限土中的桩、射水下沉的桩、有上浮的桩均应复打,桩的复打应达到最终贯入度且不大于停打贯入度。桩穿过砂类土,复打间隔时间应符合下列要求。

①桩尖位于大块碎石类土、紧密的砂类土或坚硬的黏性土里,间隔时间不得少于 1 昼夜。

②桩尖位于粗中砂和不饱和的粉细砂里,间隔时间不得少于 3 昼夜。

③桩尖位于黏性土和饱和的粉细砂里,间隔时间不得少于 6 昼夜。

2. 钻孔灌注桩施工

(1)钻孔施工。

①场地准备。为安装钻架,进行钻孔施工,施工前应平整场地。对于旱地,应清除杂物,平整场地;遇软土应进行处理;在浅水中,宜用筑岛法施工;在深水中,宜搭设平台,如水流平稳,钻机可设在船上,但船必须锚固稳定。

施工现场应设置桩基轴线定位点和水准点,定出每根桩的位置,并做好标志,制浆池、储浆池、沉淀池宜设在桥的下游,也可设在船上或平台上。

②埋设护筒。钻孔前应埋设护筒,护筒具有固定桩位、作钻孔向导、防止孔口土层坍塌、隔离孔内外表层水等作用,因此,要求护筒坚固耐用、不易变形、不漏水、能重复使用。护筒可用钢或混凝土制作,当使用旋转钻时,护筒内径应比

钻头直径大 20 cm；使用冲击钻时，护筒内径应比钻头直径大 40 cm。

③制备泥浆。在砂类土、碎石土或黏土砂土夹层中钻孔应用泥浆护壁。泥浆宜选用优质黏土、膨润土或符合环保要求的材料制备，其性能指标可参照规定选用。

④安装钻机或钻架。钻架是钻孔、吊放钢筋笼、灌注混凝土的支架。在钻孔过程中，成孔中心必须对准桩位中心，钻机（架）必须保持平稳，不发生位移、倾斜和沉陷。钻机（架）安装就位时，应详细测量，底座应用枕木垫实塞紧，顶端应用缆风绳固定平稳，并在钻进过程中经常检查。

⑤钻孔施工。钻孔施工时，孔内水位宜高出护筒底脚 0.5 m 以上或地下水位以上 1.5～2 m。钻头的起落速度应均匀，不得过猛或骤然变速。孔内出土，不得堆积在钻孔周围。且钻孔应一次成孔，不得中途停顿。钻孔达到设计深度后，应对孔位、孔径、孔深和孔形等进行检查。

(2)清孔施工。

钻孔达到设计标高后，应对孔径、孔深进行检查，确认合格后即进行清孔。进行清孔的目的是清除钻渣与孔底沉淀层，以减少桩基的沉降量，提高承载能力，同时为灌注混凝土创造良好条件，确保桩基质量。

清孔施工方法包括换浆清孔法、抽浆清孔法、掏渣清孔法、喷射清孔法和砂浆置换清孔法等，应根据设计要求、钻孔方法、机具设备条件和地层情况决定。

①换浆清孔法是在完成钻孔深度后，提升钻锥至距孔底钻渣面 0.1～0.3 m，以大泵量泵入符合清孔后性能指标的新泥浆，维持正循环 4 h 以上，直到清除孔底沉渣、减薄孔壁泥皮、泥浆性能指标符合要求为止。换浆清孔法进度较慢，适用于正循环回转钻孔。对于大直径深孔可改用抽浆清孔法。

②抽浆清孔法是在反循环回转钻孔完成后，即停止钻具回转，将钻锥提离孔底钻渣面 10～30 cm，维持泥浆的反循环，并向孔中注入清水。应经常测量孔底沉渣厚度和孔中泥浆性能指标，满足要求后立即停止清孔。抽浆清孔法适用于各种钻孔。

③掏渣清孔法是用抽渣筒、大锅锥或冲抓锥清掏孔粗钻渣，掏渣前可投入 1～2 袋水泥，再以冲锥冲成钻渣和水泥的混合物，提高掏渣工效。掏渣清孔法只能掏取粗粒钻渣，不能降低泥浆相对密度，只能作为初步清孔，适用于机动锥钻孔、冲抓钻孔和冲击钻孔。

④喷射清孔法是在灌注水下混凝土前，对孔底进行高压射水或射风数分钟，使孔底剩余少量沉淀物漂浮后，立即灌注水下混凝土。喷射清孔法采用射水

(风)的压力应大于池孔底水(泥浆)压力 0.5 MPa,射水(风)时间为 3～5 min。喷射清孔法只适宜配合换浆法或抽浆法使用。

⑤砂浆置换清孔法是利用掏渣筒尽量清除钻渣,以高压水管插入孔底射水,降低泥浆相对密度,在孔底灌注特殊砂浆(以粉煤灰与水泥加水拌和并掺入缓凝剂),插入比孔径稍小的搅拌器,慢速旋转,将孔底残渣搅入砂浆中,吊出搅拌器,吊入钢筋骨架,灌注水下混凝土,搅入残渣的砂浆被混凝土置换后,一直被顶托在混凝土面以上而被推倒桩顶后,再予以清除。砂浆置换清孔法适用于掏渣清孔后使用。

(3)钢筋笼吊放。

混凝土灌注桩钢筋笼容易发生变形。如何能加快安放速度并防止钢筋笼变形是钢筋笼吊放工作的关键性问题。钢筋笼的吊装应符合下列规定。

①钢筋笼宜整体吊装入孔。分段入孔时,上下两段应保持顺直。

②应在骨架外侧设置控制保护层厚度的垫层,其间距竖向宜为 2 m,径向圆周不得少于 4 处。钢筋笼入孔后,应牢固定位。

③在骨架上应设置吊环。为防止骨架起吊变形,可采取临时加固措施,入孔时拆除。

④钢筋笼吊放入孔应对中、慢放,防止碰撞孔壁。下放时应随时观察孔内水位变化,发现异常应立即停放,检查原因。

(4)水下混凝土灌注。

灌注水下混凝土之前,应再次检查孔内泥浆性能指标和孔底沉渣厚度,如超过规定,应进行第二次清孔,符合要求后方可灌注水下混凝土。

水下混凝土灌注多采用导管法,用于灌注水下混凝土的导管内壁应光滑圆顺,直径宜为 20～30 cm,节长宜为 2 m;导管不得漏水,使用前应试拼、试压,试压的压力宜为孔底静水压力的 1.5 倍;导管轴线偏差不宜超过孔深的 0.5%,且不宜大于 10 cm;导管采用法兰盘接头宜加锥形活套;采用螺旋丝扣型接头时必须有防止松脱装置。

导管法灌注水下混凝土,应先将导管居中插入到距离孔底 0.30～0.40 m,导管上口接漏斗或储料斗,为隔绝混凝土与导管内水的接触,应在接口处设隔水栓。待储料斗中存备足够数量的混凝土后,放开隔水栓使储料斗中存备的混凝土连同隔水栓向孔底猛落,将导管内水挤出,混凝土沿导管下落至孔底堆积,并使导管埋在混凝土内,此后向导管连接处灌注混凝土。导管下口埋入孔内混凝土中 1～1.5 m 深,以保证钻孔内的水不能重新流入导管。随着混凝土不断灌入，钻孔内初期灌注的混凝土及其上面的水或泥浆不断被顶托升高，相应地不断提升导管和拆除导管，直至混凝土灌注完毕。

(5)后压浆施工。

钻孔灌注桩后压浆施工是在已施工完成的钻孔桩桩底和柱侧进行压浆，其目的是清除桩底软弱垫层(沉渣)，改善桩土界面的工况，提高单桩承载力。后压浆施工可分为桩底压浆与桩侧压浆。

桩底压浆是指将高压水泥浆送进预埋的压浆管，并通过压浆管底部的单向阀(逆止阀)对土层产生渗入、劈裂作用向桩底一定范围的土体中注入水泥，同时还有一部分浆液从桩底沿桩土界面向上渗流扩展到桩底以上 10～20 m，甚至更高的范围。

桩侧压浆则是将高压水泥浆送入预先设置在钢筋笼外侧的带单向阀的加筋 PVC 管或黑铁管，根据土层、桩长情况在管上设几个压浆断面；浆液从管上的浆孔喷出，对桩周土产生挤密、渗入作用，同时顺着桩土界面向上和向下渗透，在桩土界面处形成一道水泥浆与土的胶结层，使桩与土的接触面及桩周土的摩阻得到改善和提高。

3. 挖孔灌注桩施工

挖孔灌注桩多用人工开挖和小型爆破，配合小型机具成孔，灌注混凝土形成桩基。其特点是设备投入少，成本低，成孔后可直观检查孔内土质状况，基桩质量有可靠保证。适用于无水或极少水的较密实的各类土层，桩径不小于 1.2 m，孔深不宜大于 15 m。

(1)开挖桩孔。

开挖桩孔一般采用人工开挖，根据土壁保持直立的状态的能力分为若干个施工段，一般以 0.8～1.2 m 为一个施工段，挖土过程中要随时检查桩孔尺寸和平面位置，防止误差。

挖土由人工从上到下逐段用镐、锹进行，遇坚硬土层用锤、钎破碎。同一段内挖土次序为先中间后周边。扩底部分采取先挖桩身圆柱体，再按扩底尺寸从上到下削土修成扩底形。孔深超过 10 m 时，应经常检查孔内二氧化碳浓度，若超过 0.3%应采取通风措施。孔内如用爆破施工，应采用浅眼爆破法，且在炮眼附近要加强支护，以防止震坍孔壁。桩孔较深，应采用电引爆，爆破后应通风排烟。经检查，孔内无毒后施工人员方可下孔。应根据孔内渗水情况，做好孔内排水工作。

(2)护壁和支承。

人工挖孔过程中，为保证施工安全，应根据地质、水文条件、材料来源等情况因地制宜选择现浇混凝土护圈、喷射混凝土护圈、钢套管护圈等支承和护壁方法。现浇混凝土护圈适用于桩孔较深、土质相对较差、出水量较大或遇流砂等情况。必要时，也可配制少量钢筋或架立钢筋网，架立钢筋网后可直接锚喷砂浆形成护圈代替现浇混凝土护圈。钢套管护圈适用于地下水丰富的强透水地层或承压水地层，可避免产生流沙和管涌现象，能确保施工安全。

对于土质松散而渗水量不大的情况，可考虑用木料作框架式支承或在木框后面作木板支承。木框架或木框架与木板间应用扒钉钉牢，木板后面用土面塞紧。对于土质尚好，渗水不大的情况也可用荆条、竹笆作护壁，随挖随护壁，以保证挖孔施工的安全进行。

(3)灌注桩身混凝土。

挖孔到达设计深度后即可灌注桩身混凝土。灌注桩身混凝土前，应先清除孔壁、孔底的浮土，并进行钢筋筑架的吊装，排除孔底积水。

桩身混凝土应连续分层灌注，每层灌注高度不得超过 1.5 m，用串筒或导管下料，垂直灌入桩孔，避免混凝土斜向冲击孔壁。若需要灌注水下混凝土时，应参照钻孔灌注桩水下混凝土灌注施工的相关内容。

3.3.1.3　沉井基础施工

沉井基础是利用其自重，在地基挖掘过程中一边下沉一边接高的下口尖形的井状结构物，下沉到预定标高后，进行封底。构筑井内地板、梁、楼板、内隔墙、顶盖板等构件最终形成一个地下建筑物或建筑物基础，它是重要的基础形式之一。在施工过程中，它可充当挡水和护壁结构物，方便施工；在施工结束后，它又充当基础，桥梁墩台可建造其上。

1. 沉井制作

(1)平整场地。

①沉井位于浅水或可能被水淹没的岸滩上时，宜就地筑岛制作。在地下水位较低的岸滩，若土质较好时，可开挖基坑制作沉井。

②在岸滩上或筑岛制作沉井，要先将场地平整夯实，以免在灌注沉井过程中和拆除支垫时，发生不均匀沉陷。若场地土质松软，应加铺一层 30～50 cm 厚的砂层，必要时，应挖去原有松软土层，然后铺以砂层。当石渣、漂卵石等取材方便时，常不挖除松软土壤，可直接回填夯实，以便施工。

③沉井在制作至下沉过程中位于无被水淹没可能的岸滩上时，如地基承载力满足设计要求，可就地整平夯实制作；如地基承载力不够，应采取加固措施。

④沉井可在基坑中灌注，但应防止基坑为暴雨所淹没，并做好防洪措施。在总的进度安排中，应抓住枯水期的有利季节。

⑤运输线路，风、水管路，电力线的铺设以及混凝土厂起吊设备的布置等，均应事先详细计划，妥善安设，以免干扰沉井施工作业。

(2)沉井分节。

沉井的分节制作高度应能保证其稳定性，又有适当重力便于顺利下沉。底节沉井的最小高度应能抵抗拆除垫木或挖除土模时的竖向挠曲强度，一般每节高度不宜小于 3 m。

(3)铺设承垫木。

铺设承垫木时，应用水平尺进行找平，要使刃脚在同一水平面上，承垫木下应用 0.3～0.5 m 厚的砂垫层填实，高差不应大于 3 cm；相邻两块承垫木高差不应大于 0.5 cm。

承垫木顶面应与刃脚底面紧贴，使沉井重力均匀分布于各垫木上。承垫木可单根或几根编成一组铺设，组与组之间应留 0.2～0.3 m 的空隙，以便能顺利地将承垫木抽出。

为便于抽除刃脚的承垫木，还需设置一定数量的定位垫木，使沉井最后有对称的着力点。确定定位垫木位置时，以沉井井壁在抽除承垫木时，所产生的跨中与支点的正负弯矩的绝对值相接近为原则。圆形沉井的定位垫木一般对称设置在互成 90°的四个支点上。方形沉井的定位垫木设置在 4 个角上。矩形沉井的定位垫木一般设置在两长边，每边设 2 个，当沉井长边 l 与短边 b 之比在 1.5～2 之间时，两个定位支点间的距离为 0.7l m；当 $l/b \geqslant 2$ 时，定位支点间的距离则为 0.6l m。

(4)模板及其拆除。

现场多采用整体拼装式井孔模板。钢制模板具有强度大、周转次数多等优点。

沉井的非承重的侧模在混凝土强度达到设计强度的 50%时便可拆除：刃脚下的侧模，在混凝土强度达到设计强度的 75%时方可拆除。当混凝土强度达设计强度的 100%时，沉井方可下沉。

(5)施工缝处理。

当沉井结构较高时，必须设置施工缝。沉井井壁的水平施工缝，不得留在底板凹槽或凸榫或沟、洞处，距离应不小于 20～30 cm。同时，沉井井壁及框架均不宜设置竖向施工缝。

施工缝有平缝、凸或凹式施工缝和钢板止水施工缝。

(6)沉井制作。

沉井制作一般有旱地制作、人工筑岛制作和在基坑中制作三种方法，可根据不同情况采用，使用较多的是在基坑中制作沉井。

在基坑中制作沉井，基坑应比沉井宽 2～3 m，四周设排水沟、集水井，使地下水位降至比基坑底面低 0.5 m，挖出的土方在周围筑堤挡水，要求护堤宽度不小于 2 m。

①模板支设。井壁模板采用钢组合式定型模板或木定型模板组装而成。采用木模时，外模朝混凝土的一面应刨光，内外模均采取竖向分节支设，每节高 1.5～2.0 m，用 ϕ12～16 对拉螺栓拉槽钢圈固定。对于有抗渗要求的沉井，应在螺栓中间设止水板。第一节沉井井筒壁周长应大于设计尺寸 10～15 mm，第二节相应缩小一些，以减少下沉摩阻力。对于大型沉井，可采用滑模方法制作。

②钢筋安装。沉井钢筋可用吊车进行垂直吊装就位，或在沉井预先绑扎钢筋骨架或网片，用吊车进行大块安装。对于竖筋可一次绑好，而水平筋则应采用分段绑扎，与前一节井壁连接处伸出的插筋采用焊接连接方法，接头错开 1/4。沉井内壁隔墙可与井壁同时浇筑，也可以在井壁与内壁隔墙连接部位预留插筋，待下沉完毕后，再进行隔墙施工。

③混凝土浇筑。沉井混凝土浇筑时，应沿沉井周围搭设脚手架平台，混凝土应沿着井壁四周对称进行浇筑，以避免混凝土面高低相差悬殊、压力不均产生基底不均匀沉陷，致使沉井混凝土开裂。每节沉井的混凝土应分层、均匀灌注，一次连接灌完。

④混凝土养护。一般情况下，混凝土灌注完成 10～12 h 后，即应进行遮盖洒水养护。但在炎热天气，混凝土灌注 1～2 h 后应进行遮盖洒水养护，以防烈日暴晒。洒水时应掌握好水量，防止筑岛土流失坍塌，造成沉井混凝土开裂。

当昼夜间最低气温低于－3℃或室外平均气温低于＋5℃时即应按冬期施工措施进行混凝土浇筑与养护。第一节沉井井筒混凝土强度必须达到 100％设计强度，其余各节达到 70％后，方可停止保暖养护。

当混凝土强度达 2.5 MPa 即可在顶面凿毛，以便顶部再接混凝土时增加接缝强度。

⑤模板拆除。混凝土强度达到 25％时可拆除侧模，混凝土强度达 75％时方可拆除刃脚模板。拆除模板按以下要求进行。

a. 拆除隔墙及刃脚下支撑时，应对称依次进行，一般宜从隔墙中部向两边拆除。

b. 拆除时先挖去垫木下的砂，抽出支撑排架下的垫木，或当支撑排架顶面(或底面)设置有楔形木时，可打掉楔木，再拆除支撑。

c. 拆模后，下沉抽垫木前，仍应将刃脚下回填密实，以防止不均匀沉陷，保证正位下沉，这对于后期施工非常重要。

2. 沉井下沉

(1)排水开挖下沉。

在渗水量小、土质稳定的地层中宜采用排水开挖下沉。排水开挖下沉常用人工或风动工具开挖。在井内用小型反铲挖土机开挖，在地面用抓斗挖土机分层开挖。排水开挖下沉施工时，挖土方法视土质情况而定。

对于一般土层，应从中间开始逐渐挖向四周，每层挖土层 0.4～0.5 m，在刃脚处留 1～1.5 m 台阶，然后沿沉井井壁每 2～3 m 一段，向刃脚方向逐层全面、对称、均匀地开挖土层，每次挖去 5～10 cm，当土层经不住刃脚的挤压而破裂，沉井便在自重作用下均匀破土下沉。

对于坚硬土层，当刃脚内侧土台挖平后仍下沉很少或不下沉，可从中部向下挖深 40～50 cm，并继续向四周均匀扩挖，使沉井平稳下沉，当土垅挖至沉井仍不下沉或下沉不平稳时，则须按平面布置分段的次序逐段对称地将刃脚下挖空，并挖出刃脚外壁的 10 cm，每段挖完用小卵石填塞夯实，待全部挖空回填后，再分层去掉回填的小卵石，可使沉井均匀减少承压而平衡下沉。

对于岩层，应先按次序挖去风化或软质岩层，一般采用风镐或风铲即可。如采用爆破方法除土下沉时要经有关部门批准，并严格控制药量。软硬的岩层可按顺序打眼爆破进行开挖，开挖时，可用斜炮眼，斜度大致与刃脚内侧平面平行，伸出刃脚 15～20 cm，使开挖宽度超过刃脚 5～10 cm，开挖深度宜为 40 cm 左右。采用松动方式进行爆破，炮孔深度 1.3 m，以 1 m×1 m 梅花形交错排列，使炮孔伸出刃脚口外 15～30 cm，以使开挖宽度超出刃脚口 5～10 cm，下沉时，顺刃脚分段顺序，每次挖 1 m 宽即进行回填，如此逐段进行，至全部回填后，再去除土堆，使沉井平稳下沉。

(2)不排水开挖下沉。

不排水开挖下沉适用于大量涌水、翻砂、土质不稳定的土层。不排水开挖下沉常采用抓斗挖土法和水枪冲土法进行开挖。采用抓斗挖土方法时，应用吊车吊住抓斗挖掘井底中央部分的土，逐渐使井底形成锅底状。

对于砂或砾石类土层，一般当井底比刃脚低 1～1.5 m 时，沉井即可靠自重下沉，刃脚下的土即被挤向中央，若使沉井即可继续下沉则只需从井孔继续进行抓土。在黏质土或紧密土中刃脚下的土不易向中央坍塌，则应配以射水管松土。

多井孔的沉井最好每个井孔配置一套抓土设备，可同时均匀挖土，并减少抓斗倒孔时间，否则应逐孔轮流抓土，使沉井均匀下沉。

采用水枪冲土下沉方法时，水枪冲土系统主要包括高压水泵、供水管路、水枪等。高压水沿供水管路输送到水枪，在水枪喷嘴处形成一股高速射流，冲击工作面土层，并破坏其结构，形成混渣浆。同时，由空气吸泥机将泥渣浆排到地面，以完成沉井挖土任务。施工时，应使高压水枪冲入井底的泥浆量和渗入的水量与水力吸泥机吸出的泥浆量保持平衡。

(3)射水下沉。

射水下沉是抓斗挖土和水枪冲土两种方法的辅助方法，一般应辅以高压射水松动及冲散土层以便抓吸土。施工时，需用预先设在沉井外壁的水枪，借助高压水冲刷土层，使沉井下沉。

(4)泥浆润滑下沉。

泥浆润滑下沉沉井是在沉井外壁周围与土层间设置泥浆隔离层，以减少土壤与井壁的摩阻力使沉井下沉。

3. 沉井接高

当底节沉井顶面下沉至离土面较近时，其上可接筑第二节沉井。

沉井接高应符合下列规定。

①沉井接高前应调平。接高时应停止除土作业。

②接高时，井顶露出水面不得小于 150 cm，露出地面不得小于 50 cm。

③接高时应均匀加载，可在刃脚下回填或支垫，防止沉井在接高加载时突然下沉或倾斜。

④接高时应清理混凝土界面，并用水湿润。

⑤接高后的各节沉井中轴线应一致。

4. 沉井封底

沉井下沉至设计标高后应清理、平整基底，经检验符合设计要求后，应及时封底。

(1)排水封底。

刃脚四周用黏土或水泥砂浆封堵后，井内无渗水时，可在基底无水的情况下浇筑封底混凝土，浇筑时应尽可能将混凝土挤入刃脚下面。混凝土顶面的流动坡度宜控制在1∶5以下。

(2)不排水封底。

封底在不排水情况下进行，用导管法灌注水下混凝土，若灌注面积大，可用多根导管同时依次浇筑。导管底端埋入封底混凝土的深度不宜小于0.8。在封底混凝土上抽水时，混凝土强度不得小于10 MPa，硬化时间不得小于3 d。

3.3.1.4 地下连续墙基础施工

1. 导墙施工

导墙又称导向槽或护井，用泥浆护壁挖槽的地下连续墙应先构筑导墙。

导墙的材料、平面位置、形式、埋置深度、墙体厚度、顶面高程应符合设计要求。当设计无要求时，应符合下列规定。

①导墙宜采用钢筋混凝土构筑，混凝土等级不宜低于C20。

②导墙的平面轴线应与地下连续墙平行，两导墙的内侧间距宜比地下连续墙体厚度大40～60 mm。

③导墙断面形式应根据土质情况确定，可采用板形或倒形。

④导墙底端埋入土体内深度宜大于1 m。基底土层应夯实。导墙顶端应高出地下水位，墙后填土应与墙顶齐平，导墙顶面应水平，内墙面应竖直。

⑤导墙支撑间距宜为1～1.5 m。

混凝土导墙施工应符合下列规定：

①导墙分段现浇时，段落划分应与地下连续墙划分的节段错开。

②安装预制导墙段时，必须保证连接处质量，防止渗漏。

③混凝土导墙在浇筑及养护期间，重型机械、车辆不得在附近作业、行驶。

2. 成槽

地下连续墙的成槽施工，应根据地质条件和施工条件选用挖槽机械，并采用间隔式开挖，一般地质条件应间隔一个单元槽段。挖槽时，抓头中心平面应与导墙中心平面吻合。

挖槽过程中观察槽壁变形、垂直度、泥浆液面高度，并应控制抓斗上下运行速度。如发现较严重坍塌时，应及时将机械设备提出，分析原因，妥善处理。

3. 清底

槽段挖至设计高程后，应及时检查槽位、槽深、槽宽和垂直度，合格后方可进行清底。

清底应自底部抽吸并及时补浆,沉淀物淤积厚度不得大于 100 mm。

当用正循环成槽时,则将钻头提离槽底 200 mm 左右进行空转,中速压入相对密度 1.05～1.10 的稀泥浆把槽内悬浮渣及稠泥浆置换出来。

当采用自成泥浆成槽,终槽后,可使钻头空转不进尺,同时射水,待排出泥浆相对密度降到 1.1 即为合格。

4. 接头

地下连续墙接头施工应符合下列要求。

(1)锁口管应能承受灌注混凝土时的侧压力,且不得产生位移。

(2)安放锁口管时应紧贴槽端,垂直、缓慢下放,不得碰撞槽壁和强行入槽。锁口管应沉入槽底 300～500 mm。

(3)锁口管灌注混凝土 2～3 h 后进行第一次起拔,以后应每 30 min 提升一次,每次提升 50～100 mm,直至终凝后全部拔出。

(4)后继段开挖后,应对前槽段竖向接头进行清刷,清除附着土渣、泥浆等物。

5. 钢筋骨架吊装

(1)吊放钢筋骨架时,必须将钢筋骨架中心对准单元节段的中心,准确放入槽内,不得使骨架发生摆动和变形。

(2)全部钢筋骨架入槽后,应固定在导墙上,顶端高度应符合设计要求。

(3)当钢筋骨架不能顺利地插入槽内时,应查明原因,排除障碍后,重新放入,不得强行压入槽内。

(4)钢筋骨架分节沉入时,下节钢筋笼应临时固定在导墙上,上下节主筋应对正、焊接牢固,并经检查合格后方可继续下沉。

6. 防水混凝土浇筑

地下连续墙防水混凝土浇筑是在泥浆下进行的,多采用直升导管法。沿槽孔长度方向设置数根铅垂导管(输料管),从地面向数根导管同时灌入搅拌好的混凝土,混凝土自导管底口排出,自动摊开,并由槽孔底部逐渐上升,不断把泥浆顶出槽孔,直至混凝土灌满槽孔。

7. 拔出接头管

待混凝土浇筑后强度达到 0.20 MPa(一般在混凝土浇筑后 3～5 h,视气温而定)开始提拔接头管,提拔接头管可用液压顶升架或起重机。开始拔管时每隔

20～30 min 拔一次，每次上拔高度 300～1 000 mm，上拔速度应与混凝土浇筑速度、混凝土强度增长速度相适应，一般为 2～4 m/h，应在混凝土浇筑结束后 8 h 以内将接头管全部拔出。接头管拔出后，要将半圆形混凝土表面黏附的水泥浆和胶凝物等残渣除去，否则接头处止水性差。

3.3.2 桥梁下部结构施工

3.3.2.1 钢筋工程施工

1. 钢筋配料

钢筋配料是根据结构施工图将各个构件的配筋图表编制成便于实际加工、具有准确下料长度和数量的表格（即钢筋配料表）。

（1）钢筋下料长度。

钢筋下料长度是下料时钢筋需要的实际长度，这与图纸上标注的长度并不完全一致。钢筋下料长度一般用下式计算：

钢筋下料长度＝∑钢筋标注的各段外包尺寸－∑各处弯曲量度差值＋∑钢筋末端弯钩增加长度

实际工程计算中，影响钢筋下料长度计算的因素很多，如混凝土保护层厚度，钢筋弯折后发生的变形，图纸上钢筋尺寸标注方法的多样化，弯折钢筋的直径、级别、形状、弯心半径的大小以及端部弯钩的形状等。

为了便于施工，钢筋下料长度一般取整厘米数即可。

（2）钢筋配料单。

①在施工时，根据施工图纸、库存材料及各钢筋的下料长度，按不同规格、形状的钢筋顺序填制配料单，内容包括工程名称、工程部位、构件名称、图号、钢筋编号、钢筋规格、钢筋形状尺寸简图、下料长度、根数、质量等。

②列入加工计划的配料单，将每一编号的钢筋制作一块料牌作为钢筋加工的依据，并作为区别各工程部位、构件和各种编号钢筋的标志。应严格对钢筋配料单和料牌进行校核，以免返工浪费。

③钢筋配料过程中应注意以下两点。

a. 钢筋配料时，若需接长钢筋，应考虑接头搭接、加工损失等长度，统筹考虑接头位置，尽量使接头位于内力较小处，错开布置，并要充分考虑下料后所余段长度的合理使用。

b. 钢筋的形状和尺寸应满足设计要求并有利于加工安装，还要考虑施工需要的附加钢筋。

2. 钢筋加工

(1)钢筋除锈

钢筋加工前，应将钢筋表面的油渍、漆污和铁锈等清除干净，钢筋除锈的目的是保证钢筋与混凝土之间有可靠的握裹力，钢筋除锈处理可分为以下情况。

①不做除锈处理。当钢筋表面有淡黄色轻微浮锈时可不必处理。

②除锈处理。对于大量的除锈，可在钢筋冷拉或钢筋调直机调直过程中完成；少量的钢筋除锈可采用电动除锈机或喷砂法；局部除锈可采用人工用钢丝刷或砂轮等方法，也可将钢筋通过砂箱往返搓动除锈。

③不使用。如钢筋表面有严重的麻坑、斑点等已伤蚀截面时，应降级使用或剔除不用，带有蜂窝状锈迹的钢丝不得使用。

(2)钢筋调直。

钢筋重制前应先调直，钢筋调直的方法包括机械调直、冷拉调直和人工调直，钢筋宜优先适用机械方法调直。目前，常用的钢筋调直机具有钢筋除锈、调直和下料剪切三个功能，因此也称为钢筋调直切断机。钢筋调直时，应根据钢筋的直径选用调直模和传送压辊，恰当掌握调直模偏移量和压辊的压紧程度，并要求调直装置两端的调直模一定要与前后导轮在同一轴心线上，钢筋表面伤痕不应使截面面积减少 5%以上。

采用冷拉法进行调直时，HPB235 钢筋冷拉率不得大于 2%；HRB335、HRB400 钢筋冷拉率不得大于 1%。

钢筋人工调直可采用锤直或扳直的方法进行。锤直时，可把钢筋放在工作台上用锤敲直。

扳直时，把钢筋放在卡盘扳柱间，把有弯的地方对着扳柱，然后用扳手卡口卡住钢筋，扳动扳手就可使钢筋调直。

(3)钢筋切断。

钢筋切断分为人工切断与机械切断两种。钢筋切断应符合下列要求。

①应将相同规格钢筋长短搭配，合理统筹配料，一般先断长料，后断短料，以减少损耗。

②避免短尺量长料，产生累积误差。

③切断后的钢筋断口不得有劈裂、缩头、马蹄形或起弯现象，否则应切除。

(4)钢筋弯曲成型。

钢筋弯曲成型应在常温下进行，严禁将钢筋加热后弯曲。钢筋弯曲成型过程中应采取防止油渍、泥浆等物污染和防止受损伤的措施。

①画线。钢筋弯曲前，应画出钢筋的各弯曲点，画线应从钢筋中线开始向两端进行，将不同角度的弯曲调整值在弯曲操作方向相反的一侧长度内扣除。

为保证画线准确，画线时应考虑钢筋的弯曲类型、弯曲伸长值、弯曲曲率半径、操作工具与弯曲程序等因素。

②试弯。钢筋成批弯曲操作前，首先对各种类型的弯曲钢筋都要试弯一根，待检查合格后，再进行成批弯曲。

③手工弯曲。在钢筋开始弯曲前，应注意扳距和弯曲点线、扳柱之间的关系。为了保证钢筋弯曲形状正确，使钢筋弯曲圆弧有一定曲率，且在操作时扳子端勿碰及扳柱，扳手和扳柱间必须有一定的距离，这段距离称为扳距。扳距的大小是依据钢筋的弯制角度和直径来变化的。

进行钢筋弯曲操作时，钢筋弯曲点线在扳柱钢板上的位置要配合划线的操作方向，使弯曲点线与扳柱外边缘相平。

④机械弯曲。心轴直径应满足要求，成形轴宜加偏心轴套以适应不同直径的钢筋弯曲需要。

3. 钢筋连接

钢筋常用的连接方法有绑扎连接、焊接连接和机械连接。

除施工或构造条件有困难可采用绑扎接头，应尽量采用焊接接头和钢筋机械连接接头以保证钢筋的连接质量，提高连接效率和节约钢材。

(1)钢筋绑扎连接。

钢筋绑扎是利用混凝土的黏结锚固作用实现两根锚固钢筋的应力传递的。绑扎接头的钢筋直径不宜大于 28 mm，轴心受拉和小偏心受拉钩件不应采用绑扎接头。钢筋采用绑扎接头时，应符合下列规定。

①受拉区域内，HPB235 钢筋绑扎接头的末端应做成弯钩，HRB335、HRB400 钢筋可不做弯钩。

②直径不大于 12 mm 的受压 HPB235 钢筋的末端，以及轴心受压构件中任意直径的受力钢筋的末端，可不做弯钩，但搭接长度不得小于钢筋直径的 35 倍。

③钢筋接头处，应在中心和两端至少 3 处用绑丝绑牢，钢筋不得滑移。

④受拉钢筋绑扎接头的搭接长度，应符合规定；受压钢筋绑扎接头的搭接长度，应取受拉钢筋绑扎接头长度的 0.7 倍。

⑤施工中钢筋受力分不清受拉或受压时，应符合受拉钢筋的规定。

(2)钢筋焊接连接。

钢筋焊接连接宜优先采用闪光对焊，闪光对焊包括连续闪光焊、预热闪光焊或闪光-预热闪光焊三种工艺方法。

闪光对焊时，应按规定选择调伸长度、烧化留量、顶锻留量以及变压器级数等焊接参数。

①调伸长度的选择，应随着钢筋牌号的提高和钢筋直径的加大而增长。

②烧化留量的选择，应根据焊接工艺方法确定。当连续闪光焊时，闪光过程应较长；烧化留量应等于两根钢筋在断料时切断机刀口严重压伤部分，再加 810 mm；当闪光-预热闪光焊时，应区分一次烧化留量和二次烧化留量，一次烧化留量不应小于 10 mm，二次烧化留量不应小于 6 mm。

③需要预热时，宜采用电阻预热法。预热留量应为 1～2 mm，预热次数应为 1～4 次；每次预热时间应为 1.5～2 s，间歇时间应为 3～4 s。

④顶锻留量应为 3～7 mm，并应随钢筋直径的增大和钢筋牌号的提高而增加。

当 HRBF335 钢筋、HRBF400 钢筋、HRBF500 钢筋或 RRB400W 钢筋进行闪光对焊时，与热轧钢筋比较，应减小调伸长度，提高焊接变压器级数，缩短加热时间，快速顶锻，形成快热快冷条件，使热影响区长度控制在钢筋直径的 60%范围之内。

变压器级数应根据钢筋牌号、直径、焊机容量以及焊接工艺方法等具体情况选择。

HRB500、HRBF500 钢筋焊接时，应采用预热闪光焊或闪光-预热闪光焊工艺。当接头拉伸试验结果，发生脆性断裂或弯曲试验不能达到规定要求时，还应在焊机上进行焊后热处理。

在闪光对焊生产中，当出现异常现象或焊接缺陷时，应查找原因，采取措施，及时消除。

(3)钢筋机械连接。

通过钢筋与连接件的机械咬合作用或钢筋端面的承压作用，将一根钢筋中的力传递至另一根钢筋的连接方法称为钢筋连接。钢筋采用机械连接接头时，应符合下列规定。

①从事钢筋机械连接的操作人员应经专业技术培训，考核合格后，方可上岗。

②钢筋采用机械连接接头时，其应用范围、技术要求、质量检验及采用设备、

施工安全、技术培训等应符合国家现行标准《钢筋机械连接技术规程》(JGJ 107—2016)的相关规定。

③当混凝土结构中钢筋接头部位温度低于－10℃时，应进行专门的试验。

④形式检验应由国家、省部级主管部门认定有资质的检验机构进行，并应按《钢筋机械连接技术规程》(JGJ 107—2016)规定的格式出具试验报告和评定结论。

⑤带肋钢筋套筒挤压接头的套筒两端外径和壁厚相同时，被连接钢筋直径相差不得大于 5 mm。套筒在运输和储存中不得腐蚀和沾污。

⑥同一结构内机械连接接头不得使用两个生产厂家提供的产品。

⑦在同条件下经外观检查合格的机械连接接头，应以每 300 个为一批(不足 300 个也按一批计算)，从中抽取 3 个试件做单向拉伸试验，并做出评定。如有 1 个试件抗拉强度不符合要求，应再取 6 个试件复验，如再有 1 个试件不合格，则该批接头判为不合格。

4. 钢筋安装

(1)钢筋骨架制作与组装。

①钢筋骨架的焊接应在坚固的工作台上进行。

②组装时应按设计图纸放大样，放样时应考虑骨架预拱度。简支梁钢筋骨架预拱度宜符合规定。

③组装时应采取控制焊接局部变形措施。

④骨架接长焊接时，不同直径钢筋的中心线应在同一平面上。

(2)钢筋网片电焊。

①当焊接网片的受力钢筋为 HPB235 钢筋时，如焊接网片只有一个方向受力，受力主筋与两端的两根横向钢筋的全部交叉点必须焊接；如焊接网片为两个方向受力，则四周边缘的两根钢筋的全部交叉点必须焊接，其余的交叉点可间隔焊接或绑、焊相间。

②当焊接网片的受力钢筋为冷拔低碳钢丝，而另一方向的钢筋间距小于 100 mm 时，除受力主筋与两端的两根横向钢筋的全部交叉点必须焊接外，中间部分的焊点距离可增大至 250 mm。

(3)钢筋现场绑扎。

①钢筋的交叉点应采用绑丝绑牢，必要时可辅以点焊。

②钢筋网的外围两行钢筋交叉点应全部扎牢，中间部分交叉点可间隔交错扎牢。双向受力的钢筋网的钢筋交叉点必须全部扎牢。

③梁和柱的箍筋，除设计有特殊要求外，应与受力钢筋垂直设置；箍筋弯钩叠合处，应位于梁和柱角的受力钢筋处，并错开设置（同截面上有两个以上箍筋的大截面梁和柱除外）；螺旋形箍筋的起点和终点均应绑扎在纵向钢筋上，有抗扭要求的螺旋箍筋，钢筋应伸入核心混凝土中。

④矩形柱角部竖向钢筋的弯钩平面与模板面的夹角应为 45°；多边形柱角部竖向钢筋弯钩平面应朝向断面中心；圆形柱所有竖向钢筋弯钩平面应朝向圆心。小型截面柱当采用插入式振捣器时，弯钩平面与模板面的夹角不得小于 15°。

⑤绑扎接头搭接长度范围内的箍筋间距：当钢筋受拉时应小于 5 d（d 为钢筋直径），且不得大于 100 mm；当钢筋受压时应小于 10 d，且不得大于 200 mm。

⑥钢筋骨架的多层钢筋之间应用短钢筋支垫，确保位置准确。

（4）钢筋混凝土保护层厚度。

钢筋的混凝土保护层厚度必须符合设计要求。设计无规定时应符合下列规定：

①普通钢筋和预应力直线形钢筋的最小混凝土保护层厚度不得小于钢筋公称直径，后张法构件预应力直线形钢筋不得小于其管道直径的 1/2，且应符合规定。

②当受拉区主筋的混凝土保护层厚度大于 50 mm 时，应在保护层内设置直径不小于 6 mm、间距不大于 100 mm 的钢筋网。

③钢筋机械连接件的最小保护层厚度不得小于 20 mm。

④应在钢筋与模板之间设置垫块，确保钢筋的混凝土保护层厚度，垫块应与钢筋绑扎牢固、错开布置。

3.3.2.2　模板、支架和拱架工程施工

模板是保证新浇混凝土按设计要求成型的一种模型结构。它要承受混凝土结构施工过程中的各种荷载，避免结构或构件在具有足够强度前产生较大的内力或变形，同时还具有保护混凝土正常硬化和改善混凝土表面质量的作用。模板施工工艺一般包括模板、支架和拱架的设计、制作与安装及拆除。

1. 模板、支架和拱架设计

模板、支架和拱架应结构简单、制造与装拆方便，应具有足够的承载能力、刚度和稳定性，并应根据工程结构形式、设计跨径、荷载、地基类别、施工方法、施工设备和材料供应等条件及有关标准进行施工设计。

定型模板和常用的模板拼板在其适用范围内一般不需要进行设计或验算；

而对于重要结构的模板、特殊形式结构的模板或超出适用范围的一般模板，应该进行设计或验算以确保安全，保证质量。

钢、木模板、拱架和支架的设计应符合国家现行标准《钢结构设计标准》(GB 50017—2017)、《木结构设计标准》(GB 50005—2017)、《组合钢模板技术规范》(GB/T 50214—2013)和《公路钢结构桥梁设计规范》(JTG D64—2015)的相关规定。

(1)主要荷载设计。

设计模板、支架和拱架时应按规定进行荷载组合。

(2)稳定设计。

验算水中支架稳定性时，应考虑水流荷载和流水、船只及漂流物等冲击荷载；验算模板、支架和拱架的抗倾覆稳定时，各施工阶段的稳定系数均不得小于1.3。

(3)刚度设计。

验算模板、支架和拱架的刚度时，其变形值不得超过下列规定数值。

①结构表面外露的模板挠度为模板构件跨度的1/400。

②结构表面隐蔽的模板挠度为模板构件跨度的1/250。

③拱架和支架受载后挠曲的杆件，其弹性挠度为相应结构跨度的1/400。

④钢模板的面板变形值为1.5 mm。

⑤钢模板的钢楞、柱箍变形值为$L/500$及$B/500$(L为计算跨度；B为柱宽度)。

(4)拱度设计。

模板、支架和拱架的设计中应设施工预拱度。

(5)预应力混凝土结构模板设计。

设计预应力混凝土结构模板时应考虑施加预应力后构件的弹性压缩、上拱及支座螺栓或预埋件的位移等。

(6)组合钢模板设计。

模板宜采用标准化的组合钢模板。设计组合模板时，除应符合规定的荷载外，还应验算吊装时刚度。支架、拱架宜采用标准化、系列化的构件。

(7)支承设计。

支架立柱在排架平面内应设水平横撑。碗扣支架立柱高度在5 m以内时，水平撑不得少于两道，立柱高于5 m时，水平撑间距不得大于2 m，并应在两横撑之间加双向剪刀撑。在排架平面外应设斜撑，斜撑与水平交角宜为45°。

2. 模板、支架和拱架制作与安装

在模板、支架和拱架安装前，应根据施工图纸与施工现场条件编制模板工程施工组织设计或施工方案，绘制模板加工图和各部位模板安装图，据此进行模板、支架和拱架的制作与安装。

(1)模板、支架和拱架制作。

为保证施工安全与质量，组织钢模板的制作应符合现行国家标准《组合钢模板技术规范》(GB/T 50214—2013)的相关规定。采用其他材料制作模板时，应符合下列规定。

①钢框胶合板模板的组配面板宜采用错缝布置。

②高分子合成材料面板、硬塑料或玻璃钢模板，应与边肋及加强肋连接牢固。

(2)模板、支架和拱架安装。

模板、支架和拱架的安装质量关系到工程的施工质量与施工安全，因此，安装时，应严格按以下规定执行。

①模板与混凝土接触面应平整、接缝严密。

②支架立柱必须落在有足够承载力的地基上，立柱底端必须放置垫板或混凝土垫块。支架地基严禁被水浸泡，冬期施工必须采取防止冻胀的措施。

③支架通行孔的两边应加护桩，夜间应设警示灯。施工中易受漂流物冲撞的河中支架应设牢固的防护设施。

④安装拼架前，应对立柱支承面标高进行检查和调整，确认合格后方可安装。在风力较大的地区，应设置风缆。

⑤安设支架、拱架过程中，应随安装随架设临时支撑。采用多层支架时，支架的横垫板应水平，立柱应铅直，上下层立柱应在同一中心线上。

⑥安装模板应符合下列规定。

a. 支架、拱架安装完毕，经检验合格后方可安装模板。

b. 安装模板应与钢筋工序配合进行，妨碍绑扎钢筋的模板应待钢筋工序结束后再安装。

c. 安装墩、台模板时，其底部应与基础预埋件连接牢固，上部应采用拉杆固定。

d. 模板在安装过程中，必须设置防倾覆设施。

⑦当采用充气胶囊作空心构件芯模时，模板安装应符合下列规定。

a. 胶囊在使用前应经检查确认无漏气。

b. 从浇筑混凝土到胶囊放气止，应保持气压稳定。

c. 使用胶囊内模时，应采用定位箍筋与模板连接固定，防止上浮和偏移。

d. 胶囊放气时间应经试验确定，以混凝土强度达到能保持构件不变形为准。

⑧采用滑模应符合现行国家标准《滑动模板工程技术标准》(GB/T 50113—2019)的相关规定。

⑨浇筑混凝土和砌筑前，应对模板、支架和拱架进行检查和验收，合格后方可施工。

3. 模板、支架和拱架拆除

为了加快模板周转的速度，减少模板的总用量，降低工程造价，模板应尽早拆除，以提高模板的使用效率。但模板拆除时不得损伤混凝土结构构件，应确保结构安全。在进行模板设计时，要考虑模板的拆除顺序和拆除时间。

(1)拆除顺序。

①模板、支架和拱架拆除应按设计要求的程序和措施进行，遵循“先支后拆、后支先拆”的原则。支架和拱架，应按几个循环卸落，卸落量宜由小渐大。每一循环中，在横向应同时卸落，在纵向应对称均衡卸落。

②预应力混凝土结构的侧模应在预应力张拉前拆除；底模应在结构建立预应力后拆除。

(2)拆除时间。

①非承重侧模应在混凝土强度能保证结构棱角不损坏时方可拆除，混凝土强度宜为 2.5 MPa 及以上。

②芯模和预留孔道内模应在混凝土抗压强度能保证结构表面不发生塌陷和裂缝时，方可拔出。

③钢筋混凝土结构的承重模板、支架和拱架的拆除，应符合设计要求。

④浆砌石、混凝土砌块拱桥拱架的卸落应符合下列规定：

a. 浆砌石、混凝土砌块拱桥应在砂浆强度达到设计要求强度后卸落拱架，设计未规定时，砂浆强度应达到设计标准值的 80%以上。

b. 跨径小于 10 m 的拱桥宜在拱上结构全部完成后卸落拱架；中等跨径实腹式拱桥宜在护拱完成后卸落拱架；大跨径空腹式拱桥宜在腹拱横墙完成(未砌腹拱圈)后卸落拱架。

c. 在裸拱状态卸落拱架时，应对主拱进行强度及稳定性验算，并采取必要的稳定措施。

3.3.2.3 预应力混凝土工程施工

1.预应力混凝土浇筑

(1)混合料配制。

预应力混凝土应优先采用硅酸盐水泥、普通硅酸盐水泥,不宜使用矿渣硅酸盐水泥,不得使用火山灰质硅酸盐水泥及粉煤灰硅酸盐水泥,且水泥密度不宜大于550 kg/m^3。

预应力混凝土粗集料应采用碎石,其粒径宜为5～25 mm。

混凝土中严禁使用含氯化物的外加剂及引气剂或引气型减水剂。

从各种材料引入混凝土中的氯离子最大含量不宜超过水泥用量的0.06%。超过以上规定时,宜采取掺加阻锈剂、增加保护层厚度、提高混凝土密实度等防锈措施。

(2)孔道施工。

①后张法预应力筋孔道的位置、孔径应符合设计要求。可采用预埋铁皮波纹管、胶管抽芯、钢管抽芯、充水充气胶管抽芯等方法预留。

②当采用波纹管预埋成孔时,应符合下列要求。

a.安装前应对波纹管的质量进行抽样检验,卷压铁皮咬合应严密不漏浆,并应具有一定的刚度,接头处应密封不漏浆。

b.当采用先穿束后浇筑混凝土时,对两端可以进行张拉的钢筋束,应随时来回拉动钢筋束防止被渗入孔道的水泥浆堵死;对两端为固定锚的钢筋束,必须有严格防止水泥浆漏进孔道的措施,不得被水泥浆堵死。

③当采用钢管成孔时,应符合下列要求。

a.钢管表面应平直光滑,焊接处应将焊缝磨平。

b.孔道长度超过25 m时,为便于抽管可在钢管中部做套管接头,接头处应用铁皮包严,防止漏浆。

c.自混凝土浇筑后至钢管抽拔,每隔5～15 min应将钢管转动一次。

当混凝土达到一定强度时(用手指轻按混凝土表面无显著凹痕时)可以抽出钢管,抽拔时应速度均匀,边抽边转,抽拔方向应和孔道保持在同一轴线上。

④当采用胶管成孔时,应符合下列要求。

a.一般可用输水或输气胶管,管内充水或充气的压力不低于0.5 MPa,亦可在管内穿入细钢筋。

b.构件长度超过16 m时,胶管应在中间对接,可用长400 mm的铁皮筒紧套在胶管接头处外面，防止胶管受振、漏浆与外移。

c. 抽拔芯管的时间，应根据气温、水泥的性能通过试验确定，一般以混凝土的抗压强度达到 0.4～0.8 MPa 时为宜。

⑤预应力孔道形成后，应立即进行通孔，检查所有孔道是否贯通，如有堵塞应及时疏通。

(3)混凝土浇筑与养护

浇筑混凝土时，宜采用插入式、附着式或平板式振捣器振捣。锚固端及钢筋密集处应加强振捣，并应符合下列要求。

①对先张构件，钢筋张拉后应立即浇筑混凝土，若未能立即浇筑混凝土时，则在混凝土浇筑前应重新进行张拉，达到控制应力后，方允许浇筑混凝土。

②对后张构件则应采取措施防止振捣棒碰撞成孔管道和张拉端的预埋件，浇筑中应经常检查管道与预埋件位置，如有错位应及时纠正。

③振捣时应避免振捣棒碰撞预应力钢筋。

2. 先张法预应力施工

先张法施加混凝土预压应力是先将预应力筋在台座上按设计要求的张拉控制力张拉，然后立模浇筑混凝土，待混凝土强度达到设计强度的 75%后，放松预应力筋，由于钢筋的回缩，通过其与混凝土之间的黏结力，使混凝土得到预压应力。

(1)建造张拉台座。

张拉台座由承力支架、横梁、定位钢板和台面等组成，张拉台座应具有足够的强度和刚度，其抗倾覆安全系数不得小于 1.5，抗滑移安全系数不得小于 1.3。张拉横梁应有足够的刚度，受力后的最大挠度不得大于 2 mm。锚板受力中心应与预应力筋合力中心一致。

(2)预应力钢筋制作。

①钢筋下料。预应力筋的下料长度应根据构件孔道或台座的长度、锚夹具长度等经过计算确定。预应力筋宜使用砂轮锯或切断机切断，不得采用电弧切割。钢绞线切断前，应在距离切口 5 cm 处用绑丝绑牢。

②钢筋焊接。预应力钢筋的接头必须在冷拉前采用对焊焊接，以免冷拉钢筋高温回火后失去冷拉所提高的强度。

普通低合金钢筋的对焊工艺，多采用闪光对焊接。为提高焊质量，对焊后应进行热处理。对焊接头宜设置在受力较小处，在结构受拉区及在相当于预应力筋 30 d 长度(不小于 50 cm)范围内，对焊接头的预应力筋截面面积不得超过钢筋总截面面积的25%。

③钢筋镦粗。制作预应力混凝土构件过程中，为节约钢材，可将预应力钢筋端部做一个大头（即镦粗头）。

钢筋的镦粗头可采用电热镦粗，高强钢丝采用镦头锚固时，宜采用液压冷镦，冷拔低碳钢丝可以采用冷冲镦粗。

钢筋或钢丝的镦粗头制成后，要经过抗拉力试验，当钢筋或钢丝本身拉断，而镦粗头仍不破坏时，则认为合格；同时外观检查，不得有烧伤、歪斜和裂缝。

④钢筋冷拉。为了提高钢筋强度和节约钢筋，预应力粗钢筋在使用前应进行冷拉，钢筋冷拉即在常温下用超过钢筋屈服强度的拉力拉伸钢筋。

(3)预应力筋张拉。

先张法预应力钢筋、钢丝和钢绞线的张拉按预应力筋数量、间距和张拉力的大小，采用单根张拉和多根张拉。预应力筋的张拉应符合下列要求。

①同时张拉多根预应力筋时，各根预应力筋的初始应力应一致。张拉过程中应使活动横梁与固定横梁保持平行。

②张拉程序应符合设计要求，设计未规定时，其张拉程序应符合规定。张拉钢筋时，为保证施工安全，应在超张拉放张至$0.9\sigma_{con}$时安装模板、普通钢筋及预埋件等。σ_{con}为张拉时的控制应力值，包括预应力损失值。

③张拉过程中，预应力筋的断丝、断筋数量不得超过规定。

④放张预应力筋时混凝土强度必须符合设计要求。设计未规定时，不得低于设计强度的75%。放张顺序应符合设计要求。设计未规定时，应分阶段、对称、交错地放张。放张前，应将限制位移的模板拆除。

(4)预应力筋放松。

混凝土强度达到设计规定时，可逐渐放松受拉的预应力筋。预应力筋的放松速度不宜过快。常用的预应力筋放松方法有千斤顶放松和砂箱放松两种。

在台座固定端的承力支架和横梁之间，张拉前预先安放千斤顶。待混凝土达到规定的放松强度后，两个千斤顶同时回程，使拉紧的预应力筋徐徐回缩，张拉力被放松。

以砂箱代替千斤顶。使用时从进砂口灌满烘干的沙子，加上压力压紧。待混凝土达到规定的放松强度后，将出砂口打开，使沙子慢慢流出，放砂速度应均匀一致，预应力筋随之徐徐回缩，张拉力即被放松。当单根钢筋采用拧松螺母的方法放松时，宜先两侧后中间，分阶段、对称地进行。

3.后张法预应力施工

后张法施加混凝土预压应力是先制作留有预应力筋孔道的梁体，待混凝土达到设计强度的75%后，将预应力筋穿入孔道，并利用构件本身作为张拉台座张拉预应力并锚固，然后进行孔道压浆并浇筑封闭锚具的混凝土，混凝土因有锚具传递压力而得到预压应力。

后张法施工时，预应力筋直接在梁体上张拉，不需要专门台座。预应力筋可按设计要求配合弯矩和剪力变化布置成直线形或曲线形，适合于预制或现浇的大型构件。

后张法预应力施工工艺如下。

(1)预应力管道安装。

预应力管道安装时应采用定位钢筋进行固定，其安装位置应符合设计规定。

①金属管道接头应采用套管连接，连接套管宜采用大一个直径型号的同类管道，且应与金属管道封裹严密。

②管道应留压浆孔和溢浆孔；曲线孔道的波峰部位应留排气孔；在最低部位宜留排水孔。

③管道安装就位后应立即通孔检查，发现堵塞应及时疏通。管道经检查合格后应及时将其端面封堵。

④管道安装后，在其附近进行焊接作业时，必须对管道采取保护措施。

(2)预应力筋安装。

预应力筋安装应符合下列要求。

①先穿束后浇筑混凝土时，浇筑之前，必须检查管道，并确认完好；浇筑混凝土时应定时抽动、转动预应力筋。

②先浇筑混凝土后穿束时，浇筑后应立即疏通管道，确保其畅通。

③混凝土采用蒸汽养护时，养护期内不得装入预应力筋。

④穿束后至孔道灌浆完成应控制在下列时间以内，否则应对预应力筋采取防锈措施：

a.空气湿度大于70%或盐分过大时，7 d；

b.空气湿度40%～70%时，15 d；

c.空气湿度小于40%时，20 d。

⑤在预应力筋附近进行电焊时，应对预应力钢筋采取保护措施。

(3)预应力筋张拉。

当构件混凝土强度达到设计强度的75%时，便可进行预应力筋的张拉。预应力筋张拉前，应根据设计要求对孔道的摩阻损失进行实测，以便确定张拉控制的应力，并确定预应力筋的理论伸长值。

①预应力筋张拉端设置。预应力筋张拉端的设置应符合设计要求；当设计未规定时，应符合下列规定。

a. 曲线预应力筋或长度大于或等于 25 m 的直线预应力筋，宜在两端张拉；长度小于 25 m 的直线预应力筋，可在一端张拉。

b. 当同一截面中有多束一端张拉的预应力筋时，张拉端宜均匀交错地设置在结构的两端。

②预应力筋的张拉顺序应符合设计要求；当设计无规定时，可采取分批、分阶段对称张拉，宜先中间，后上、下或两侧。

③预应力筋的张拉操作。预应力筋的张拉操作方法与配用的锚具和千斤顶的类型有关。如多丝束的张拉可配用锥形锚具、锥锚式千斤顶；粗钢筋的张拉可配用螺丝端杆锚具、拉杆式千斤顶；精轧螺纹钢筋的张拉可配用特制螺帽、穿心式千斤顶；钢绞线束的张拉可配穿心式千斤顶。本节仅以锥形锚具配锥锚式千斤顶为例，介绍预应力筋张拉的操作方法。

a. 张拉准备。张拉前把钢丝穿过锚环，随着锚塞的放入将钢丝均匀分布在锚塞周围，用手锤轻敲锚塞，装上对中套，并将钢丝用楔块楔紧在千斤顶夹盘内，但先不要夹太紧。

b. 初始张拉。两端同时张拉至钢丝达到初应力。由于夹盘上的钢丝尚未楔紧，此时钢丝发生滑移，从而调整钢丝长度。当钢丝停止滑移后，可打紧楔块，使钢丝牢牢地固定在夹盘上。在分丝盘沟槽处的钢丝上标出测量伸长量的起点标记，在夹盘前端的钢丝上也标出用以辨认是否滑丝的标记。

c. 正式张拉。两端轮流分级加载张拉，每级加载值为油压表读数 5000 kPa 的倍数，直至超张拉值。为消除预应力筋的部分松弛损失应持荷 5 min。减载至控制张拉应力，测量钢丝伸长量。

d. 顶锚。当张拉到控制张拉应力后，钢丝伸长量与计算伸长量相符合，即可进行顶锚。顶锚时先从一端开始，在另一端补足预应力损失，再进行另一端的顶锚。若回缩量大于 3 mm，必须重新张拉。

(4)孔道压浆。

预应力筋张拉后，为了使孔道内预应力筋不受锈蚀，并与构件混凝土结成整体，保证构件的强度和耐久性，应及时进行孔道压浆，压浆前先用清水冲洗孔道，使之湿润，以保持灰浆的流动性。同时，要检查灌浆孔、排气孔是否畅通无阻。

压浆时，对多跨连续有连接器的预应力筋孔道，应张拉完一段灌注一段。孔道压浆宜采用水泥浆，水泥浆的强度应符合设计要求；设计无规定时不得低于30 MPa。

压浆过程中及压浆后48 h内，结构混凝土的温度不得低于5℃，否则应采取保温措施。当白天气温高于35℃时，压浆宜在夜间进行。

压浆后应从检查孔抽查压浆的密实情况，如有不实，应及时处理。

压浆作业，每一工作班应留取不少于3组砂浆试块，标准养护28 d，以其抗压强度作为水泥浆质量的评定依据。

(5)封固锚具。

埋设在结构内的锚具，压浆后应及时浇筑封锚混凝土。封锚混凝土的强度等级应符合设计要求，不宜低于结构混凝土强度等级的80%，且不得低于30 MPa。封锚混凝土必须严格控制梁体长度。浇筑后1～2 h带模养护，脱模后继续洒水养护不少于7 d。对于长期外露的锚具，应采取可靠的防锈措施。

3.3.2.4 桥梁墩台施工

桥墩是多跨桥梁的中间支承结构物，它将相邻两孔的桥跨结构连接起来。桥墩除承受上部结构的荷载外，还要承受水压力、风力及可能出现的流冰压力、船只及漂浮物的撞击力等。

1. 混凝土墩台施工

混凝土墩台施工主要包括制作与安装墩台模板和混凝土浇筑两个主要工序。

(1)制作与安装墩台模板。

模板一般用木材、钢材和其他符合设计要求的材料制成。木模质量轻，便于加工成结构物所需要的尺寸和形状，但装拆时易损坏，重复使用次数少。钢模板造价较高，但可重复多次使用，且拼装拆卸方便。

常用墩台模板的类型如下。

①拼装模板：各种尺寸的标准模板利用销钉连接，并与拉杆、加劲构件等组成墩台所需形状的模板。

拼装式模板在厂内加工制造，板面平整、尺寸准确、体积小、质量轻，拆装容易、快速，运输方便。

②整体吊装模板：将墩台模板水平分成若干段，每段模板组成一个整体，在地面拼装后吊装就位。

拼装模板安装时间短，无须设施工接缝，加快了施工进度，提高了施工质量；将拼装模板的高空作业改为平地操作，有利于施工安全；模板刚性较强，可少设拉筋或不设拉筋，节约钢材：可利用模外框架作简易脚手架，不需另搭施工脚手架：结构简单，装拆方便，对建造较高的桥墩较为经济。

③组合型钢模板：以各种长度、宽度及转角标准构件，用定型的连接件将钢模拼成结构用模板。

组合型钢模板体积小、质量轻、运输方便、装拆简单、接缝紧密，适用于在地面拼装。

④滑动模板：将模板悬挂在工作平台的围圈上，沿着所施工的混凝土结构截面的周界组拼装配，并随着混凝土的浇筑由千斤顶带动向上滑升。

滑动模板适用于各种类型的墩台。

(2)混凝土浇筑。

墩台混凝土浇筑前应对基础混凝土顶面做凿毛处理，清除锚筋污锈。

①混凝土灌注速度。为保证混凝土灌注质量，混凝土配制、输送及灌注速度 v 应满足下式要求：

$$v \geqslant Sh/t \tag{3-2}$$

式中，v 为混凝土配料、输送及灌注的容许最小速度，m^3/h；S 为灌注的面积，m^2；h 为灌注层的厚度，m；t 为所用水泥的初凝时间，h。

如混凝土的配制、输送及灌注所需时间较长，则应采用下式计算：

$$v \geqslant Sh/(t-t_0) \tag{3-3}$$

式中，t_0 为混凝土配制、输送及灌筑所消耗的时间，h。式中其他符号意义同前。

②重力式墩台混凝土浇筑。重力式墩台混凝土宜水平分层浇筑，每次浇筑高度宜为 1.5～2 m。墩台混凝土分块浇筑时，接缝应与墩台截面尺寸较小的一边平行，邻层分块接缝应错开，接缝宜做成企口形。分块数量，墩台水平截面面积在 200 m^2 内不得超过两块；在 300 m^2 以内不得超过 3 块。每块面积不得小于 50 m^2。

③柱式墩台混凝土浇筑。浇筑墩台柱混凝土时，应铺相同配合比的水泥砂浆一层。墩台柱的混凝土宜一次连续浇筑完成。柱身高度内有系梁连接时，系梁应与柱同步浇筑。V 形墩柱混凝土应对称浇筑。钢管混凝土墩台柱应采用补偿收缩混凝土，一次连续浇筑完成。

2. 装配式墩台施工

装配式墩台适用于山谷架桥或跨越平缓无漂流物的河沟、河滩等的桥梁，特别是在工地干扰多、施工场地狭窄、缺水与砂石供应困难地区，其效果更为显著。

(1)装配式柱式墩台施工。

装配式柱式墩台施工是指将桥墩分解成若干部件，在工厂或工地集中预制，再运送到现场装配成桥墩。

①装配式构件安装。基础杯口的混凝土强度必须达到设计要求，方可进行预制构件的安装。

预制柱安装前，应对杯口长、宽、高进行校核，确认合格，对杯口与预制件接触面均应凿毛处理，埋件应除锈并应校核位置，合格后开始安装。预制柱安装就位后应采用硬木楔或钢楔固定，并加斜撑保持柱体稳定，在确保稳定后方可摘去吊钩。并应及时浇筑杯口混凝土，待混凝土硬化后拆除硬楔，浇筑二次混凝土，待杯口混凝土达到设计强度75%后方可拆除斜撑。

预制盖梁安装前应对接头混凝土面凿毛处理，预埋件应除锈。

在墩台柱上安装预制盖梁时，应对墩台柱进行固定和支承，确保稳定。

盖梁就位时，应检查轴线和各部尺寸，确认合格后方可固定，并浇筑接头混凝土。接头混凝土达到设计强度后，方可卸除临时固定设施。

②装配式构件连接接头处理。

a.承插式接头。将预制构件插入相应的预留孔内，插入长度一般为1.2～1.5倍的构件宽度，底部铺设2 cm砂浆，四周以半干硬性混凝土填充。

b.钢筋锚固接头。构件上预留钢筋或型钢，插入另一构件的预留槽内，或将钢筋互相焊接，再灌注半干硬性混凝土。

c.焊接接头。将预埋在构件中的铁件与另一构件的预埋铁件用电焊连接，外部再用混凝土封闭。

d.扣环式接头。相互连接的构件按预定位置预埋环式钢筋，安装时柱脚先坐落在承台的柱心上，上下环式钢筋互相错接，扣环间插入U形短钢筋焊牢，四周再绑扎钢筋一圈，立模浇筑外围接头混凝土。

e.法兰盘接头。在相互连接的构件两端安装法兰盘，连接时将法兰盘连接螺栓拧紧即可。

(2)预应力混凝土装配墩施工。

预应力混凝土装配墩施工前，应对混凝土构件进行检验，外观和尺寸应符合质量标准和设计要求。

实体墩身浇筑时要按装配构件孔道的相对位置预留张拉孔道及工作孔。装配墩身由基本构件、隔板、顶板及顶帽四种不同形状的构件组成，用高强钢丝穿入预留的上下贯通的孔道内，张拉锚固而成。

墩身装配时，水平拼装缝采用 M3.5 水泥砂浆，砂浆厚度为 15 mm，便于调整构件水平标高，不使误差积累。预应力钢丝束的张拉位置可以在顶帽上张拉，也可在实体墩下张拉。压浆采用纯正泥浆，且应由下而上压注。顶帽上的封锚采用钢筋网罩焊在垫板上，单个或多个连在一起，然后用混凝土封锚。

(3)无承台大直径钻孔埋入空心桩墩施工。

无承台大直径钻孔埋入空心桩墩是由预钻孔、预制大直径钢筋混凝土桩墩节、吊拼桩墩节、用预应力后张连接成整体、桩周填石压浆、桩底高压压浆、吊拼墩节、浇筑或组装盖梁等工序组成，各工序施工应符合下列要求。

①成孔深度大于设计深度，成孔直径应大于设计直径。

②预制桩节质量应符合《公路桥涵施工技术规范》(JTG/T 3650—2020)的相关规定。

③桩壁压浆结石混凝土质量控制标准：桩底与桩节间交界处抛填 5～20 mm 小石子作过渡段，厚度为 0.5 m，以避免桩底注浆混凝土收缩缝集中在预制混凝土底节钢板下；抛掷落水高度不大于 0.5 m；填石粒料直径应选 20 mm、40 mm、40～60 mm 或 40～80 mm 间断级配；压浆水泥应选 42.5 级以上普通硅酸盐水泥；水泥浆液流动速度应根据填石空隙率和吸浆量确定，以确保注浆石混凝土抗压强度。

④桩周压浆结石混凝土强度达到 60%后即可进行桩底高压压浆；压力值以扬压管为控制标准，不超过设计值的±1%：桩的上抬量不超过设计值的±1%；注浆量应大于计算值的 1.2 倍；闭浆时间应在 15～30 min，由闭浆时的吸浆量决定。

3. 砌体墩台施工

砌体墩台施工具有取材方便、经久耐用等特点。条件允许时，应优先选择砌体墩台。

(1)同一层石料及水平灰缝的厚度要均匀一致，每层按水平砌筑，丁顺相间，砌石灰缝互相垂直，灰缝宽度和错缝按规定办理。

(2)砌石顺序为先角石，再镶面，后填腹。填腹石的分层厚度应与镶面相同；圆端、尖端及转角形砌体的砌石顺序，应自顶点开始，按丁顺排列接砌镶面石。

(3)圆端形桥墩的砌筑：圆端形桥墩的圆端顶点不得有垂直灰缝，砌石应从顶端开始，然后按丁顺相间排列，安砌四周镶面石。

(4)尖端形桥墩的砌筑：尖端形桥墩的尖端及转角处不得有垂直灰缝，砌石应从两端开始，先砌石块，再砌侧面转角，然后按丁顺相间排列，安砌四周的镶面石。

4. 墩台附属工程施工

(1)台背施工。

台背填土不得使用含杂质、腐殖物或冻土块的土类，宜采用透水性土。

台背填土与路基填土同时进行，应按设计高度一次填齐，台背填土应采用机械碾压。台背 0.8～1 m 范围内宜回填砂石、半刚性材料，并采用小型压实设备或人工夯实。

(2)锥体护坡施工。

坡面式基面夯实，整平后，方可开始铺砌锥体护坡，以保证护坡稳定。

锥坡填土应与台背填土同时进行，桥涵台背、锥坡、护坡及拱上等各项填土，宜采用透水性土，不得采用含有泥草、腐殖物或冻土块的土。填土应在接近最佳含水量的情况下分层填筑和夯实填土应按标高及坡度填足，每层厚度不得超过 0.30 m，密实度应达到规范要求。

为防止坡角滑走，护坡基础与坡角的连接面应与护坡坡度垂直。

片石护坡的外露面和坡顶、边口，应选用较大、较平整并略加修凿的块石铺砌。

砌石时拉线要张紧，砌面要平顺，护坡片石背后应按规定做碎石倒滤层，以防止锥体土方被水冲蚀变形。护坡与路肩或地面的连接必须平顺，以利排水，并避免背后冲刷或渗透坍塌。

砌体勾缝除设计有规定外，一般可采用凸缝或平缝，且宜待坡体土方稳定后进行。浆砌砌体应在砂浆初凝后，覆盖养护 7～10 d。养护期间应避免碰撞、振动或承重。

(3)泄水盲沟施工。

泄水盲沟以片石、碎石或卵石等透水材料砌筑，并按要求坡度设置，沟底用黏土夯实。盲沟应建在下游方向，出口处应高出一般水位 0.2 m，平时无水的干河应高出地面 0.2 m；如桥台在挖方内横向无法排水时，泄水盲沟在平面上可在下游方向的锥体填土内折向桥台前端排出，在平面上呈 L 形。

3.3.2.5 桥梁支座施工

1. 板式橡胶支座安设

板式橡胶支座由多层橡胶片与薄壁板镶嵌、黏合、压制而成。安装前，应将垫块顶面清理干净，采用干硬性水泥砂浆抹平，且检查顶面标高是否满足设计要求；板式橡胶支座安装前还应对支座的长、宽、厚、硬度、容许荷载、容许最大温差及外观等进行全面检查，如不符合设计要求，则不得使用。

板式橡胶支座安装时，支座中心尽可能对准梁的计算支点，必须使整个橡胶支座的承压面上受力均匀。如就位不准或与支座不密贴时，必须重新起吊，采取垫钢板等措施，并应使支座位置控制在允许偏差内。不得用撬棍移动梁、板。

为保证板式橡胶支座安装装置准确，支座安装尽可能在接近年平均气温的季节里进行，以减小由于温差变化过大而引起的剪切变形。

梁、板安装时，必须细致稳妥，使梁、板就位准确且与支座密贴，勿使支座产生剪切变形；就位不准时，必须吊起重放，不得用撬杠移动梁、板。

当墩台两端标高不同，顺桥向或横桥向有坡度时，支座安装必须严格按设计规定办理。

支座周围应设排水坡，防止积水，并及时清除支座附近的尘土、油脂与污垢等。

2. 盆式橡胶支座安设

盆式橡胶活动支座分为固定支座、双向活动支座和单向活动支座。安装前应将支座的各相对滑移面和其他部分用丙酮或酒精擦拭干净。

盆式橡胶支座各部件进行组装时，支座底面和顶面的钢垫板必须埋置牢固，垫板与支座间平整密贴，支座四周探测不得有 0.3 mm 以上的缝隙，支座中线、水平、位置不得有大于 2 mm 的偏差，当支座上、下座板与梁底和墩台顶采用螺栓连接时，螺栓预留孔尺寸应符合设计要求，安装前应清理干净，采用环氧砂浆灌注；当采用电焊连接时，预埋钢垫板应锚固可靠、位置准确。墩顶预埋钢板下的混凝土宜分两次浇筑，且一端灌入，另一端排气，预埋钢板不得出现空鼓。焊接时应采取防止烧坏混凝土的措施。

盆式橡胶固定支座安装时，其上下各部件纵轴线必须对正。

3. 球形支座安设

球形支座由顶板、底板、凸形中间板及两块不同形状的聚四氟乙烯板组成。球形支座出厂时，应由生产厂家将支座调平，并拧紧连接螺栓，防止运输安装过程中发生转动和倾覆。球形支座可根据设计需要预设转角和位移，应在厂内装配时调整好。

球形支座安装前应开箱检查配件清单、检验报告、支座产品合格证及支座安装养护细则。施工单位开箱后不得拆卸、转动连接螺栓。

当下支座板与墩台采用螺栓连接时，应先用钢楔块将下支座板四角调平，高程、位置应符合设计要求，用环氧砂浆灌注地脚螺栓孔及支座底面垫层。环氧砂浆硬化后，方可拆除四角钢楔，并用环氧砂浆填满楔块位置。当下支座板与墩台采用焊接连接时，应采用对称、间断焊接方法将下支座板与墩台上预埋钢板焊接。焊接时应采取防止烧伤支座和混凝土的措施。

当梁体安装完毕，或现浇混凝土梁体达到设计强度后，在梁体预应力张拉之前，应拆除上、下支座板连接板。

对于跨径为10 m左右的小型钢筋混凝土梁(板)桥，可采用油毡石棉垫或铅板支座。安设这类支座时，应先对墩台支承面的平整度和横向坡度进行检查，若与设计要求不符应修凿平整并以水泥砂浆抹平，再铺垫油毡、石棉垫或铅板。梁(板)就位后梁(板)与支承间不得有空隙和翘动现象，否则将发生局部应力集中，使梁(板)受损，也不利于梁(板)的伸缩与滑动。

3.3.3 桥梁上部结构施工

3.3.3.1 梁(板)桥施工

1. 混凝土梁(板)桥施工

(1)混凝土梁(板)桥支架浇筑施工。

混凝土梁(板)桥支架浇筑施工是指在桥孔位置搭设支架，在支架上安装模板，绑扎及安装钢筋骨架，预留孔道，并在现场浇筑混凝土与施加预应力的施工方法。

①模板、支架制作与安装。

支架浇筑混凝土施工，首先应在桥孔位置搭设支架，以承受模板、浇筑的钢筋混凝土以及其他施工荷载。支架的地基承载力应符合要求，必要时，应采取加强处理或其他措施。

模板、支架制作与安装时，其构件的连接应尽量紧密，以减小支架变形，使沉降量符合预计数值。为保证支架稳定，应防止支架与脚手架和便桥等接触。为防止发生跑浆现象，模板的接缝必须密合，如有缝隙，应及时采取处理措施，将其塞堵严密。对于建筑物外露面的模板应刨光并涂以石灰乳浆、肥皂水或润滑油等润滑剂。安装支架时，应根据梁体和支架的弹性、非弹性变形，设置预拱度，支架底部还应设良好的排水措施，不得被水浸泡。

②混凝土浇筑。

支架上浇筑混凝土时，无论采用哪种方法都应尽量减小模板和支架产生的平移、扭转、下沉等变形。支架上浇筑混凝土多采用水平分层浇筑、斜层浇筑和单元浇筑。

a. 水平分层浇筑。采用水平分层浇筑法施工时，分层的厚度应根据振捣器的能力而定，一般为 0.15～0.3 m。

b. 斜层浇筑。斜层法浇筑混凝土应从主梁两端对称向跨中进行，并在跨中合龙。T 形梁和箱梁采用浇筑的顺序。

当采用梁式支架、支点不设在跨中时，应在支架下沉量大的位置先浇筑混凝土，使应该发生的支架变形及早完成。采用斜层浇筑时，混凝土的倾斜角与混凝土的流动性有关，一般为 20°～25°。

c. 单元浇筑。每个单元的纵横梁可沿其长度方向采用水平分层浇筑斜层浇筑，在纵梁间的横梁上设置工作缝，并在纵横梁浇筑完成后填缝连接。对于桥面板的浇筑可沿桥全宽一次完成，不设工作缝。对于桥面板的浇筑应在纵横梁间设置水平工作缝。

(2)混凝土梁(板)桥悬臂浇筑施工。

悬臂浇筑施工适用于混凝土箱形连续梁桥、T 形刚构桥、变截面箱形梁桥等。其施工工艺如下。

①主墩及 0 号块施工。采用悬臂浇筑法施工的工艺流程基本相似，只有 T 形刚构的 0 号块件无须做临时固结处理。

对于箱形连续梁桥及变截面箱形梁桥等结构形式的桥梁，由于主墩与 0 号块之间有各种支座，当用悬拼方施工时，主墩与 0 号块之间必须先有牢固的连接，竣工后将此时的连接设施拆除。

②挂篮设计。进行挂篮结构设计时，挂篮质量与梁段混凝土的质量比值宜控制在 0.3～0.5，特殊情况下不得超过 0.7。允许最大变形(包括吊带变形的总和)为 20 mm。施工、行走时的抗倾覆安全系数不得小于 2。自锚固系统的安全系数不得小于 2.斜拉水平限位系统和上水平限位安全系数不得小于 2。

③1 号块件施工。0 号箱梁段施工完成后，两端 1 号箱梁段位置同时开始组装挂篮。

首先吊装车导梁并锚固，随即安装前后横梁、斜拉梁及联结系统。

并通过前后横梁利用吊链起吊前后底横梁，并悬挂固定于前后上横梁上。

用吊车和吊链配合安装底纵梁及模板。

然后吊装外侧模板，安装固定剪力销、内外侧拉斜带，并对称张拉四根斜拉带使之受力均匀，偏差不得大于设计要求。

最后进行混凝土浇筑，两侧 1 号箱梁段同时浇筑，并进行养护。

混凝土达到一定强度后，对预应力钢丝束进行张拉，并灌浆。

④2 号块件施工。

a. 拆除斜拉带。

b. 拆除底后横梁在 0 号箱梁底板上的后锚固点及剪力销。

c. 拆除内侧模板，放松外模板。

d. 主墩两端分别同时用千斤顶顶推挂篮整体前移至 2 号箱梁段位置就位。

e. 挂篮前移就位后，立外模板。

f. 拉紧前后吊带，固定底后横梁并安装剪力销。

g. 安装斜拉带，并按计算好的施工高程对称调高拉紧。

h. 绑钢筋、支内模板，浇筑混凝土。

i. 张拉预应力钢筋束、灌浆其他箱梁块件施工按上述循环往复直至跨中。

⑤端跨施工。在浇筑端跨梁段前，应考虑到端跨在受到预应力张拉时，箱梁身会向主墩侧发生微量移动，为了保证该段箱梁梁身能均匀地受到预压力，箱梁底板与下面主支架接触部加一层摩擦力系数小的滑动设施或释放支架的纵向约束，以使该段箱梁能自由滑移。

⑥连续梁(T 构)合龙与体系转换。连续梁(T 构)合龙前应按设计规定，将两悬臂端合龙口予以临时连接，并将合龙跨一侧墩的临时锚固放松或改成活动支座。观测气温变化梁端高程及悬臂端间的关系，应在一天中气温最低时进行合龙。首先在两端悬臂预加压重，并于浇筑混凝土过程中逐步撤除，以使悬臂端挠度保持稳定，然后将合龙段的混凝土强度提高一级，以尽早施加预应力。

连续梁的梁跨体系转换，应在合龙段及全部纵向连续预应力筋张拉、压浆完成，并解除各墩临时固结后进行。梁跨体系转换时，支座反力的调整应以高程控制为主，反力作为校核。

(3)混凝土梁(板)的装配式梁(板)施工。

装配式梁(板)的施工可分为构件预制、构件运输、构件安装和构件横向联结四个施工过程。

①构件预制。混凝土梁(板)的预制场地应选择在距离安装和使用地点近、运输方便并满足“三通一平”要求的地方。场地选定后，可根据预制构件的加工

数量、工期及占地时间等确定场地的范围大小，并根据地基及气候条件，采取必要的排水措施，防止场地被雨水浸泡和发生不均匀沉陷。一般情况下场地要铺二步灰土，且碾压密实，并高出附近地坪。对于长期进行构件预制的场地，可浇筑混凝土或砖砌后抹面。

②构件运输。

a. 构件场内运输。混凝土预制构件从工地预制场到桥头或桥孔下的运输称为场内运输。短距离的场内运输可采用龙门架配合轨道平板车来实现，首先由龙门架（或木扒杆）起吊移运构件出坑，将其横移至预制构件运输便道，卸落到轨道平车上，然后用绞车牵引至桥头或桥孔下。

b. 构件场外运输。混凝土预制构件从桥梁预制厂到桥孔或桥头的运输称为场外运输。一般中小跨径的预制板、梁或小构件可用汽车运输。50 kN 以内的小构件可用汽车吊装卸；大于 50 kN 的构件可用轮胎吊、履带吊、龙门架或扒杆装卸。要运较长的构件时，搁放预制构件前，可先在汽车上先垫以型钢或方木，构件的支点应放在近两端处，以避免道路不平、车辆颠簸引起构件开裂。要运特别长的构件应采用大型平板拖车或特制的运梁车运输。

③构件安装。预制梁（板）的安装是预制装配式混凝土梁桥施工中的关键性工序，应结合施工现场条件、工程规模、桥梁跨径、工期条件、架设安装的机械设备条件等具体情况，从安全可靠、经济简单和加快施工速度等为原则，合理选择架梁的方法。常见架梁方法有陆地架梁法、浮运架梁法和高空架梁法三种。

④构件横向联结。预制装配式混凝土梁桥待各预制梁在墩台安装就位后，必须进行横向联结施工，把各片主梁连成整体梁桥，才能作为整体桥梁共同承担二期恒载和活载。预制装配式混凝土梁桥的横向联结可分成横隔梁的联结和翼缘板的联结两种情况。

a. 横隔梁的横向联结。通常在设有横隔梁的混凝土梁桥中，均通过横隔梁的接头把所有主梁联结成整体。联结接头要有足够的强度，以保证结构的整体性，并在桥梁营运过程中不致因荷载反复作用和冲击作用而发生松动。

b. 翼缘板的横向联结。为改善翼缘板的受力状态，翼缘板之间应进行横向联结。翼缘板之间通常做成企口铰接式的联结，由主梁翼缘板内伸出连接钢筋，横向联结施工时，将此钢筋交叉弯制，并在接缝处再安放局部的 6 号钢筋网，然后将它们浇筑在桥面混凝土铺装层内；也可将主梁翼缘板内的顶层钢筋伸出，施工时将它弯转并套在一根纵向通长的钢筋上，形成纵向铰，然后浇筑在桥面铺装混凝土中。接缝处的桥面铺装层内应安放单层钢筋网，计算时不考虑铺装层受力。这种联结构造由于连接钢筋较多，对施工增加了一些困难。

(4)混凝土梁(板)桥悬臂拼装施工。

悬臂拼装法(简称悬拼)是悬臂施工法的一种，它是利用移动式悬拼吊机将预制梁段起吊至桥位，然后采用环氧树脂胶和预应力钢丝束连接成整体。其适用于预制场地及运吊条件好的梁桥工程。

①悬拼方法。悬拼根据起重吊装方式不同，可分为浮吊拼装法、悬臂吊机拼装法、连续桁架拼装法、缆索起重机拼装法及移动式导梁拼装法等。

②拼装接缝处理。悬臂拼装时，预制构件接缝处理分为湿接缝和胶接缝两大类。不同的施工阶段和不同的施工部位，交叉采用不同的接缝形式。

湿接缝采用高强细石混凝土或高强度等级水泥砂浆，施工工期较长，但有利于调整预制构件的位置和增强接头的整体性，通常用于拼装与 0 号块件连接的第一对预制块件。

胶接缝采用环氧树脂为接缝材料，有利于消除水分对接头的有害影响。胶接缝包括平面型、多齿型、单级型和单齿型等形式。齿型的胶接缝用于块件间摩阻力和黏结力不足以抵抗梁体剪力的情况，单级型的胶接缝有利于施工拼装。

③预应力张拉。连续梁(T 构)的合龙及体系转换除应符合相关规范规定，在体系转换前，应按设计要求张拉部分梁段底部的预应力束，并在悬臂端设置向下的预留度。

连续梁(T 构)桥纵向预应力钢筋的布置较多集中于顶板部位，且钢束布置对称于桥墩，因此，在拼装每一对对称于桥墩节段用的预应力钢丝束时，按锚固这一对节段所需长度下料。

(5)混凝土梁(板)顶推法施工。

预应力混凝土连续梁桥顶推法施工是沿桥纵轴方向的台后开辟预制场地，分节段预制混凝土梁身，并用纵向预应力筋连成整体，然后通过水平液压千斤顶施力，借助不锈钢与聚四氟乙烯模压板特制的滑动装置，将梁逐段向对岸顶进，就位后落架，更换正式支座完成桥梁施工。本书主要介绍有关梁段顶推的要求。

①检查顶推千斤顶的安装位置，校核梁段的轴线及高程，检测桥墩(包括临时墩)、临时支墩上的滑座轴线及高程，确认符合要求，方可顶推。

②顶推千斤顶用油泵必须配套同步控制系统，两侧顶推时，必须左右同步，多点顶推时各墩千斤顶纵横向均应同步运行。

③顶推前进时，应及时由后面插入补充滑块，插入滑块应排列紧凑，滑块间最大间隙不得超过 10～20 cm。滑块的滑面(聚四氯乙烯板)上应涂硅酮脂。

④顶推过程中导梁接近前面桥墩时，应及时顶升牛腿引梁，将导梁引上墩顶滑块，方可正常顶进。

⑤顶推过程中应随时检测桥梁轴线和高程，做好导向、纠偏等工作。梁段中线偏移大于 20 mm 时应采用千斤顶纠偏复位。滑块受力不均匀、变形过大或滑块插入困难时，应停止顶推，用竖向千斤顶将梁托起校正。竖向千斤顶顶升高度不得大于 10 mm。

⑥顶推过程中应随时检测桥墩墩顶变位，其纵横向位移均不得超过设计要求。

⑦顶推过程中如出现拉杆变形、拉锚松动、主梁预应力锚具松动、导梁变形等异常情况应立即停止顶推，妥善处理后方可继续顶推。

⑧平曲线弯梁顶推时应在曲线外设置法线方向上将千斤顶锚固于桥墩上，纵向顶推的同时应启动横向千斤顶，使梁段沿圆弧曲线前进。

⑨竖曲线上顶推时各点顶推力应计入升降坡形成的梁段自重水平分力，如在降坡段顶进纵坡大于3%时，宜采用摩擦系数较大的滑块。

⑩当桥梁顶推完毕，拆除滑动装置时，顶梁或落梁应均匀对称，升降高差各墩台间不得大于 10 mm，同一墩台两侧不得大于 1 mm。

2. 钢梁(板)桥施工

(1)钢梁制造。

钢梁应由具有相应资质的企业制造，钢梁制造企业应向安装企业提供产品合格证、钢材和其他材料质量证明书和检验报告、施工图和拼装简图、工厂高强度螺栓摩擦面抗滑系数试验报告、焊缝无损检验报告和焊缝重大修补记录、产品试板的试验报告、工厂拼装记录、杆件发运和包装清单等。

钢梁加工制造主要包括施工准备、作样、号料、切割、零件矫正和弯曲、制孔、组装、焊接及结构试拼装等工艺过程。

(2)钢梁安装。

钢梁制造后，应运输到工地进行安装。

Ⅰ. 钢梁连接。钢梁安装时分铆接、高强度螺栓连接和工地焊接三大类。目前，铆接已逐渐淘汰，所以本书只对高强度螺栓连接和工地焊接进行阐述。

①高强度螺栓连接。高强度螺栓连接施工应符合下列要求。

a. 安装前应复验出厂所附摩擦面试件的抗滑移系数，合格后方可进行安装

b. 高强度螺栓连接副使用前应进行外观检查并应在同批内配套使用。

c. 使用前，高强度螺栓连接副应按出厂批号复验扭矩系数，其平均值和标准

偏差应符合设计要求。设计无要求时扭矩系数平均值应为0.11～0.15，其标准偏差应小于或等于0.01。

d.高强度螺栓应顺畅穿入孔内，不得强行穿入，穿入方向全桥一致。被拴合的板束表面应垂直于螺栓轴线，否则应在螺栓垫圈下面加斜坡垫板。

e.施拧高强度螺栓时，不得采用冲击拧紧、间断拧紧方法。拧紧后的节点板与钢梁间不得有间隙。

f.当采用扭矩法施拧高强度螺栓时，初拧、复拧和终拧应在同一工作班内完成。初拧扭矩应由试验确定，可取终拧值的50%。

g.当采用扭角法施拧高强螺栓时，可按《钢结构高强度螺栓连接技术规程》(JGJ 82—2011)的相关规定执行。

h.施拧高强度螺栓连接副采用的扭矩扳手应定期进行标定，作业前应进行校正，其扭矩误差不得大于扭矩值的±5%。

高强度螺栓终拧完毕必须当班检查。每栓群应抽查总数的5%，且不得少于2套。抽查合格率不得小于80%，否则应继续抽查，直至合格率达到80%以上。对螺栓拧紧度不足者应补拧，对超拧者应更换、重新施拧并检查。

②工地焊接。钢桥构件在工厂焊接后运到工地，再全部用焊接组装成钢桥，称为工地焊接。进行工地焊接时应准备充足的机具设备，包括电焊机、角向磨光机、空压机、气焊工具、气刨工具、恒温干燥箱、手提干燥箱、液压千斤顶等。工地焊接施工应符合下列要求：

a.首次焊接之前必须进行焊接工艺评定试验。

b.焊工和无损检测员必须经考试合格取得资格证书后，方可从事资格证书中认定范围内的工作，焊工停焊时间超过6个月，应重新考核。

c.焊接环境温度，低合金钢不得低于5℃，普通碳素结构钢不得低于0℃。焊接环境湿度不宜高于80%。

d.焊接前应进行焊缝除锈，并应在除锈后24 h内进行焊接。

e.焊接前，对厚度25 mm以上的低合金钢预热温度宜为80～120℃，预热范围宜为焊缝两侧50～80 mm。

f.多层焊接宜连续施焊，并应控制层间温度。每一层焊缝焊完后应及时清除药皮、熔渣、溢流和其他缺陷后，再焊下一层。

g.钢梁杆件现场焊缝连接应按设计要求的顺序进行。设计无要求时，纵向应从跨中向两端进行，横向应从中线向两侧对称进行。

h.现场焊接应设防风设施，遮盖全部焊接处。雨天不得焊接，箱形梁内进行二氧化碳气体保护焊时,必须使用通风防护设施。

Ⅱ.钢梁架设。钢梁架设的方法主要包括悬臂拼装法、支架法、拖拉法、整孔架设法、横移法和浮运法等。

①悬臂拼装法。钢梁在悬臂安装过程中,应注意降低钢梁的安装应力、控制伸臂端挠度、减少悬臂孔的施工荷载及保证钢梁拼装时的稳定性。钢梁悬臂拼装的施工顺序如下。

a.杆件预拼。为了减少钢梁拼装的桥上的高空作业和吊装次数,应对桥梁单根杆件预先拼装成吊装单元,把能在桥下进行的工作,尽量在桥下预拼场内进行,以期加快施工进度。

b.杆件拼装。经过预拼合格的杆件,可由提升站吊机把杆件提运至在钢梁上弦平面运行的平板车上,由牵引车运至拼梁吊机下拼装就位。钢梁拼装必须按一定的拼装顺序图进行。在拟定拼装顺序时应考虑拼梁吊杆机的性能和先装的杆件是否妨碍后装杆件的安装与吊机的运行等因素。

拼装时,应尽速将主桁杆件拼成闭合三角形,形成稳定的几何体系,并尽快安装纵横联结系,保证钢梁结构的空间稳定。主桁杆件拼装应左右两侧对称进行,防止偏载的不利影响。

c.高强度焊栓施工。高强度焊栓施工时,常用控制螺栓的预拉力方法是扭角法和扭矩系数法。安装高强螺栓时应设法保证各螺栓中的预拉力达到其规定值,避免超拉或欠拉。

d.临时支承布置。钢梁悬臂拼装时,临时支承的类型包括临时活动支座、临时固定支座、永久活动支座、永久固定支座、保险支座、接引支座等,这些支座随拼装阶段变化与作业程序的变化将相互更换交替使用。

e.钢梁纵移。钢梁悬臂拼装过程中,由于梁的自重或温度变化等因素引起的变形,会导致钢梁纵向长度的几何尺寸产生偏差,使钢梁各支点不能按设计位置落在各桥墩上,使桥墩偏载。为了调整这一误差至允许范围内,钢梁需要纵移。

f.钢梁横移。钢梁悬臂拼装过程中,由于受日光偏照和偏载的影响,加之杆件本身制造的误差,使钢梁中线的位置产生偏差,导致钢梁不能准确地落在设计位置上,造成桥墩偏载。因此,需进行钢梁横移。钢梁横移必须在拼装过程中逐孔进行,横移施工可用专用的横移设备,也可根据情况采取临时措施。

用悬臂和半悬臂法安装钢梁时,连接处所需冲钉数量应按所承受荷载计算确定,且不得少于孔眼总数的1/2,其余孔眼布置精制螺栓。冲钉和精制螺栓应均匀安放。

②支架法。在满布支架上安装钢梁时,因钢梁自重支承压在支架上,故冲钉和粗制螺栓总数不得少于孔眼总数的1/3,其中冲钉不得多于2/3。孔眼较少的部位,冲钉和粗制螺栓不得少于6个。粗制螺栓只起夹紧板束的作用。

③拖拉法。拖拉法架设钢梁时,包括全悬臂的纵向拖拉和半悬臂的纵向拖拉。当水流较深且水位稳定,又有浮运设备而搭设不便时,可考虑采用半悬臂纵向拖拉;当永久性墩(台)之间不设置任何临时中间支承的情况下应考虑采用全悬臂拖拉。当梁拖到设计位置后,应及时拆除临时连接杆件及导梁、牵引设备等。拆除时应先将梁的前端适当顶高或落低,使连接杆件处于不受力状态,然后拆除连接栓钉。临时连接杆件和导梁等拆除后,可以落梁。落梁时钢梁每端至少用两台千斤顶,以便交替拆除两侧枕木垛。

④整孔架设法。小跨度的钢板梁桥宜采用整孔架设,常采用架桥机架梁法和钓鱼架梁法。用架桥机架梁有既快又省的优点。目前,常用的架桥机有胜利型架桥机、红旗型窄式架桥机。钓鱼架梁法是通过立在前方墩台上有效高度不小于梁长1/3的扒杆,用固定于扒杆顶的滑轮组牵引的梁的前端(悬空)到前方墩台上。

⑤横移法。横移法施工适用于只有换桥跨结构的旧桥改建工程。施工时,在移梁脚手架上设滚轴滑道,滚轴滑道上放置用方木制成的大平车。大平车一端用沙袋支垫新梁,其高度使新梁稍高于支承垫石。另一端搭枕木垛,枕木垛位置应正在旧梁下面。枕木垛设置千斤顶,以备换梁的时候顶起旧梁。新梁的桥面事先完全做好,另外,在滑道上做移梁到位的标记,并在大平车上安放指针,当指针正对准滑道上的标记时,表示新梁已正确就位。当一切准备妥当后,可封锁交通,顶起旧梁,用绞车牵引大平车到位,然后割破沙袋,新梁即落到支座上,就可开放通车。

⑥浮运法。浮运施工是在桥位下游侧面岸上将钢梁拼铆(或拴合)成整孔后,利用码头把钢梁滚移到浮船上,再浮运至预定架设的桥孔上落梁就位。浮运支承主要由浮船、船上支架、浮船加固桁架以及各种系缚工具组成。

(3)钢桥涂装。

钢梁杆件架设安装完毕并经过检验、除锈、洗刷并干燥后,再进行全部涂漆工作。涂装前应对杆件表面进行质量检查,如有未涂底漆或已涂而部分脱浇者补涂底漆,待底漆干燥后,方可进行涂装施工。

防腐涂料应有良好的附着性、耐蚀性,其底漆应具有良好的封孔性能。钢梁表面处理的最低等级应为 Sa2.5。

涂装应在天气晴朗、4 级(不含)以下风力时进行,夏季应避免阳光直射。涂装时构件表面不应有结露,涂装后 4 h 内应采取防护措施。

涂装工序如下:清除面层间锈污→刮嵌腻子→打磨→第一道面漆→打磨→第二道面漆→打磨→第三道面漆。

钢桥涂装过程中,涂料、涂装层数和涂层厚度应符合设计要求;涂层干漆膜总厚度应符合设计要求。当规定层数达不到最小干漆膜总厚度时,应增加涂层层数。

3.3.3.2　拱桥施工

1. 拱桥有支架施工

(1)拱架施工。

砌筑石拱桥或混凝土预制块拱桥,以及现浇混凝土或钢筋混凝土拱桥时,需要搭设拱架,以承受全部或部分主拱圈和拱上建筑的质量,保证拱圈的形状符合设计要求。

Ⅰ. 拱架拼装。拱架可就地拼装或根据起吊设备能力,预拼成组件后再进行安装。拱架拼装过程中必须注意各节点和各杆件的受力平衡,并准备好拱顶拆拱设备,以使拱架装拆自如。

Ⅱ. 拱架安装。

①工字钢拱架安装。工字钢拱架的架设应分片进行。架设每片拱片时,应同时将左、右半片拱片吊至一定高度,并将拱片脚纳入墩台缺口或预埋的工字钢支点上与拱座铰连接,然后安装拱顶卸拱设备进行合龙。对于横梁、弧形木及支承木的安装应先安弧形木再安支承、横梁及模板。弧形木上应通过操平以检查标高准确,当误差过大时,可在弧形木上加铺垫木或刻槽。横梁应严格按设计安放。

②钢桁架拱架安装。钢桁架拱架的安装方法较多,主要包括悬臂拼装法、浮运安装法、半拱旋转法、竖立安装法等。

a. 悬臂拼装法。悬臂拼装法适用于拼装式钢桁架拱架安装,拼装时从拱脚起逐节进行,拼装好的节段,用滑车组系吊在墩台塔架上。

b. 浮运安装法。拱架拼装后,即可进行安装,为便于拱架进孔与就位,拱架拼装时的矢高应稍大于设计矢高(即预留沉降值)。在拱架进孔后,用挂在墩台上的大滑车和放置在支架上的千斤顶来调整矢高,并用水压舱,以降低拱架,使拱架就位。安装时,拱顶铰须临时捆紧,拱脚铰和铰座位置须稍加调整,以使铰座密合。

c. 半拱旋转法。采用半拱旋转法进行钢桁架拱架安装的方法与工字形钢拱架安装相似,其不同之处在于钢桁架安装时,起吊前拱脚先安在支座上,然后用拉索使半拱架向上旋转合龙。

d. 竖立安装法。钢桁架拱架竖立安装是在桥跨内两端拱脚上,垂直地拼成两半孔骨架,再以绕拱脚铰旋转的方法放至设计位置进行合龙。

Ⅲ. 拱架卸落与拆除。由于拱上建筑、拱背材料、连拱等因素对拱圈受力的影响,应选择在拱体产生最小应力时来卸架,一般在砌筑完成后 20～30 d,待砌筑砂浆强度达到设计强度的 70%以后才能卸落拱架。

实腹式拱架的卸落应在护拱、侧墙完成后进行,而空腹式拱架的卸落应在拱上小拱横墙完成后,小拱圈砌筑前进行。如必须提前卸架时,应适当提高砂浆(或混凝土)强度或采取其他措施。

拱架卸落时,应设专人用仪器观测拱圈挠度和墩台变化情况,并详细记录。另设专人观察是否有裂缝现象。对于裸拱卸架,应对裸拱进行截面强度及稳定性验算,并采取必要的稳定措施。对于较大拱桥的拱架卸落,一般在设计文件中有明确规定,应按设计规定进行。

拱架卸落的过程实质上是由拱架支承的拱圈的重力逐渐移给拱圈自身来承担的过程,为了使拱圈受力有利,而应采取一定的卸架程序和方法。

(2)拱圈施工。

①石料及混凝土预制块砌筑拱圈。石料及混凝土预制块砌筑拱圈施工时,对于跨径小于 10 m 的拱圈,当采用满布式拱架砌筑时,可从两端拱脚起顺序向拱顶方向对称、均衡地砌筑,最后在拱顶合龙。当采用拱式拱架砌筑时,宜分段、对称先砌拱脚和拱顶段;跨径 10～25 m 的拱圈,必须分多段砌筑,先对称地砌拱脚和拱顶段,再砌 1/4 跨径段,最后砌封顶段:跨径大于 25 m 的拱圈,砌筑程序应符合设计要求。

宜采用分段砌筑或分环分段相结合的方法砌筑。必要时可采用预压载,边砌边卸载的方法砌筑。分环砌筑时,应待下环封拱砂浆强度达到设计强度的 70%以上后,再砌筑上环。

石料及混凝土预制块砌筑拱圈施工时,应在拱脚和各分段点设置空缝。空缝的宽度在拱圈外露面应与砌缝一致,空缝内腔可加宽至 30～40 mm。空缝的填塞应由拱脚逐次向拱顶对称进行,也可同时填塞。

空缝填塞应在砌筑砂浆强度达到设计强度的 70%后进行，应采用 M20 以上半干硬水泥砂浆分层填塞。

②拱架上浇筑混凝土拱圈（拱肋）。在拱架上浇筑混凝土拱圈（拱肋）时，根据拱圈（拱肋）跨径不同应采取不同的浇筑方法。

跨径小于 16 m 的拱圈或拱肋混凝土，应按拱圈全宽从拱脚向拱顶对称、连续浇筑，并在混凝土初凝前完成。

当预计不能在限定时间内完成时，则应在拱脚预留一个隔缝并最后浇筑隔缝混凝土。

跨径大于或等于 16 m 的拱圈或拱肋，可分段浇筑，也可纵向分隔浇筑。

③劲性骨架混凝土拱圈（拱肋）。劲性骨架混凝土拱圈（拱肋）浇筑前应进行加载程序设计，计算出各施工阶段钢骨架以及钢骨架与混凝土组合结构的变形、应力，并在施工过程中进行监控。

分环多工作面浇筑劲性骨架混凝土拱圈（拱肋）时，各工作面的浇筑顺序和速度应对称、均衡，对应工作面应保持一致，两个对称的工作段必须同步浇筑，且两段浇筑顺序应对称。

当采用水箱压载分环浇筑劲性骨架混凝土（拱肋）时，应严格控制拱圈（拱肋）的竖向和横向变形，防止骨架局部失稳。

当采用斜拉扣索法连续浇筑劲性骨架混凝土拱圈（拱肋）时，应设计扣索的张拉与放松程序，施工中应监控拱圈截面应力和变形，混凝土应从拱脚向拱顶对称连续浇筑。

(3)钢管混凝土拱施工。

①钢管拱肋安装。首先钢管拱肋成拱过程中，应同时安装横向连系，未安装横向连系的不得多于一个节段，否则应采取临时横向稳定措施。各节段间环焊缝的施焊应对称进行，并应采用定位板控制焊缝间隙，同时，应注意环焊缝施焊不得采用堆焊。

②钢管混凝土浇筑。管内混凝土宜采用泵送顶升压注施工，由两拱脚至拱顶对称均衡地连续压注完成。

大跨径拱肋钢管混凝土应根据设计加载程序，宜分环、分段并隔仓由拱脚向拱顶对称均衡压注。钢管混凝土压注前应清洗管内污物，润湿管壁，先泵入适量水泥浆再压注混凝土，直至钢管顶端排气孔排出合格的混凝土时停止。压注过程中拱肋变位不得超过设计规定。

压注混凝土完成后应关闭倒流截止阀。

(4)中、下承式拱桥及施工。

中、下承式拱桥一般是按拱肋、桥面系、吊杆施工顺序来进行施工的。

钢筋混凝土拱肋及钢管混凝土拱肋施工应符合混凝土拱圈(拱肋)施工及钢筋混凝土拱肋施工的相关要求。

桥面系可采用预制安装的方法进行施工,这样可以加快施工进度。

吊杆分为刚性吊杆和柔性吊杆。刚性吊杆是在钢丝束或钢绞线束外包混凝土。柔性吊杆采用钢丝束或钢绞线束,并采用 PE 热挤防护套进行防护,一般是在工厂制作后成捆运至工地安装。

(5)系杆拱桥施工。

系杆拱桥的系杆可分为刚性系杆和柔性系杆两种。对于刚性系杆拱桥可采取先浇筑或安装系杆,然后在系杆上安装拱架,浇筑拱肋混凝土,最后安装吊杆的程序施工;对于柔性系杆拱桥可采取先安装拱架,然后浇筑拱肋混凝土,卸落拱架,安装吊杆、横梁,最后施工桥面系的程序施工。

2. 拱桥无支架施工

(1)塔架法。

塔架法进行拱桥施工是以临时设立桥台上的塔架立柱,将拱圈(拱肋)浇筑一段系吊一段的浇筑施工方法。施工时应按拱的跨径、矢跨比、桥宽等来确定塔架的高度和受力大小。斜吊杆可使用预应力钢筋或吊带,其数量视所系吊杆拱段长度和位置而定。灌注拱圈混凝土施工一般用悬臂吊篮进行逐段浇筑,亦可用吊架浇筑,吊架后端固定在已完成拱段上,前端系吊在塔架上,由拱脚两个半拱对称地施工,最后在拱顶合拢。

(2)悬臂浇筑法。

悬臂浇筑法将拱圈、拱上立柱和预应力混凝土桥面板等同时进行施工,一边浇筑一边同时构成拱架。施工时,用预应力钢筋临时作为桁架的斜拉杆和桥面板的明索,将桁架锚固在后面桥台上。

(3)钢筋骨架法。

钢筋骨架法将拱圈的全部钢筋骨架按设计形状和尺寸制成并安装在拱圈相应位置,然后用系吊在它上面的吊篮逐段浇筑混凝土;由两侧拱脚开始,对称地逐段浇筑,最后在拱顶合龙。钢筋骨架不但满足拱圈需要,而且起到临时拱架作用,因此要求钢筋骨架有相应的刚度,施工时要对钢筋骨架进行预压,以防浇筑混凝土后变形,破坏已浇筑混凝土与钢筋结合。

3. 拱桥转体施工

拱桥转体施工将拱圈或整个上部结构分为两个半跨，分别在河流两岸利用地形或简单支架现浇或预制装配半拱，然后利用一些机具设备和动力装置将其两半跨拱体转动至桥轴线位置(或设计标高)合龙成拱。

拱桥转体施工可采用平面转体、竖向转体或平竖结合转体。

(1)平面转体施工。

平面转体适用于钢筋混凝土拱桥和钢管混凝土拱桥施工，可分为有平衡重转体和无平衡重转体。

Ⅰ. 有平衡重转体施工。有平衡重转体一般以桥台背墙作为平衡重，并作为桥体上部结构转体用于拉杆的锚碇反力墙，用以稳定地转动体系和调整重心位置。为此，平衡重部分不仅在桥体转动时作为平衡重量，而且也要承受桥梁转体质量的锚固力。有平衡重转体施工应符合下列规定。

①转体平衡重可利用桥台或另设临时配重。

②箱形拱、肋拱宜采用外锚扣体系；桁架拱、刚架拱宜采用内锚扣(上弦预应力钢筋)体系。

③当采用外锚扣体系时，扣索宜采用精轧螺纹钢筋、带镦头锚的高强钢丝、预应力钢绞线等高强材料，安全系数不得低于2。扣点应设在拱顶点附近。扣索锚点高程不得低于扣点。

④当采用内锚扣体系时，扣索可利用结构钢筋或在其杆件内另穿入高强钢筋。完成桥体转体合龙，当浇筑接头混凝土达到设计强度时，

⑤张拉扣索时的桥体混凝土强度应达到设计要求，当设计无要求时，不应低于设计强度的80%，扣索应分批、分级张拉。扣索张拉至设计荷载后，应调整张拉力使桥体合龙高程符合要求。

⑥转体合龙应符合下列要求。

a. 应控制桥体高程和轴线，合龙接口相对偏差不得大于10 mm。

b. 合龙应选择当日最低温度进行。当合龙温度与设计要求偏差3℃或影响高程差±10 mm时，应修正合龙高程。

c. 合龙时，宜先采用钢楔临时固定，再施焊接头钢筋，浇筑接头混凝土，封固转盘。在混凝土达到设计强度的80%后，再分批、分级松扣、拆除扣、锚索。

⑦转体牵引力应按下式计算：

$$T = \frac{2fGD}{3D} \tag{3-4}$$

式中，T 为牵引力，kN；G 为转体总重力，kN；R 为铰柱半径，m；D 为牵引力偶臂；f 为摩擦系数，无试验数据时，可取静摩擦系数为 0.1～0.12，动摩擦系数为 0.06。

⑧牵引转动时应控制速度，角速度宜为 0.01～0.02 rad/min；桥体悬臂端线速度宜为 1.5～2.0 m/min。

Ⅱ.无平衡重转体施工。无平衡重转体施工需要有一个强大牢固的锚碇，因此，宜在山区地质条件好或跨越深谷急流处建造桥梁时选用。无平衡重平转施工应符合下列规定。

①应利用锚固体系代替平衡重。锚碇可设于引道或边坡岩层中。桥轴向可利用引桥的梁作为支承，或采用预制、现浇的钢筋混凝土构件作支承。非桥轴向(斜向)的支承应采用预制或现浇的钢筋混凝土的构件。

②转动体系的下转轴宜设置在桩基上。扣索宜采用精轧螺纹钢筋，靠近锚块处宜接以柔性工作索。设于拱脚处的上转轴的轴心应按设计。

③尾索引拉宜在立柱顶部的锚梁(锚块)内进行，操作程序同于后张预应力施工。尾索张拉荷载达到设计要求后，应观测 1～3d，如发现索间内力相差过大时，应再进行一次尾索张拉，以求均衡达到设计内力。

④扣索张拉前应在支承以及拱轴线上(拱顶、3/8、1/5、1/8 跨径处)设立平面位置和高程观测点，在张拉前和张拉过程中应随时观测。每索应分级张拉至设计张拉力。

⑤拱体旋转到距设计位置约 5°时，应放慢转速，距设计位置差 1°时，可停止外力牵引转动，借助惯性就位。

⑥当拱体采用双拱肋平转安装时，上下游拱体宜同步对称向桥轴线旋转。

⑦当拱体采用两岸各预制半跨，平转安装就位，拱顶高程超差时，宜采用千斤顶张拉、松懈扣索的方法调整拱顶高差。

⑧当台座和拱顶合龙口混凝土达到设计强度的 80%后，方可对称、均衡地卸除扣索。

⑨尾索张拉、扣索张拉、拱体平转、合龙卸扣等工序，必须进行施工观测。

(2)竖向转体施工。

竖向转体施工就是在桥台处先竖向预制半拱或在桥台前俯卧预制半拱，然后在桥位平面内绕拱脚将其转动合龙成拱。竖向转体施工时，应符合下列规定。

①竖转法施工适用于混凝土肋拱、钢筋混凝土拱。

②应根据提升能力确定转动单元，宜以横向连接为整体的双肋为一个转动

单元。

③转动速度宜控制在 0.005～0.01 rad/min。

④合龙混凝土和转动铰封填混凝土达到设计强度后，方可拆除提升体系。

(3)平竖结合转体施工。

拱桥采用转体施工时，由于受到河岸地形条件的限制，可能遇到既不能在设计标高处预制半拱，也不可能在桥位竖直平面内预制半拱的情况。在这种情况下，拱体只能在适当位置预制后采用平竖法结合转体施工。这种平竖结合转体基本方法与前述相似，但其转轴构造较为复杂，一般不选用，当地形、施工条件适合时，混凝土肋拱、刚架拱、钢管混凝土的施工可选用此法。

4. 拱上结构施工

拱桥的拱上结构，应按照设计规定程序施工。如设计无规定，可由拱脚至拱顶均衡、对称加载，使施工过程中的拱轴线与设计拱轴线尽量吻合。

(1)泄水管。

拱桥除在桥面和台后设排水设施外，对于渗入到拱腹内的水，应通过防水层汇集到预埋在拱腹内的泄水管再排出。

泄水管可采用管径为 6～10 cm 的铸铁管、混凝土管或陶管，严寒地区可适当增大管径，但不应大于 15 cm。泄水管进口处周围防水层应做成集水坡，并以大块碎石做成倒滤层，以防堵塞。泄水管外露长不应小于 10 cm，防流水污染结构物。泄水管不宜过长，且不能用弯管做泄水管。

(2)防水层。

①沥青麻布防水层。沥青麻布防水层主要用于冰冻地区的砖石拱桥。其做法常用三油二布，即三层沥青二层麻布。

防水层铺设前，应用水泥砂浆抹平拱背，待水泥砂浆凝固后再涂一至两层沥青漆。铺设时，沥青应保持适宜温度。麻布应由低向高循环敷设，搭接不应小于 10 cm。

当防水层经过拱圈及拱上结构的伸缩缝或变形缝时，应做成 U 形。

当防水层处于泄水管处时，应紧贴泄水管漏斗之下敷设，以防止向防水层底漏水。

②石灰三合土防水层。石灰三合土防水层主要用在非冰冻地区，其厚度为 10 cm 左右。铺设前将拱背按排水方向做成一定的坡度，并砌抹平整。为确保防水效果，最好涂抹一层沥青。

③胶泥防水层。胶泥防水层主要用在非冰冻地区的较小跨径拱桥，铺设时

应严格控制含水量，以防干裂。

(3)伸缩缝及变形缝。

伸缩缝的宽度为2～3 cm，缝内填料可用锯末加沥青配合制成。预制板锯末与沥青的比例为1∶1，施工时将预制板嵌入。上缘一般做成能活动而不透水的覆盖层。伸缩缝内的填充料也可采用沥青砂或其他适当材料。

(4)拱背填充。

拱背填充应采用透水性强和休止角较大的材料(包括砂砾、片石、碎石夹石混合料以及矿渣等)，应对称而均匀地分层填充并碾压密实。

3.3.3.3 斜拉桥施工

1. 索塔施工

(1)钢主塔施工。

钢主塔施工应充分考虑垂直运输、吊装高度、起吊吨位等施工方法。钢主塔应在工厂分段立体试拼装合格后出厂。主塔在现场安装，常常采用现场焊接接头、高强度螺栓连接、焊接和螺栓混合连接的方式。经过工厂加工制造和立体试拼装的钢塔在正式安装时，应进行测量控制，并及时用填板或对螺栓孔进行扩孔来调整轴线和方位。

钢主塔可用耐候钢材或喷锌层进行防锈。但绝大部分钢塔都采用油漆涂料，一般使用年限为10年。油漆涂料常采用二层底漆、二层面漆，其中三层由加工厂涂装，最后一道面漆由施工安装单位最终完成。

(2)混凝土主塔施工。

①模板。浇筑索塔混凝土的模板按结构形式不同可采用提升模板和滑升模板。提升模板可分为依靠外部吊点的单节整体模板逐段提升、多节模板交替提升以及本身带爬升模板。滑升模数只适用于等截面的垂直塔柱。

②混凝土塔柱施工。混凝土塔柱一般可采用支架法、滑模法、爬模法施工。在塔柱内，在塔壁中间常常设有劲性骨架，劲性骨架在工厂加工，现场分段超前拼接，精确定位。劲性骨架安装定位后，可供测量放样、立模、扎筋拉索钢套管定位用，也可供施工受力用。

③混凝土横梁施工。在高空中进行大跨度、大断面现浇高强度等级预应力混凝土横梁的难度很大。施工时要考虑到模板支承系统和防止支承系统的连接间隙变形、弹性变形、支承不均匀沉降变形，混凝土梁、柱与钢支承的线膨胀系数影响，日照温差对混凝土的不同时间差效应等产生的不均匀变形的影响，以及相

应的变形调节措施。每次浇筑混凝土的供应量应保证在混凝土初凝前完成浇筑,并且采取有效措施,防止在早期养护期间及每次浇筑过程中由于支架的变形影响而造成混凝土梁开裂。

④主塔混凝土施工。常采用现场搅拌、吊斗提送的方法。对于高度较高的主塔,施工时,应采用商品泵送大流动性混凝土。混凝土应采用高密度骨料、低水灰比、低水泥用量、适量掺加粉煤灰和泵送外加剂,以便满足缓凝、早强、高强的混凝土泵送要求。

泵送混凝土施工工艺在满足设计提出的混凝土基本性能要求的前提下,根据主塔施工的不同季节、不同的缓凝时间、不同的高度泵送混凝土的要求来确定。一般应考虑混凝土泵送设施的布置,即根据不同的部位、泵送高度,每段浇筑时间,每段浇筑混凝土工程量,考虑混凝土泵送设施来综合布置。

2. 主梁施工

斜拉桥主梁的施工常采用支架法、顶推法、转体法、悬臂施工法等方法进行。在实际施工中,混凝土斜拉桥多采用悬臂浇筑法,而结合梁斜拉桥和钢斜拉桥多采用悬臂拼装法。

(1)钢主梁施工。

钢主梁施工应根据梁体类型、地理环境条件、交通运输条件、结构特点等综合因素选择适宜的施工方案与施工设备。钢主梁施工应符合下列规定。

①主梁为钢箱梁时现场宜采用栓焊结合、全拴接方式连接。采用全焊接方式连接时,应采取防止温度变形措施。

②当结合梁采用整体梁段预制安装时,混凝土桥面板之间应采用湿接头连接,湿接头应现浇补偿收缩混凝土;当结合梁采用先安装钢梁,现浇混凝土桥面板时,也可采用补偿收缩混凝土。

③合龙前应不间断地观测数日的昼夜环境温度场变化、梁体温度场变化与合龙高程及合龙口长度变化的关系,确定合龙段的精确长度与适宜的合龙时间及实施程序,并应满足钢梁安装就位时高强螺栓定位、拧紧以及合龙后拆除墩顶段的临时固结装置所需的时间。

④实地丈量计算合龙段长度时,应预估斜拉索的水平分力对钢梁压缩量的影响。

(2)混凝土主梁施工。

支架法现浇施工应消除温差、支架变形等因素对结构变形与施工质量产生的不良影响。支架搭设完成后应进行检验,必要时可进行静载试验。

采用挂篮悬浇法或悬拼法施工之前，挂篮或悬拼设备应进行检验和试拼，确认合格后方可在现场整体组装；组装完成经检验合格后，必须根据设计荷载及技术要求进行预压，检验其刚度、稳定性、高程及其他技术性能，并消除非弹性变形。

现浇混凝土主梁合龙段相毗邻的梁端部应预埋临时连接钢构件。合龙段现浇混凝土施工应符合下列要求。

①合龙段两端的梁段安装定位后，应及时将连接钢构件焊连一体，再进行混凝土合龙施工，并按设计要求适时解除临时连接。

②合龙前应不间断地观测数日的昼夜环境温度场变化与合龙高程及合龙口长度变化的关系，同时，应考虑风力对合龙精度的影响，综合诸因素确定适宜的合龙时间。

③合龙段现浇混凝土宜选择补偿收缩且早强混凝土。

④合龙前应按设计要求将合龙段两端的梁体分别向桥墩方向顶出一定距离。

3. 斜拉索施工

(1)放索。

斜拉索通常采用类似电缆盘的钢结构盘将其运输到施工现场，对于短索，可采用自身成盘，捆扎后运输。放索可采用立式转盘放索和水平转盘放索两种方法。

(2)索在桥面上移动。

在放索和安索过程中，要对斜拉索进行拖移。为避免在移动拉索的过程中使索防护层或索股发生损坏，放索时也可以将索盘吊运到桥面上进行或直接在船上进行，采用滚筒法、移动平车法、导索法、垫层法等。

(3)斜拉索的塔部安装。

斜拉索安装前，应根据对索自重所需的拖拉力的计算，选择合适的卷扬机、吊机和滑轮组配置方法。安装张拉端时先要计算安装索力，由理论计算可知，当矢跨比小于 0.15 时，可采用抛物线代替悬链线来计算曲线长度。计算出各施工阶段的索力后，即可选择适当的牵引设备和安装方法，进行斜拉索的塔部安装。根据张拉端设置的位置确定安装顺序，如果张拉端设置于塔部，则先于梁部安装；如果张拉端设置于梁部，则先于塔部安装。

(4)斜拉索的梁部安装。

斜拉索的梁部安装方法有吊点法和拉杆接长法两种。

3.3.4　桥面系及附属工程施工

3.3.4.1　桥面系施工

1. 排水设施施工

桥面排水设施主要包括汇水槽、泄水口及泄水管。汇水槽、泄水口顶面高程应低于桥面铺装层 10～15 mm。泄水管下端至少应伸出构筑物底面 100～150 mm。泄水管宜通过竖向管道直接引至地面或雨水管线，其竖向管道应采用抱箍、卡环、定位卡等预埋件固定在结构物上。

2. 桥面防水层施工

下雨时，雨水在桥面必须能及时排出，否则将影响行车安全，也会对桥面铺装和梁体产生侵蚀作用，影响梁体耐久性。桥面防水层设在钢筋混凝土桥面板与铺装层之间，尤其在主梁受负弯矩作用处。桥面防水层应按设计要求设置，主要由垫层、防(隔)水层与保护层三部分组成。其中垫层多做成三角形，以形成桥面横向排水坡度。垫层不宜过厚或过薄，当厚度超过 5 cm 时，宜用小石子混凝土铺筑，厚度在 5 cm 以下时，可只用 1∶3 或 1∶4 水泥砂浆抹平。水泥砂浆的厚度不宜小于 2 cm。垫层的表面不宜光滑。有的梁桥防水层可以利用桥面铺装来充当。

桥面应采用柔性防水，不宜单独铺设刚性防水层。桥面防水层使用的涂料、卷材、胶粘剂及辅助材料必须符合环保要求。桥面防水层的铺设应在现浇桥面结构混凝土或垫层混凝土达到设计要求强度，经验收合格后进行。桥面防水层应直接铺设在混凝土表面上，不得在二者间加铺砂浆找平层。

3. 桥面铺装层施工

桥面防水层经验收合格后，即可进行桥面铺装层的施工，但在雨天或雨后桥面未干燥时，不能进行桥面铺装层的施工。铺装层应在纵向 100 cm、横向 40 cm 范围内，逐渐降坡，与汇水槽、泄水口平顺相接。

(1)沥青混合料桥面铺装层施工。

在水泥混凝土桥面上铺筑沥青铺装层前，应在桥面防水层上撒布一层沥青石屑保护层或在防水黏结层上撒布一层石屑保护层，并用轻碾慢压。沥青铺装宜采用双层式，底层宜采用高温稳定性较好的中粒式密级配热拌沥青混合料，表层应采用防滑面层。铺装后宜采用轮胎或钢筒式压路机进行碾压。

(2)水泥混凝土桥面捕装层施工。

①铺装层的厚度、配筋、混凝土强度等应符合设计要求。结构厚度误差不得超过 20 mm。

②铺装层的基面(裸梁或防水层保护层)应粗糙、干净,并于铺装前湿润。

③桥面钢筋网应位置准确、连续。

④铺装层表面应做防滑处理。

⑤水泥混凝土施工工艺及钢纤维混凝土铺装的技术要求应符合《城市道路交通工程项目规范》(GB 55011—2021)的相关规定。

(3)人行天桥塑胶混合料面层施工。

①人行天桥塑胶混合料的品种、规格、性能应符合设计要求和国家现行标准的规定。

②施工时的环境温度和相对湿度应符合材料产品说明书的要求,风力超过 5 级(含)、雨天和雨后桥面未干燥时,严禁铺装施工。

③塑胶混合料均应计量准确,严格控制拌和时间。拌和均匀的胶液应及时运到现场铺装。

④塑胶混合料必须采用机械搅拌,应严格控制材料的加热温度和洒布温度。

⑤人行天桥塑胶铺装宜在桥面全宽度内、两条伸缩缝之间,一次连续完成。

⑥塑胶混合料面层终凝之前严禁行人通行。

4. 桥梁伸缩装置施工

伸缩装置安装前应检查修正梁端预留缝的间隙,缝宽应符合设计要求,上下必须贯通,不得堵塞。伸缩装置安装前应对照设计要求、产品说明,对成品进行验收,合格后方可使用。安装伸缩装置时应按安装时气温确定安装定位值,保证设计伸缩量。

(1)填充式伸缩装置安装。填充式伸缩装置安装应符合下列规定。

①预留槽宜为 50 cm 宽、5 cm 深,安装前预留槽基面和侧面应进行清洗和烘干。

②梁端伸缩缝处应粘固止水密封条。

③填料填充前应在预留槽基面上涂刷底胶,热拌混合料应分层摊铺在槽内并捣实。

④填料顶面应略高于桥面,并撒布一层黑色碎石,用压路机碾压成型。

(2)齿形钢板伸缩装置安装。齿形钢板伸缩装置安装应符合下列规定。

①底层支承角钢应与梁端锚固筋焊接。

②支承角钢与底层钢板焊接时，应采取防止钢板局部变形措施。

③齿形钢板宜采用整块钢板仿形切割成型，经加工后对号入座。

④安装顶部齿形钢板，应按安装时气温经计算确定定位值。齿形钢板与底层钢板端部焊缝应采用间隔跳焊，中部塞孔焊应间隔分层满焊。焊接后齿形钢板与底层钢板应密贴。

⑤齿形钢板伸缩装置宜在梁端伸缩缝处采用 U 形铝板或橡胶板止水带防水。

(3)橡胶伸缩装置安装。橡胶伸缩装置安装应符合下列规定。

①安装橡胶伸缩装置应尽量避免预压工艺。橡胶伸缩装置在 5℃以下气温不宜安装。

②安装前应对伸缩装置预留槽进行修整，使其尺寸、高程符合设计要求。

③锚固螺栓位置应准确，焊接必须牢固。

④伸缩装置安装合格后应及时浇筑两侧过渡段混凝土，并与桥面铺装接顺。每侧混凝土宽度不宜小于 0.5 m。

(4)模数式伸缩装置安装。模数式伸缩装置安装应符合下列规定。

①模数式伸缩装置在工厂组装成型后运至工地，应按现行国家标准《公路桥梁伸缩装置通用技术条件》(JT/T 327—2016)对成品进行验收，合格后方可安装。

②伸缩装置安装时其间隙量定位值应由厂家根据施工时温度在工厂完成，用定位卡固定。如需在现场调整间隙量应在厂家专业人员指导下进行，调整定位并固定后应及时安装。

③伸缩装置应使用专用车辆运输，按厂家标明的吊点进行吊装，防止变形。现场堆放场地应平整，并避免雨淋暴晒。

④安装前应按设计和产品说明书要求检查锚固筋规格和间距、预留槽尺寸，确认符合设计要求，并清理预留槽。

⑤分段安装的长伸缩装置需现场焊接时，宜由厂家专业人员施焊。

⑥伸缩装置中心线与梁段间隙中心线应对正重合。伸缩装置顶面各点高程应与桥面横断面高程对应一致。

⑦伸缩装置的边梁和支承箱应焊接锚固，并应在作业中采取防止变形措施。

⑧过渡段混凝土与伸缩装置相接处应粘固密封条。

⑨混凝土达到设计强度后，方可拆除定位卡。

5. 地袱、缘石、挂板施工

桥梁上部结构混凝土浇筑安装支架的卸落后，应进行地袱、缘石、挂板的施工。施工时，地袱、缘石、挂板的外侧线形应平顺，伸缩缝必须全部贯通，并与主梁伸缩缝相对应。预制或石材地袱、缘石、挂板安装应与梁体连接牢固。挂板安装时，直线段宜每 20 m 设一个控制点，曲线段宜每 3～5 m 设一个控制点，并应采用统一模板控制接缝宽度，确保外形流畅、美观。对于尺寸超差和表面质量可缺陷的挂板不得使用。

6. 防护设施施工

桥梁防护设施一般包括栏杆、隔离设施护栏和防护网等。防护设施的施工应在桥梁上部结构混凝土的浇筑支架卸落后进行。其线形应流畅、平顺，伸缩缝必须全部贯通，并与主梁伸缩缝相对应。

防护设施采用混凝土预制构件安装时，砂浆强度应符合设计要求。当设计无规定时，宜采用 M20 水泥砂浆。

预制混凝土栏杆采用榫槽连接时，安装就位后应用硬塞块固定，灌浆固结。塞块拆除时，灌浆材料强度不得低于设计强度的 75%。采用金属栏杆时，焊接必须牢固，毛刺应打磨平整，并及时除锈防腐。

防撞墩必须与桥面混凝土预埋件、预埋筋连接牢固，并应在施作桥面防水层前完成。

护栏、防护网宜在桥面、人行道铺装完成后安装。

7. 人行道施工

人行道结构应在栏杆、地袱完成后施工，且在桥面铺装层施工前完成。

人行道施工应符合《城市道路交通工程项目规范》(GB 55011—2021)的相关规定。人行道下铺设其他设施时，应在其他设施验收合格后，方可进行人行道铺装。悬臂式人行道构件必须在主梁横向连接或拱上建筑完成后方可安装。人行道板必须在人行道梁锚固后方可铺设。

3.3.4.2 附属结构施工

1. 隔声和防眩装置安装

基础混凝土达到设计强度后，即可进行桥梁隔声和防眩装置的安装。隔声和防眩装置安装过程中，应加强产品保护，不得对隔声和防眩板面及其防护性造成损伤。

(1)声屏障安装。屏障加工模数应根据桥梁两伸缩之间长度确定,声屏障安装时,必须与钢筋混凝土预埋件牢固连接,声屏障应连续安装,不得留有间隙,在桥梁伸缩缝部位应按设计要求处理。安装时应选择桥梁伸缩缝一侧的端部为控制点,依序安装。5 级以上大风时不得进行声屏障安装。

(2)防眩板安装。防眩板安装应与桥梁线形一致,防眩板的荧光标识面应迎向行车方向,板间距、遮光角应符合设计要求。

2. 梯道施工

梯道即梯形道,是城市竖向规划建设的步行系统。人行梯道按其功能和规模可分为三级:一级梯道为交通枢纽地段的梯道和城市景观性梯道;二级梯道为连接小区间步行交通的梯道;三级梯道为连接组闭间步行交通或入户的梯道。梯道平台和阶梯顶面应平整,不得反坡造成积水。

钢结构梯道制造与安装,应符合相关规范规定。梯道每升高 1.2～1.5 m 宜设置休息平台,二、三级梯道连续升高超过 5.0 m 时,除应设置休息平台外,还应设置转折平台,且转折平台的宽度不宜小于梯道宽度。

3. 桥头搭板施工

桥头搭板一般包括现浇桥头搭板和预制桥头搭板两种。施工前,均应保证桥梁伸缩缝贯通、不堵塞,且与地梁、桥台锚固牢固。

现浇桥头搭板基底应平整、密实,在砂土上浇筑应铺 3～5 cm 厚水泥砂浆垫层。

预制桥头搭板安装时应在与地梁、桥台接触面铺 2～3 cm 厚水泥砂浆。搭板应安装稳固不翘曲。预制板纵向留灌浆槽,灌浆应饱满,砂浆达到设计强度后方可铺筑路面。

4. 防冲刷结构施工

桥梁防冲刷结构主要包括锥坡、护坡、护岸、海墁及导流坝等。防冲刷结构的基础埋置深度及地基承载力应符合设计要求。锥坡、护坡、护岸、海墁结构厚度应满足设计要求。

干砌护坡时,护坡土基应夯实达到设计要求的压实度。砌筑时应纵横挂线,按线砌筑。需铺设砂砾垫层时,砂粒料的粒径不宜大于 5 cm,含砂量不宜超过 40%。施工中应随填随砌,边口处应用较大石块,砌成整齐坚固的封边。

栽砌卵石护坡应选择扇形石料,长度宜为 25～35 cm。卵石应垂直于斜坡面,长径立砌,石缝错开。基脚石应浆砌。

栽砌卵石海墁宜采用横砌方法,卵石应相互咬紧,略向下游倾斜。

5. 照明设施施工

灯柱通常只在城镇设有人行道的桥梁上设置。灯柱的设置位置有两种:一种是设在人行道上;另一种是设在栏杆立柱上。

人行道上的灯柱布设较为简单,只要在人行道下布埋管线,按设计位置预设灯柱基座,在基座上安装灯柱、灯饰,连接好线路即可。这种布设方法大方、美观、灯光效果好,适用于人行道较宽的情况。但灯柱会减小人行道的宽度,影响行人通过,且要求灯柱布置稍高一些,不能影响行车。

灯柱石栏杆立柱上布设稍麻烦一些,电线在人行道下预埋后,还要在立柱内布设线路通至顶部,因立柱既要承受栏杆上传来的荷载,又要承受灯柱的重量,因此带灯柱的立柱要特殊设计和制作。在立柱顶部还要预设灯柱基座,保证其连接牢固。这种布设方法的优点是灯柱不占人行道空间,桥面开阔,但施工、维修较为困难。这种情况一般只适用于安置单火灯柱,灯柱顶部可向桥面内侧弯曲延伸一部分,以保证照明效果。

3.4 隧道工程

3.4.1 隧道组成

3.4.1.1 隧道的种类

隧道通常指用作地下通道的工程建筑物,一般可分为两大类,一类是修建在岩层中的,称为岩石隧道;一类是修建在土层中的,称为软土隧道。岩石隧道修建在山体中的较多,故又称山岭隧道;软土隧道常常修建在水底和城市,故称为水底隧道和城市道路隧道。

3.4.1.2 隧道的组成

1. 洞门类型及构造

(1)洞门类型。

为了保护岩(土)体的稳定和使车辆不受崩塌、落石等威胁,确保行车安全,应该根据实际情况,选择恰当的洞门形式,修筑洞门,并对边、仰坡进行适宜的护坡。洞门类型有端墙式洞门、翼墙式洞门、环框式洞门、遮光式洞门等。

(2)洞门构造。

①洞口仰坡坡脚至洞门墙背的水平距离不应小于1.5 m,洞门端墙与仰坡之间的水沟的沟底至衬砌拱顶外围的高度不应小于1.0 m,洞门墙顶应高出仰坡坡脚0.5 m以上。

②洞门墙应根据实际需要设置伸缩缝、沉降缝和泻水孔洞门墙的厚度可按计算或结合其他工程类比确定。

③洞门墙基础必须置于稳固的地基上,应视地形及地质条件,埋置足够的深度,保证洞门的稳定性。

2.明洞类型及构造

(1)明洞类型。

洞顶覆盖层较薄,难以用暗挖法建隧道时,隧道洞口或路堑地段受坍方、落石、泥石流、雪害等危害时,道路之间或道路与铁路之间形成立体交叉,但又不宜做立交桥时,通常应设置明洞。明洞一般用明挖法施工。通常根据明洞的用途、地形、地质条件、荷载分布情况、运营安全、施工难易以及条件等进行具体分析、比较,确定明洞形式。明洞主要分为拱式明洞和棚式明洞。按荷载分布,拱式明洞又可分为路堑对称型、路堑偏压型、半路堑偏压型和半路堑单压型。棚式明洞又可分为墙式、刚架式、柱式等。此外还有特殊结构明洞,如支撑锚杆明洞、抗滑明洞、柱式挑檐棚洞、全刚架式棚洞、空腹肋拱式棚洞、悬臂棚洞、斜交托梁式棚洞、双曲拱明洞等。

(2)明洞构造。

①拱式明洞:主要由顶拱和内外边墙组成混凝土或钢筋混凝土结构,整体性较好,能承受较大的垂直压力和侧压力。内外墙基础相对位移对内力影响较大,所以对地基要求较高,尤其外墙基础必须稳固。必要时还可加设仰拱。通常用作洞口接长衬砌的明洞以及用明洞抵抗较大的塌方推力、范围有限的滑坡下滑力和支撑边坡稳定等。

②棚式明洞:受地形、地质条件限制,难以修建拱式明洞时,边坡有小量坍落掉块,侧压力较小时,可以采用棚式明洞,棚式明洞由顶盖和内外边墙组成。顶盖通常为梁式结构。内边墙一般采用重力式结构,并应置于基岩或稳固的地基上。当岩层坚实完整干燥无水或少水时,为减少开挖和节约圬工,可采用锚杆式内边墙。外边墙可以采用墙式、刚架式、柱式结构。

3. 洞身类型及构造

洞身类型按隧道断面形状分为曲墙式、直墙式和连拱式等。洞身构造可分为一次衬砌和二次衬砌防排水构造、内装饰、顶棚及路面等。

4. 隧道的附属设施

隧道的附属设施是指为确保交通安全和顺适而设置的通风设施、照明设施、安全设施、应急设施以及公用设施等。

3.4.2 围岩分级

3.4.2.1 公路隧道围岩分级

1. 围岩级别：Ⅰ

围岩或土体主要定性特征如下。坚硬岩，岩体完整，巨整体状或巨厚层状结构。

围岩基本质量指标或修正的围岩基本质量指标：＞550 MPa。

2. 围岩级别：Ⅱ

围岩或土体主要定性特征如下。坚硬岩，岩体较完整，块状或厚层状结构；较坚硬岩，岩体完整，块状整体结构。

围岩基本质量指标或修正的围岩基本质量指标：550～451 MPa。

3. 围岩级别：Ⅲ

围岩或土体主要定性特征如下。①坚硬岩，岩体较破碎，巨块(石)碎(石)状镶嵌。②结构为较坚硬岩或较软硬岩层，岩体较完整，块状体或中厚层结构。

围岩基本质量指标或修正的围岩基本质量指标：450～351 MPa。

4. 围岩级别：Ⅳ

围岩或土体主要定性特征如下。①坚硬岩，岩体破碎，碎裂结构；较坚硬岩，岩体较破碎至破碎，镶嵌碎裂结构；较软岩或软硬岩互层且以软岩为主，岩体较完整至较破碎，中薄层状结构。②土体为压密或成岩作用的黏土及砂性土；黄土(Q1、Q2)；一般钙质、铁质胶结的碎石土、卵石土、大块石土。

围岩基本质量指标或修正的围岩基本质量指标：350～251 MPa。

5. 围岩级别：Ⅴ

围岩或土体主要定性特征如下。较软岩，岩体破碎；软岩，岩体较破碎；极破碎各类岩体，碎、裂状，松散结构，一般第四系的半干硬至硬塑的黏土及稍湿至潮湿的碎石土，卵石土、网砾、角砾土及黄土(Q3、Q4)。

非黏土呈松散结构，黏土及黄土呈松软结构。

围岩基本质量指标或修正的围岩基本质量指标：≤250 MPa。

6. 围岩级别：Ⅵ

围岩为软塑状黏土及潮湿、饱和粉细砂层、软土等。

以上不适用于特殊条件的围岩分级，如膨胀性同岩、多年冻土等。在工程可行性研究和初步勘测阶段，可采用定性划分的方法或工程类比的方法进行围岩级别划分。

3.4.2.2　围岩分级的判定方法

隧道围岩分级的综合评判方法宜采用两步分级。按以下顺序进行。①根据岩石的坚硬程度和岩体完整程度两个基本因素的定性特征和定量的岩体基本质量指标，综合进行初步分级。②对围岩进行详细定级时，应在岩体基本质量分级基础上考虑修正因素的影响，修正岩体基本质量指标值。按修正后的岩体基本质量指标，结合岩体的定性特征综合评判、确定围岩的详细分级。

按岩石坚硬程度、岩体完整程度两个基本因素划分。这两个基本因素的定性划分和定量指标及其对应关系应符合有关规定。

围岩详细定级。如遇下列情况之一，应对岩体基本质量指标进行修正。

①有地下水。②围岩稳定性受软弱结构面影响且由一组起控制作用。③存在高初始应力。

3.4.3　隧道施工技术

3.4.3.1　隧道施工的主要技术

(1)新奥法。新奥法是新奥地利隧道施工方法的简称，其是奥地利学者在长期从事隧道施工实践中，从岩石力学的观点出发而提出的一种合理的施工方法。它是采用喷锚技术、监控量测等并与岩石力学理论构成的一个体系而形成的一种新的工程施工方法。

(2)传统的矿山法。采用钻爆法开挖和钢木构件支撑的施工方法。

(3)隧道掘进机法。装置有破碎岩石的刀具，采用机械破碎岩石的方法开挖隧道，并将破碎的石碴传送出机外的一种开挖与出碴联合作业的掘进机械，能连续掘进。

(4)盾构法。一种钢制的活动防护装置或活动支撑，是通过软弱含水层，特别是河底、海底以及城市中心区修建隧道的一种机械。在其掩护下，头部可以安全地开挖地层，一次掘进相当于装配式衬砌一环的宽度。尾部可以装配预制管片或砌块，迅速地拼装成隧道永久衬砌，并将衬砌与土层之间的空隙用水泥压浆填实，防止周围地层的继续变形和围岩压力的增长。

(5)明挖法。指挖开地面，由上向下开挖土石方至设计标高后，自基底由下向上顺作施工，完成隧道主体结构，最后回填基坑或恢复地面的施工方法。

(6)盖挖法。由地面向下开挖至一定深度后，将顶部封闭，其余的下部的工程在封闭的顶盖下进行施工，主体结构可以顺作，也可逆作。

(7)浅埋暗挖法。是参考新奥法的基本原理，开挖中采用多种辅助施工措施加固围岩，充分调动围岩的自承能力，开挖后即时支护，封闭成环，使其与围岩共同作用形成联合支护体系，有效地抑制围岩过大变形的一种综合施工技术。

(8)地下连续墙。也称为混凝土地下墙、连续地中墙。其是将分段施工的单元地下墙连接成连续的地下墙体，替代传统的木桩、钢桩、钢筋混凝土桩等，起挡土、承重、防水作用。

3.4.3.2 山岭隧道施工

1. 山岭隧道的洞口、明洞与浅埋段施工

(1)洞口施工。隧道洞口各项工程应通盘考虑，妥善安排，为隧道洞身施工创造条件。隧道引道范围内的桥梁墩台、涵管、下挡墙等工程的施工应与弃渣需要相协调，尽早完成。洞口支挡工程应结合土石方开挖一并完成。当洞口可能出现地层滑坡、崩塌、偏压时，应采取相应的预防措施。开挖进洞时，宜用钢支撑紧贴洞口开挖面进行支护，围岩差时可用管棚支护，支撑作业应紧跟开挖作业，稳妥前进。洞门衬砌拱墙应与洞内相连的拱墙同时施工，连成整体。如系接长明洞，则应按设计要求采取加强连接措施，确保与已成的拱墙连接良好。洞门端墙的砌筑与墙背回填应两侧同时进行，防止对衬砌边墙产生偏压。洞门衬砌完成后，及时处治洞门上方仰坡脚受破坏处。当边(仰)坡地层松软、破碎时，应采取坡面防护措施。

(2)明洞工程。①当边坡能暂时稳定时，可采用先墙后拱法。②当边坡稳定性差，但拱脚承载力较好，能保证拱圈稳定时，可采用先拱后墙法。③半路堑式明洞施工时，可采用墙拱交替法且宜先做外侧边墙，再做拱圈，再做内侧边墙。④当路堑式明洞拱脚地层松软，不能采用先拱后墙法施工时，可待起拱线以上挖成后，采用跳槽挖井法先灌筑两侧部分边墙，再做拱圈，最后做其余边墙。⑤具备相应的机具条件时，可采用拱墙整体灌筑。

(3)浅埋段工程。浅埋段的施工应根据地质条件、地表沉陷对地面建筑物的影响等因素选择开挖方法和支护方式，并应符合下列规定。①根据围岩及周围环境条件，可优先采用单侧壁导坑法、双侧壁导坑法或留核心土开挖法；围岩的完整性较好时，可采用多台阶法开挖。严禁采用全断面法开挖。②开挖后应尽快施作锚杆、喷射混凝土、敷设钢筋网或钢支撑。当采用复合衬砌时，应加强初期锚喷支护。Ⅴ级以下围岩，应尽快施作衬砌，防止围岩出现松动。③锚喷支护或构件支撑，应尽量靠近开挖面，其距离应小于1倍洞跨。④浅埋段的地质条件很差时，宜采用地表锚杆管棚、超前小导管、注浆加固围岩等辅助方法施工。

2. 山岭隧道的洞身开挖施工

开挖方法应考虑围岩条件，并与支护衬砌施工相协调。一般选择新奥法或矿山法施工技术。岩石隧道的爆破应采用光面爆破或预裂爆破技术。双洞(小间距隧道和连拱隧道)开挖时，应根据两洞的轴线间距、洞口里程距离、地质条件及其他自然条件，选择适宜的开挖方法，确定好两洞开挖的时间差，并采取措施防止后行洞开挖对先行洞周壁产生不良影响。

3. 山岭隧道的洞身衬砌施工

选择支护方式时，应优先采用锚杆、喷射混凝土或锚喷联合作为临时支护。在软弱围岩中采用锚喷支护时，应根据地质条件结合辅助施工方法综合考虑。对不同级别的围岩，应采用不同结构形式的施工支护。施做二衬时，应采用模板台车。

4. 山岭隧道的排水与防护施工

(1)施工防排水。隧道两端洞口及辅助坑道洞(井)口应按设计要求及时做好排水系统；覆盖较薄和渗透性强的地层，地表积水应及早处理。洞内顺坡排水，其坡度应与线路坡度一致；洞内反坡排水时，必须采取机械抽水。洞内有大面积渗漏水时，宜采用钻孔将水集中汇流引入排水沟。其钻孔的位置、数量、孔径、深度、方向和渗水量等应作详细记录，以便在衬砌时确定拱墙背后排水设施的位置。洞内涌水或地下水位较高时，可采用井点降水法和深井降水法处理。严寒地区隧道施工排水时，宜将水沟、管埋设在冻结线以下或采取防寒保温措施。洞顶上方设有高位水池时应有防渗和防溢水设施。当隧道覆盖层厚度较薄且地层中水渗透性较强时,水池位置应远离隧道轴线。

(2)结构防排水施工。①洞内永久性防排水结构物施工时,防排水结构物的断面形状、尺寸、位置和埋设深度应符合设计要求。衬砌背后设置排水暗沟、盲沟和引水管时,应根据隧道的渗水部位和开挖情况适当选择排水设施位置,并配合衬砌进行施工。设在衬砌背后和隧底的纵横向排水设施,其纵横向坡应平顺,并配合其他作业同时施工;当隧底岩层松软有裂隙水时,应视具体情况加深侧沟或中心水沟的沟底或增设横向盲沟,铺设渗水滤层及仰拱等。衬砌背后采用压注水泥砂浆防水时,压浆地段混凝土衬砌达设计强度70%时,方可进行压浆,如遇流沙或含水土质地层,不宜采用水泥砂浆做防水层;注浆地段衬砌背面宜用干砌片石回填紧密,并每隔20 m左右用1 m厚浆砌片石或混凝土做阻浆隔墙,分段进行压浆。压浆顺序应从下而上,从无水、少水的地段向有水或多水处,从下坡方向往上坡方向,从两端洞口向洞身中间压浆。隧道衬砌采用防水混凝土时,必须经现场试验达到规定要求后方可使用。②衬砌的施工缝和沉降缝采用橡胶止水带或塑料止水带防水时,止水带不得被钉子、钢筋和石子刺破。在固定止水带和灌注混凝土过程中应防止止水带偏移。应加强混凝土振捣,排除止水带底部气泡和空隙,使止水带和混凝土紧密结合。③复合式衬砌中防水层的施工时,防水层应在初期支护变形基本稳定后,二次衬砌施作前进行。防水层可在拱部和边墙按环状铺设,并视材质采取相应的接合方法。开挖和衬砌作业不得损坏防水层,当发现层面有损坏时应及时修补。防水层纵横向一次铺设长度应根据开挖方法和设计断面确定。铺设前,宜先行试铺,并加以调整。防水层在下一阶段施工前的连接部分,应保护不得弄脏和破损。防水层属隐蔽工程,二次衬砌灌筑前应检查防水层质量,做好接头标记,并填写质量检查记录。

3.4.4 隧道工程施工测量技术

3.4.4.1 隧道工程施工测量技术的一般规定

(1)控制测量的精度应以中误差衡量。最大误差(极限误差)规定为中误差的两倍。

(2)隧道施工时应做好的工作如下:①长隧道设置的精密三角网或精密导线网,应定期对其基准点和水准点进行校核。②洞外水准点、中线点应根据隧道平纵面、隧道长度等定期进行复核,洞内控制点应根据施工进度设定。

(3)洞内施工隧道测量。桩点必须稳定、可靠且通视良好。水准点应设在不易损坏处,并加以妥善保护。测量仪器、工具在使用前应作检校,保证仪器具的技术状态符合使用要求。使用光电测距仪时,应按其使用规定要求进行。

(4)隧道平面控制测量的精度、隧道内两相向施工中线在贯通面上的极限误差、由洞外和洞口内控制测量误差引起在贯通面产生的贯通误差影响值、洞内导线测角、量距的精度以及两洞口水准点间往返测高差不符值,均应符合现规范规定。

(5)隧道竣工后应提交贯通测量技术成果书、贯通误差的实测成果和说明、净空断面测量和永久中线点、水准点的实测成果及示意图。

3.4.4.2　洞内施工测量

(1)洞内导线应根据洞口投点向洞内进行测量,洞口投点应纳入控制网内,测量由洞口投点传递进洞方向的连接角,误差不应超过测量等级的要求,后视方向的长度不宜小于 300 m。导线点应尽量沿路线中线布设,导线边长在直线地段不宜小于 200 m;曲线地段不宜小于 70 m。无闭合条件的单导线,应进行两组独立观测,相互校核。用中线法进行洞内测量的隧道,中线点间距直线部分不宜小于 100 m;曲线部分不宜小于 50 m。

(2)特长隧道、长隧道及采用大型掘进机械施工的隧道,宜用激光设备导向。

(3)供导坑延伸和掘进用的临时点可用串线法标定,其延伸长度在直线部分不应大于 30 m,曲线部分不应大于 20 m。串线法的两吊线间距不宜小于 5 m。用串线法标定开挖面中线时其距离可用皮尺丈量。

(4)开挖前应在开挖断面标出设计断面尺寸线,开挖工作完成后应及时测量并绘出断面图。采用上下导坑法施工的隧道,上部导坑的中线每引申一定距离后,应与下部导坑的中线联测一次,用以校核上部导坑的中线点或向上部导坑引点。

(5)供衬砌用的临时中线点,必须用经纬仪测定,其间距可视放样需要适当加密,但不宜大于 10 m。

(6)衬砌立模前应复核中线和高程,标出拱架顶、边墙底和起拱线高程,用设计衬砌断面的支距控制架立拱模和墙模。立模后必须进行检查和校正,确保无误。

(7)洞内水准路线应由洞口高程控制点向洞内布设,结合洞内施工情况,测点间距以 200～500 m 为宜。

(8)洞内施工用的水准点，应根据洞外、洞内已设定的水准点，按施工需要加设。为使施工方便，在导坑内拱部、边墙施工地段宜每 100 m 设立一个临时水准点，并定期复核。

3.4.4.3 贯通误差的测定及调整

1. 贯通误差的测定

①采用精密导线测量时，在贯通面附近定一临时点，由进测的两方向分别测量该点的坐标，所得的闭合差分别投影至贯通面及其垂直的方向上，得出实际的横向和纵向贯通误差，再置镜于该临时点测求方位角贯通误差。

②采用中线法测量时，应由测量的相向两方向分别向贯通面延伸，并取一临时点，量出两点的横向和纵向距离，得出该隧道的实际贯通误差。

③水准路线由两端向洞内进测，分别测至贯通面附近的同一水准点或中线点上，所测得的高程差值即为实际的高程贯通误差。

2. 贯通误差的调整

①用折线法调整直线隧道中线。

②曲线隧道，根据实际贯通误差，由曲线的两端向贯通面按长度比例调整中线。

③采取精密导线法测量时，贯通误差用坐标增量平差来调整。

④进行高程贯通误差调整时，贯通点附近的水准点高程，采用由进出口分别引测的高程平均值作为调整后的高程。

⑤隧道贯通后，施工中线及高程的实际贯通误差应在未衬砌的 100 m 地段内(即调线地段)调整。该段的开挖及衬砌均应以调整后的中线及高程进行放样。

3.4.4.4 竣工测量

隧道竣工后，应在直线地段每 50 m、曲线地段每 20 m 及需要加测断面处，测绘以路线中线为准的隧道实际净空，标出拱顶高程、起拱线宽度、路面水平宽度。

隧道永久中线点，应在竣工测量后用混凝土包埋金属标志。直线上的永久中线点，每 200～250 m 设一个，曲线上应在缓和曲线的起终点各设一个；曲线中部，可根据通视条件适当增加。永久中线点设立后，应在隧道边墙上画出标志。

洞内水准点每公里应埋设一个，短于 1 km 的隧道应至少设个，并应在隧道边墙上画出标志。

3.4.4.5　辅助坑道测量

经辅助坑道引入的中线及水准测量，应根据辅助坑道的类型、长度、方向和坡度等，按要求精度在坑道口附近设置洞外控制点。

平行导坑与横洞的引线方法和高程测量均与正洞相同。斜井中线的方向应由斜井口外直线引申，可采用正倒镜分中的串线法进行；斜井量距应丈量斜距，测出桩顶高程，求出高差，按斜距换算成水平距离。

竖井测量时，应根据竖井的大小、深度、必要的测量精度决定测量方法。经竖井引入中线的测量可使用钢弦吊锤、激光经纬仪等。经竖井的高程可将钢卷尺直接吊下测定。

3.4.5　隧道施工监控量测

1. 监控量测的目的

掌握围岩和支护的动态信息并及时反馈，指导施工作业；通过对围岩和支护的变位、应力量测，修改支护系统设计；分析各项量测信息，确认或修正设计参数。

2. 采用复合式衬砌的隧道

必须将现场监控量测项目列入施工组织设计量测计划中，应根据隧道的围岩条件、支护类型和参数、施工方法以及所确定的量测目的进行编制。同时应考虑量测费用的经济性，并注意与施工的进程相适应。

3. 量测内容与方法

(1)复合式衬砌的隧道应量测项目如下。

①地质和支护状况观察。

方法及工具：岩性、结构面产状及支护裂缝观察或描述。地质罗盘等。

布置：开挖后及初期支护后进行。

②周边位移。

方法及工具：各种类型收敛计。

布置：每 10～50 m 一个断面，每断面 2～3 对测点。

③拱顶下沉。

方法及工具：水平仪、水准尺、钢尺或测杆。

布置：每 10～50 m 一个断面。

④锚杆或锚索内力及抗拔力。

方法及工具：各类电测锚杆、锚杆测力计及拉拔器。

布置：每 10 m 一个断面，每个断面至少做 3 根锚杆。

⑤地表下沉。

方法及工具：水平仪、水准尺。

布置：每 5～50 m 一个断面每断面至少 7 个测点，每隧道至少 2 个断面。中线每 5～20 m 一个测点。

⑥围岩体内位移(洞内设点)。

方法及工具：洞内钻孔中安设单点、多点杆式或钢丝式位移计。

布置：每 5～100 m 一个断面每断面 2～11 个测点。

⑦围岩体内位移(地表设点)。

方法及工具：地面钻孔中安设位移计。

布置：每代表性地段一个断面 3～5 个钻孔。

⑧围岩压力及两层支护间压力。

方法及工具：各种类型压力盒。

布置：每代表性地段一个断面，每断面宜为 15～20 个测点。

⑨钢支撑内力及外力。

方法及工具：支柱压力计或其他测力计。

布置：每 10 榀钢拱支撑一对测力计。

⑩支护、衬砌内应力、表面应力及裂缝量测。

方法及工具：各类混凝土内应变计、应力计、测缝计及表面应力解除法。

布置：每代表性地段一个断面，每断面宜为 11 个测点。

⑪围岩弹性波测试。

方法及工具：各种声波仪及配套探头。

布置：在有代表性地段设置。

以上①～④项为必测项目；⑤～⑪项为选测项目，应根据围岩条件、地表沉降要求等确定。

(2)爆破开挖后应立即进行工程地质与水文地质状况的观察和记录，还要进行地质描述地质变化处和重要地段，应有照片记载。初期支护完成后应进行喷层表面的观察和记录并进行裂缝描述。

(3)隧道开挖后应及时进行围岩、初期支护的周边位移量测、拱顶下沉量测。安设锚杆后，应进行锚杆抗拔力试验。当围岩差、断面大或地表沉降控制严时宜进行围岩体内位移量测和其他量测。位于Ⅳ～Ⅵ级围岩中且覆盖层厚度小于40 m的隧道应进行地表沉降量测。

(4)量测部位和测点布置。应根据地质条件、量测项目和施工方法等确定。

(5)测点应距开挖面 2 m 的范围内尽快安设。并应保证爆破后 24 h 内或下一次爆破前测读初次读数。

(6)测点的测试频率。应根据围岩和支护的位移速度及离开挖面的距离确定。

(7)现场量测手段。应根据量测项目及国内外人工量测仪器的现状来选用。一般应尽量选择简单可靠、耐久、成本低、稳定性能好，被测量的物理概念明确，有足够大的量程，便于进行分析和反馈的测试仪具。

4. 量测数据处理与应用

(1)应及时对现场量测数据绘制时态曲线(或散点图)和空间关系曲线。

(2)当位移—时间曲线趋于平缓时，应进行数据处理或回归分析，以推算最终位移和掌握位移变化规律。

(3)当位移—时间曲线出现反弯点时，则表明围岩和支护已呈不稳定状态，此时应密切监视围岩动态，并加强支护，必要时暂停开挖。

(4)二次衬砌的施作。应在满足下列要求时进行：①各测试项目的位移速率明显收敛，围岩基本稳定。②已产生的各项位移已达预计总位移量的 80%～90%。③周边位移速率或拱顶下沉速率小于规定值。

5. 量测管理

隧道现场监控量测应成立专门量测小组，由施工单位或委托其他单位承担量测任务。量测组负责测点埋设、日常量测、数据处理和仪器保养维修工作，并及时将量测信息反馈于施工和设计。现场监控量测应按量测计划认真组织实施，并与其他施工环节紧密配合，不得中断工作。各预埋测点应牢固可靠，易于识别并妥善保护，不得任意撤换和遭到破坏。

6. 竣工文件中应包括的量测资料

竣工文件中应包括的量测资料有：①现场监控量测计划。②实际测点布置图。③围岩和支护的位移—时间曲线图、空间关系曲线图以及量测记录汇总表。④经量测变更设计和改变施工方法地段的信息反馈记录。⑤现场监控量测说明。

3.4.6 特殊地段隧道工程施工技术

3.4.6.1 流沙地段施工

(1)施工调查。

掌握流沙特性、规模，了解地质构成、贯入度、相对密度、塑性指数、地层承载力、滞水层分布、地下水压力和透水系数等，并制订处治方案。

(2)治理措施。

在流沙地段开挖隧道，可采取的治理措施如下：①加强防排水工作，防止沙层稀释和挟走沙粒，必要时采取井点法降低地下水位，其集水管可用加气砂浆充填。②将泥水抽排至洞外。当隧道很长时，可在洞内合适位置设蓄水池，将泥水在该池内经处理沉淀后抽出洞外，池内沉积的淤泥定期清除。③采用化学药液注浆固结围岩时，注剂可采用悬浮型或溶液型浆液。④应自上而下分部开挖，先护后挖，边挖边密封，遇缝必堵。流沙出现后，尽快用板材封闭开挖面。⑤可采用工字型钢支撑或木支撑，设置底梁，支撑的上下、纵横均应连接牢固。架设拱架时，拱脚应用方木或厚板铺垫。支撑背面应用木板或槽型钢板遮挡，严防流沙从支撑间逸出。⑥在流沙逸出口附近较干燥围岩处，应尽快打入锚杆或施作喷射混凝土层，加固围岩，防止逸出扩大。

(3)流沙地段开挖边墙马口。

流沙地段开挖边墙马口，其长度不得大于 2 m，并应采取措施防止拱圈两侧不均匀下沉。拱部和边墙衬砌混凝土的灌筑应尽量缩短时差，尽快形成封闭环。

3.4.6.2 涌水地段施工

(1)施工调查。

根据设计文件对隧道可能出现涌水地段的涌水量大小、补给方式、变化规律及水质成分等进行详细调查，选择既经济合理，又能确保围岩稳定，并保护环境的治水方案。处理涌水可用下列辅助施工办法：超前钻孔或辅助坑道排水；超前小导管预注浆；超前围岩预注浆堵水；井点降水及深井降水。

(2)采用辅助坑道排水。

①坑道应和正洞平行或接近平行。

②坑道底标高应低于正洞底标高。

③坑道应超前正洞 10～20 m,至少应超前 1～2 个循环进尺。

(3)采用超前钻孔排水。

①应使用轻型探水钻机或凿岩机钻孔。

②钻孔孔位(孔底)应在水流上方。钻孔时孔口应有保护装置,以防人身及机械事故。

③采取排水措施,保证钻孔排出的水迅速排出洞外。

④超前钻孔的孔底应超前开挖面 1～2 个循环进尺。

(4)超前围岩预注浆堵水。

①注浆段的长度应根据地质条件、涌水量、机具设备能力等因素确定,一般宜在 30～50 m。

②钻孔及注浆顺序应由外圈向内圈进行,同一圈钻孔应间隔施工。

③浆液宜采用水泥浆液或水泥-水玻璃浆液。

(5)井点降水施工。

①井点的布置应符合设计要求。当降水宽度小于 6 m,深度小于 5 m 时,可采用单排井点。井点间距宜为 1.0～1.5 m。

②有地下水的黄土地段,当降水深为 3～6 m 时,可采用井点降水;当降水深度大于 6 m 时,可采用深井井点降水。

③滤水管应深入含水层,各滤水管的高程应齐平。

④井点系统安装完毕后,应进行抽水试验,检查有无漏气、漏水情况。

⑤抽水作业开始后,宜连续不间断地进行抽水,并随时观测附近区域地表是否产生沉降,必要时应采取防护措施。

(6)深井井点降水施工。

①在隧道两侧地表面布置井点,间距为 25～35 m。井底应在隧底以下 3～5 m。

②做好深井抽水时地面的排水工作。

3.4.6.3　塌方地段施工

1. 塌方地段应加强预报工作

在处理塌方前,应详细调查其范围、形状、塌穴的地质构造,查明其诱发原因和塌方类型,据此确定处理方案。

2. 隧道塌方后的治理

(1)隧道塌方后。应先加固未塌方地段,防止塌穴扩大。

(2)塌方规模较小。首先加固塌体两端洞身,并尽快施作喷射混凝土或锚喷联合支护封闭塌穴顶部和侧部,然后清渣。在保证安全的前提下,亦可在塌渣上架设施工临时支架,稳定顶部,然后清渣。临时支架待灌注衬砌混凝土达到要求强度后方可拆除。

(3)塌方规模很大,塌渣体完全堵死洞身。此时宜采取先护后挖的方法。在查清塌穴规模大小和穴顶位置后,可采用管棚法或注浆固结法稳固围岩体和渣体,待其基本稳定后,按先上部后下部的顺序清除渣体,亦可用全断面法按短进尺、弱爆破早封闭的原则开挖塌体,并尽快完成衬砌。

(4)塌方冒顶。在清渣前应支护陷穴口,地层极差时,在陷穴附近地面应打设地表锚杆,洞内可采用管棚支护和钢架支撑。

(5)在塌方处,模筑衬砌背后与塌穴洞孔周壁间必须紧密支撑。当塌方较小时,可用浆砌片石或干砌片石将其充填,当塌穴较大时,可用浆砌片石回填,厚度宜为 2 m,其以上空间应采用钢支撑等顶住稳定围岩;特大塌穴应做特殊处理。衬砌厚度应按松散体荷载计算确定。

(6)塌方地段防排水除应遵守有关规定外,尚应遵守下列规定。对于地表沉陷和裂缝,应采用不透水土夯填密实,并开挖截水沟,防止地表水下渗到塌穴和塌渣体内;塌方冒顶时,应在陷穴口地表四周挖沟排水,并设棚遮盖穴顶,防止雨水流入。陷穴口回填标高应高出地面并封口。

(7)岩爆引起塌方。此时应采取以下措施:①迅速将人员和机械撤至安全地段。②采用摩擦型锚杆进行支护,增大锚杆的初锚固力。③采用钢纤维喷射混凝土,抑制开挖面拱部围岩的剥落。④采取挂钢筋网,必要时可用钢支撑加固;充分做好岩爆现象观察记录。⑤可采取声波探测,加强岩爆预报工作。

3.4.7 隧道工程通风、防尘及水电作业

3.4.7.1 隧道工程通防尘

1. 通风

实施机械通风,必须具有通风机和风道。按照风道的类型和通风安装位置,通风有如下几种方式。

(1)风管式通风。风流经由管道输送,分为压力式、抽出式混合式三种方式。风管式通风的优点是设备简单、布置灵活、易于拆装,故为一般隧道施工采用。

但由于管路的增长及管道的接头或多或少有漏风，若不保证接头的质量就会造成因风管过长而达不到要求的风量。

(2)巷道式通风。它适用于有平行坑道的长隧道。其特点是通过最前面的横洞和平行导坑组成一个风流循环系统，在平行导坑洞口附近安装通风机，将污浊空气由导坑抽出，新鲜空气由正洞流入，形成循环风流。另外对平行导坑和正洞前面的独头巷道，再辅以局部的内管式通风，这种通风方式断面大、阻力小，可提供较大的风量，是目前解决长隧道施工通风比较有效的方法。

(3)风墙式通风。这种方法适用于较长隧道。当管道式通风难以解决，又无平行导坑可以利用的话，可利用隧道成洞部分较大的断面，用砖砌或木板隔出一条风道，以减小风管长度，增大风量满足通风要求。

2. 防尘

(1)湿式凿岩标准化。湿式凿岩，即打“水风钻”，根据风钻内的供水方式不同，又分为旁侧供水和中心供水两种。中心供水式是用高压水从机尾进入，经过水针(安在机体的中心)流向钻钎，最后达钻头；钻眼时，破碎的岩粉被湿润成浆，从炮眼流出。

为了使湿式凿岩能正常进行，应注意以下几点：①水压标准(高压水到达工作面处的压力不小于 300 kPa)，水量充足(每台风钻不少于 3 t/min)。②钎尾标准，其长度一般为 107 mm，钎孔正中。钎尾淬火硬度与凿岩机内活塞应一致。③水针安装端正，拧紧螺丝，垫圈密贴，不漏水。④操作正规，应先开水后开风，先关风后关水，凿岩时机体与钻钎方向应一致，不得摆动，以免卡断水针。⑤在特别缺水地区，可用“干式捕尘”装置来代替混式凿岩，但效果欠佳。

(2)机械通风正常化。机械通风可稀释空气中的粉尘含量，是降低洞内粉尘含量的重要手段。因此在一般主要作业(钻眼、装渣等)进行期间应始终保持风机的运转。

(3)喷雾洒水正规化。喷雾洒水不仅能降低因爆破、出渣等所产生的粉尘，而且还能溶解有害气体(如硫化氢等)，并能降低温度，使空气清新。

(4)个人防护普遍化。要求作业人员戴防尘口罩。

3.4.7.2　隧道工程水电作业

1. 供水

隧道施工期间生产用水和生活用水主要用途包括凿岩机用水、喷雾洒水防尘用水、衬砌施工用水、混凝土养护施工用水、空压机冷却用水、施工人员的生活用水等，因此需要设计相应的供水设施。供水方案的选择及设备的配置应符合以下要求：①水源的水量应满足工程和生活用水的需要。有自然水源时应蓄水利用，水池高度应能保证洞内最高用水点的水压。②水池的容量应有一定的储备量，保证洞内外集中用水的需要。③采用机械站供水时，应有备用的抽水机。④充分利用洞内地下水源，通过高压水箱送到工作面。⑤工程和生活用水使用前必须经过水质鉴定，合格者才可使用。

2. 供电

(1)隧道供电电压。应符合以下要求：①应采用 400/230 V 相四线系统两端供电。②动力设备应采用三相 380V。③隧道照明，成洞段和不作业地段可用 220 V，瓦斯地段不得超过 110 V，一般作业地段不宜大于 36 V，手提作业灯为 12～24 V。④选用的导线截面应使线路末端的电压降不得大于 10%；36 V 及 24 V 线不得大于 5%。

(2)变压器容量应按电气设备总用电量确定。当单台电动设备容量超过变压器容量 1/3 时应适当考虑增加启动附加容量。

(3)洞外变电站宜设在洞口附近。且应靠近负荷集中地点和设在电源来线一侧。

(4)供电线路布置和安装应符合的要求。如下：①成洞地段固定的电线路，应使用绝缘良好胶皮线架设；施工地段的临时电线路宜采用橡套电缆；竖井、斜井宜使用铠装电缆；瓦斯地段的输电线必须使用密封电缆，不得使用皮线。②照明和动力线路安装在同一侧时，必须分层架设。电线悬挂高度距人行地面的距离，110 V 以下时不应小于 2 m，400 V 时应大于 25 m，6～10 kV 时不应小于 3.5 m。瓦斯地段的电缆应沿侧壁铺设，不得悬空架设。③涌水隧道的电动排水设备、瓦斯隧道的通风设备和斜井、竖井内的电气装置应采用双回路输电，并有可靠的切换装置。④36 V 低压变压器应设在安全、干燥处，机壳接地，输电线路长度不应大于 100 m。⑤动力干线上的每一分支线必须装设开关及保险丝具。禁止在动力线路上加挂照明设施。

(5)短隧道应采用高压至洞口，再低压进洞。长、特长隧道成洞地段应用 6～10 kV高压电缆送电；洞内设置 6～10/0.4 kV 变电站供电时，应有保证安全的措施。

(6)隧道作业地段必须有足够的照明。洞外照明按一般建筑工地要求，瓦斯地段的照明器材应采用防爆型，开关应设在送风道或洞口。

(7)对于施工用电，靠近城镇时应优先利用外来电源。山岭重丘区没有电力来源时可根据工程规模、施工需要、机具等配套设置自行发电；采用大型掘进机械施工时，必须用外来电源；应设置预备电源或应急电源，确保停电时有必要的动力和照明。

(8)对各种电气设备和输电线路应有专人经常进行检查维修。作业时，应参照《电业安全工作规程》(GB 26164)的规定办理。

3.5 附属工程

3.5.1 安全设施及预埋管线

工程安全设施及预埋管线包括护栏、隔离设施、道路交通标志、道路诱导设施、防眩设施、通信管道及电力管道、预埋(预留)基础、收费设施和地下通道工程。注意事项如下。

(1)护栏的地基填筑、垫层材料、砌筑砂浆、嵌缝材料、油漆以及混凝土中的钢筋、钢缆索护栏的封头混凝土等均不另行计量。

(2)隔离设施工程所需的清场、挖根、土地平整和设置地线等工程均为安装工程的附属工作，均不另行计量。

(3)道路交通标志工程所有支撑结构、底座、硬件和为完成组装而需要的附件，均不另行计量。

(4)道路诱导设施中路面标线玻璃珠包含在涂敷面积内，附着式轮廓标的后底座、支架连接件，均不另行计量。

(5)防眩设施所需的预埋件、连接件、立柱基础混凝土及钢构件的焊接，均作为附属工作，均不另行计量。

(6)管线预埋工程的挖基及回填、压实及接地系统，所有封缝料等作为相关工程的附属工作，均不另行计量。

(7)收费设施及地下通道工程。

①挖基、挖槽及回填、压实等作为相关工程的附属工作，均不另行计量。

②收费设施的预埋件为各相关工程项目的附属工作，均不另行计量。

③凡未列入计量项目的零星工程，都包含在相关工程项目内，均不另行计量。

3.5.2 绿化及环境保护

绿化可以保护自然环境,改善生活环境,并提高道路交通安全和舒适性。绿化是道路景观设计的重要组成部分,其主要起安全运输作用、改善道路景观作用和环境保护作用。

1. 安全运输作用

(1)诱导作用:在小半径竖曲线顶部、道路直线段两侧、平曲线外侧等处植树,可以起到视线诱导、提示的作用。

(2)过渡作用:在隧道洞口外、路堤路堑变化等处,栽植高大乔木可以防止光线明暗急剧变化。

(3)防眩作用:在中分隔带、主线与辅道,栽植常绿灌木、矮树等,可以隔断对向车灯的眩光。

(4)缓冲作用:在低填方且没有设护栏的路段或互通式立交出口端部,栽植一定宽度的密集灌木或矮树,可以缓冲事故车辆的冲击,缓解驾驶员紧张心理。

(5)遮藏作用:对道路沿线各种影响视觉景观的物体宜栽植中低树进行遮蔽,道路声屏障宜采用攀缘植物予以绿化和遮蔽。

(6)标示作用:当沿线景观、地形缺少变化时,宜栽植有别于沿途植被的树木等,形成明显标志,预告设施位置。

(7)隔离作用:在道路用地边缘的隔离栅内侧,宜栽植常绿灌木及攀缘植物等,防止人或动物进入。

(8)休闲作用:在道路边坡、服务设施区域、立交等地的绿化可以缓减驾驶员和乘客旅途的疲劳感。

2. 改善道路景观作用

通过绿化,可以使由于施工而破坏的自然景观得到有效恢复或改善,使新建道路对周围环境景观的负面影响降低,使道路构造物巧妙地融入周围环境之中,给驾驶员及乘客提供优美、舒适、和谐的行车环境。

3. 环境保护作用

(1)防护作用:在风沙大的道路沿线或多雪地带等,栽植防护林带可以有效地减轻风沙或风雪的侵袭。

(2)防污作用:在学校、医院、疗养院、住宅区附近,栽植防噪声、防气体污染林带,能够吸收和阻滞车辆排放的各种有害气体(如一氧化碳、氮氧化合物等)、烟尘以及交通噪声,减轻并防治污染,净化和改善大气环境。

(3)护坡作用:道路路基、弃土堆、隔声堆筑体等边坡坡面的绿化可以保持水土,防止边坡冲刷,增进边坡稳定。

第 4 章　工程经济分析

4.1　工程经济分析的内涵

4.1.1　工程经济分析概述

4.1.1.1　工程经济分析的概念、研究对象及作用

1. 工程经济分析的概念

工程经济分析就是对工程进行经济分析，具体地说，就是以系统分析和定量分析为手段，辅之以定性分析，研究如何在一项工程建设活动中，综合运用工程技术和经济学原理，使投入工程项目的资金发挥最大经济效益的一种科学方法。其目的是在揭示工程项目经济特征的基础上，做出正确的项目决策，以最大限度地发挥资源的作用，确保资源得到合理使用并取得满意的经济效果。

2. 工程经济分析的研究对象及作用

工程经济分析的研究对象主要是工程项目。工程经济分析贯穿于工程项目的各项工作中，是工程活动中一个极其重要的工作内容，是技术知识与经济知识在工程项目上的具体运用。工程经济分析作为一种科学的分析方法，可以帮助投资决策；帮助工程技术人员选择设计方案、施工方案、资源配置方案、公路收费方案和养护方案等；帮助投标单位选择投标项目、制定投标方案；帮助监理工程师制定和选择监理方案及分析监理工作中各类问题的处理方案，如工程变更方案的选择等。总之，工程经济分析在工程项目的各项工作中有着广泛的应用，起着极其重要的作用。

4.1.1.2　工程经济分析的分类及价值度量

1. 工程经济分析的分类

从分析的角度，工程经济分析分为微观经济分析与宏观经济分析。微观经

济分析是从项目和方案本身出发，分析和考察建设项目在财务上带来的经济效益，以判别项目在财务上的可行性。宏观经济分析是从国家利益出发，分析和计算项目对国民经济的影响，以判别项目在经济上的合理性。习惯上，微观经济分析又称为财务分析、财务评价或企业评价。宏观经济分析则又称为经济分析、国民经济评价或宏观评价。

事实上，分析与评价有所区别。分析是按系统的观点，运用数学的、经济的、技术的手段来客观地揭示事物特征的过程，而评价则是在分析的基础上，运用价值观念，对达到目标的各项目和方案进行定量和定性的论证，并进而对各方案做出选择的过程。分析主要是依靠分析模型、分析方法及基础数据，是实证和客观的。评价则更多地依靠价值观念及事先制订的评价指标和准则，是规范和价值性的。

但是，分析与评价又是紧密结合在一起的。分析是评价的前提，评价是分析的继续，甚至评价本身也是一个分析过程。分析本身并非目的，分析是为了做出正确评价。虽然分析更注重客观性，评价更多地依赖于价值观念，但因为所进行的是经济方面的分析和评价，分析也就无法离开价值观念。因此，为了尽量保证经济分析与经济评价的客观性和科学性，无论是分析还是评价，都必须解决价值的度量问题。由于分析与评价的高度统一性，在本书的后续内容中，不再对二者做区分。

2. 价值的度量

对于一个工程项目、一个工程方案或一种工程技术，它的效果和消耗都具有自己特定的具体内容，都反映了某种特定的使用价值。在这些不同的使用价值之间，就需要一种“协调函数”或者称价值理论来相互比较。价值可分为经济价值和心理价值。

(1)经济价值。

不论是物质效果、心理效果，还是社会效果，都包含着一定量的活劳动的消耗，它们都可以看作是一种商品，可以在交换中把其使用价值转化为货币形式，实现其经济价值。在市场经济条件下，对不同形式的投入及产出进行统一量化的唯一尺度就是货币，因此经济价值直接表现为货币形式，其他各类效果也就可以转化成相应经济效果而以货币来度量。当然，由于价值和价格的背离，特别对某些非商品化的效果，要真正定量地以货币形式来计量其经济价值是困难的，对具体情况需要进行具体研究。

(2)心理价值。

心理价值理论认为价值存在于事物所提供的欣赏或满足中,也就是说价值是一种感觉,而价值的度量是感觉的强弱。同时,心理价值要将“个体”的感觉统一成“群体”的感觉,是一个非常困难的课题。心理价值理论与经济价值理论相比还是很不成熟的。

通常,我们把实现心理和社会效果所花费的社会平均经济代价作为心理效果和社会效果的价值度量。因此,工程经济分析中,价值度量以经济价值为准,即以货币形式计量为准,而心理价值则仅作为辅助性的定性说明。

4.1.1.3 工程经济分析的内容、步骤及基本要求

1. 工程经济分析的内容

(1)工程经济分析的内容。

①通过经济分析,评价投资方向的合理性。即在一定的地区或部门,根据国家当前的经济发展政策、自然资源条件及市场的需求预测等,寻求最有利的投资机会,选择最合理的工程建设项目,保证国家有限的投资发挥最大的经济效益。

②通过经济分析,为实现某一项目的总目标选择最优的实现途径。这要求在列举一切可行的新技术方案的基础上,通过分析比较,选择最经济有利的方案付诸实施,保证以最小的资源耗费满足预定的目标要求。其工作程序为:确定目标→列举方案(凡能达到目标的所有方案都应列出)→分析比较(对所列出的方案进行经济计量与分析,比较各方案的优劣)→评价(在前一步分析的基础上,按预先设定的评价标准和方法对各方案的分析结果予以比较)→决策(在评价的基础上,以经济分析数据为依据,综合考虑各方面因素,在各方案中做出最终选择)。

③分析建设工程的投资来源,即资金如何筹措及为取得投资而付出的代价限度是多少,投资的最有利偿还方式及最佳的筹资结构等。投资来源是取舍技术方案的因素之一。

(2)公路建设项目工程经济分析的内容。

公路建设项目的经济效益主要反映在其使用过程中。因此,对其进行经济分析时,必须从项目的整个寿命周期和整个运输业的角度来考虑和分析,才能得出既完整又科学的结论。

对于公路建设项目来说,工程经济分析所研究的主要内容概括如下。

①在有限资源的条件下,究竟应为哪些公路项目提供资金,也就是如何合理

配置资源。

②为达到工程目标，对几个参加比较的方案（如路线方案、桥型方案、施工组织方案等）应该如何筛选，哪个方案最佳。

③围绕多个提供资金的建议或筹资方案，如公路建设资金中外资利用额度和发行股票及债券的比重等，应怎样选择资金方案。

④从经济的角度出发，评价和完善公路建设中的各项技术政策、技术措施和技术方案，如公路收费政策、公路管理政策、新技术的推广、各技术标准和技术规范的修订等。

⑤从整个国民经济角度出发，分析和鉴定一个公路建设项目对整个国民经济体系的影响。每项目标都要从各种可行的方案中进行分析、比较和优选，要从经济效益方面说明技术方案的合理性。

公路建设项目的显著特点是它的长期性和不可撤销性。所谓不可撤销性是指项目一旦实施，就不能随意终止或取消，否则，已投入项目的资金无法发挥效益，造成资源浪费。所以，项目决策的科学化是非常重要的。工程经济分析既有利于引导投资方向，控制投资规模，提高投资效益，又能使项目和方案经过"需要—可能—可行—最佳"的步骤得以步步深入地分析、比选。这样可避免由于依据不足、方法不当而盲目决策所导致的失误，把有限的资源用于经济利益和社会效益好的建设项目上。

2. 工程经济分析的步骤

对工程项目进行经济分析的一般步骤如下。

(1)汇集、整理基础数据。

在经济分析之前的可行性研究工作中，需要汇集、整理的基础数据如下。

①建设项目总投资额，分年度的投资安排和资金来源。

②公路营运期间每年的营运和养护成本（包括材料费、人工费、管理费、一般养护费和大修费等）。

③公路营运期间每年的交通量和营运收入、汽车运输成本等。

④公路营运期间的效益分配和贷款偿还计划。

⑤综合以上数据编制整个公路建设项目计算期内的现金流量表。

基础数据的准确性和可靠性是保证经济分析质量的关键。整理出的有关数据应符合微观与宏观经济分析的不同要求，以便于对相应指标进行分析计算。

(2)编制财务、经济活动报表。

要完成微观分析和宏观分析，需要分别编制财务、经济活动报表。汇集、整理基础数据的过程，实质上是分析项目建成后的财务与经济活动过程。它可以反映项目计算期内的财务与经济活动规律；而财务、经济活动报表就是用报表的形式事先反映这种规律，作为分析和计算经济指标的工具。

(3)进行财务分析与评价。

进行财务分析与评价的主要任务是计算财务效益指标，并做不确定性分析，评价项目的财务效益。

(4)进行经济分析和评价。

进行经济分析和评价的主要任务是分析建设项目的经济费用和经济效益，对项目的国民经济效益做出评价，并进行不确定性分析。

(5)进行综合分析与评价。

进行综合分析与评价的主要任务是通过对财务经济效益和国民经济效益进行综合分析，提出投资决策的经济依据，确定最优方案。

3. 工程经济分析的基本要求

为了提高经济分析的准确性和可靠程度，真实地反映项目建成后的实际效果，工程经济分析应做到以下几点。

①以经济效益为中心，将提高国民经济效益作为项目投资决策的主要目标。工程经济分析最适合解决那些以经济为主要目标的工程问题。

②必须考虑资金的时间价值因素。

③不同方案的比较必须具有可比性。项目及其方案的分析指标、计算指标和评价指标的口径与尺度，以及计算经济效果(直接的与间接的效果，有形的与无形的效果)的深度与广度都应当一致。

④价格与经济参数必须在时间上保持一致。

⑤在微观分析(财务分析)与宏观分析(经济分析)的基础上，做好不确定性分析和风险分析，以保证建设项目决策的可靠性。

4.1.1.4 我国工程经济分析的特点

近10年来，工程经济分析在我国得到了广泛的应用和发展，基本上以效益费用分析为基本理论，并具有如下几方面的共同特点。

(1)动态分析与静态分析相结合，以动态分析为主。

过去的分析方法是静态分析，不考虑资金的时间价值，其评价指标很难反映未来时期的变化情况。新方法强调采用“折现”来考虑时间因素的影响，进行动态的价值判断，即将项目建设和生产不同时间段上资金的流入、流出折算成同一时点的价值，变成可加性函数，从而为不同项目或方案的比较提供同等的基础。这对于投资者和决策者树立资金时间价值观念、资金周转观念、资金回收观念等有重要作用。

(2)定量分析与定性分析相结合，以定量分析为主。

经济评价的根本要求，是通过对项目建设和生产过程中经济活动的费用效益计算，提出明确的数量概念，进行价值判断。过去，由于缺乏必要的定量分析计算手段，对一些本应定量的因素，往往只能笼统地定性描述。新方法强调，凡可量化的经济要素都应用数量值来表述。就是说，技术方案应尽可能通过计算指标将隐含的经济价值揭示出来。

(3)全过程效益分析与阶段效益分析相结合，以全过程效益分析为主。

经济分析的最终要求，是要看项目的整个计算期，包括建设和生产经营阶段全过程经济效益的大小。过去，由于基本建设和生产经营分属不同部门管理，在项目评价时，往往偏重建设投资多少，工期长短，造价高低，而对项目投产以后的经济效益却不够重视。新方法强调把项目分析评价的着眼点和归宿点放在全过程的经济效益分析上。

(4)宏观效益分析与微观效益分析相结合，以宏观效益分析为主。

对项目进行经济分析，不仅要看项目本身获利多少，有无财务生存能力，还要考察项目的建设和经营对国家的贡献。过去，往往偏重项目自身效益的大小和地区、行业的发展需要，致使一些总体上得不偿失的项目被通过。新方法规定，项目评价分为财务评价与国民经济评价两个层次，一般情况下，应以国民经济评价的结论为主进行项目的取舍。

(5)价值量分析与实物量分析相结合，以价值量分析为主。

不论是财务评价还是国民经济评价，都要设立若干实物指标。新方法将物质因素、劳动因素等都量化为资金价值因素，对任何项目或方案都用同一可比的价值量分析，作为判别、取舍的标准。

(6)预测分析与统计分析相结合，以预测分析为主。

进行工程经济分析，既要以现有水平为基础，又要做有根据的预测。过去，受市场信息和预测技术不发达的限制，往往以统计资料实际达到的水平作为依据。新方法强调，进行国民经济评价时，除对资金流入流出的时间、数额进行常规预测外，还应对某些不确定性因素和风险做出估计，包括敏感性分析和风险分析。

4.1.2 公路工程项目寿命周期及阶段划分

4.1.2.1 工程项目寿命周期的概念

工程项目寿命周期是指一个建设项目从开始酝酿、立项、设计、施工、投入使用，直至“退役”弃置为止的整个过程。通常，公路工程项目的寿命周期可延续20～30年。公路工程项目必须运用系统工程学来合理地划分和安排工程项目的发展阶段，以便抓住各阶段的特点，做好公路工程项目各阶段的工作。

在公路工程项目的寿命周期中，要消耗各种各样的资源，这种消耗称为寿命期费用。公路工程项目寿命期费用是指从开始酝酿，经过论证、设计、施工、投入使用一直到最后废弃该项目的整个期间内所耗费的研究费用、设计费用、施工费用、养护费用、大修费用及最后弃置费用的总和。与寿命期费用相对应，还有寿命期效益的概念。

4.1.2.2 工程项目的阶段划分

按时间顺序，一个完整的项目寿命周期（或叫项目周期）可分为7个阶段：项目的目标设想，项目的预选、选定，项目的准备，项目的评估，项目的实施，项目的营运及项目后评价。在实际工作中，人们一般把项目划分为3个时期，即投资前期，实施期（或叫投资执行期）和营运期（或叫投资服务期）。这3个时期包括项目程序中的各个工作阶段。

1. 投资前期

投资前期是项目工作的重要时期，包括项目设想、项目的预选和选定、项目的准备和项目评审4个工作阶段。在这一时期，主要是进行公路建设项目可行性研究和资金筹措活动。通常人们不重视投资前期的计划与准备，因为既花费时间和资金，又不产生直接效益。其实投资前期的工作恰恰是避免投资失误和提高投资效益的关键。

(1)项目设想。

项目设想规定了项目应达到的经济目标和时间目标，同时还必须考虑进行该项目可能承担的风险。项目设想及规定项目目标是项目程序中最重要的阶段，它是以后各阶段的起点。另外，公路工程项目的设想应当把交通需求预测放在首要位置。

(2)项目的预选和选定。

当项目设想完成后,就应当对各种预选项目进行筛选,最后被选定的必然是投资少、收益高、风险小的项目。在进行公路建设项目的筛选过程中,收集准确和完善的数据是项目选定的前提。

(3)项目的准备。

进行可行性研究是项目准备阶段的主要内容。公路建设项目的可行性研究是项目决策前的一项重要工作。项目准备的时间也就是进行项目可行性研究的时间。

(4)项目评审。

投资者和有关机构必须对项目的各方面进行全方位的评价和审查,也就是对公路建设项目的可行性研究报告进行全面的评价和审查,一般从工程技术、项目实施的组织机构、项目财务收益和项目经济效益方面进行评审,最后才决定项目是否实施。

①工程技术评审,评审内容一般有:项目的技术等级、工程建设规模、路线方案、投资估算和各种工程技术方案是否符合当地的条件(如地形、地质、气候、水文等)。

②项目实施的组织机构评审,主要是审查项目执行机构的组织与管理情况。目前我国公路建设项目中,往往忽略项目组织机构的重要性,不仅在可行性研究中没有这一方面的内容,在可行性研究报告的评审中也没有对此做出合理评审。

③项目财务收益评审,首先是对项目资金筹措方案进行审查,从而落实项目的资金来源;其次是审查公路收费方案,审查项目在财务上能否偿还借款。

④项目经济效益评审,主要是对公路建设项目的国民经济评价进行审查,以明确项目的经济合理性。

2. 实施期

公路工程建设项目经过评审、批准后,即开始进入项目的实施阶段,一直到竣工投入使用为止,可分为设计、招标、施工等多个环节。这一时期的主要工作内容是建立项目执行机构,落实项目监理单位,进行项目的设计招标和施工招标,签订各类合同,成立项目的现场管理机构,制订项目的执行计划,将项目按一定的计划和目标建成并交付使用。这一时期的各项工作都应该按预定的计划和目标进行。

3. 营运期

项目建成后,就进入营运时期,也就是公路项目发挥作用,服务于社会的时期。公路项目的营运期包括养护管理和评价总结2个阶段。凡经过上述项目程序建成投入使用的公路项目，一般能达到预定的经济目标和时间目标，并获得良好的经济效益。但是，不管是成功的或失败的项目，都应该进行事后的总结和评价，即项目的后评估。具体做法是：根据项目的有关实际资料进行分析，检查和验证可行性研究报告中所做出的预测和判断是否正确，项目成功的经验有哪些，失败的教训有哪些，同时整理出总结、评价的资料。

4.1.3 学习公路工程经济课程的目的和方法

1.学习目的

随着我国交通事业的发展，需要有一批既懂公路工程技术，又懂经济的人才。但是，长期以来，传统的公路工程专业课程基本上都是以硬科学为主，缺乏软科学方面的课程，培养的人才懂技术的多，而懂经济的相对较少。他们走上工程技术岗位之后，由于缺乏必要的经济分析和评价能力，而很难适应现代化建设的需要。

实践证明，要进行工程项目建设，就必须把技术因素和经济因素结合起来加以研究和运用。决策人员不懂技术和经济，或技术人员缺乏经济知识，都是造成工程决策失误的重要原因。工程建设中大量的经验和教训都说明了加强工程经济分析的重要性和必要性，以及培养和加强工程技术人员进行工程经济分析能力的紧迫性。

2.学习方法

(1)调查研究。

调查研究是进行技术经济计算、分析、比较、评价的基础和前提。调查研究主要是为了收集各种有关资料和数据，并通过分析与整理，弄清每个技术方案的有关技术及各有关因素之间的关系。在调查研究的过程中应密切注意以下几点：

①本课程是一门实践性很强的学科，要求做到理论与工程实际紧密结合，既注意到理论应用于工程项目的共性，又注意到某个特定工程项目所具有的个性，善于灵活运用所学知识。

②一个或几个工程项目往往不是孤立存在的，而是有机联系的整体。它们都是某个部门或某个行业的组成部分。因此，对于公路工程项目而言就不能不从全局出发考虑问题，明确本项目在全局中所处的地位和作用。

③为了更好地学好本课程，应具备与此有关的基础知识和专业知识，如数学、经济学、统计学、法学、预测学、运筹学、系统工程及计算机技术等。

(2)计算分析。

计算分析是在调查研究的基础上，对所获取的资料、数据进行计算分析，找出各相关因素之间的关系，并建立数学模型，做定量和定性分析。在计算分析过程中，鉴别和揭示各种矛盾，使问题的研究进一步深化。

(3)综合评价和系统选优。

根据前一阶段的计算和分析，将各种效果因素及决策评价综合起来权衡，再根据系统选优的要求，组合、调整各因素与各个局部的技术经济指标，并结合定性和定量分析，对各种方案做出综合评价，最后选择最优方案。

4.2　经济分析的基本原理

4.2.1　资金的时间价值

4.2.1.1　基本概念

1. 资金的时间价值

资金具有随时间的延长而增值的能力，但是一般的货币不会增值，只有货币作为社会生产资金(或资本)参与再生产过程，才会带来利润，即得到增值。货币的这种增值现象一般称为货币的时间价值，或称为资金的时间价值。因此，资金的时间价值，是指同劳动相结合的资金在时间推移中的增值能力。等额货币在不同的时间点上具有不同的价值，即资金在扩大再生产及其循环周转过程中，随着时间的延续而产生增值。它是社会劳动创造价值能力的一种表现形式。

由于公路工程和运输事业的开发、生产周期长，投资额巨大，因而在投资决策和资金运用中如果不考虑资金的时间价值，就不能做出正确的决策。在项目投资经济效果评价中，也要考虑资金的时间价值。能否正确地确定资金的时间价值，是项目经济效果评价结论正确与否的关键，也是提高我国项目投资经济效果的关键。

2. 利息与利息率

资金的时间价值是以一定的资金在一定时期内的利息来度量的，而利息是根据本金的数额、利率和计息时间来计算的。这里所指的利息是一种广义的概念，是投资净收益与借贷利息的统称。

(1)利息。

利息、利润或净收益，都可视为使用资金的报酬，它是投入资金在一定时间内的增值。一般把银行存款获得的资金增值叫利息，把资金投入生产经营而获得的增值称为利润或净收益，可见利息或利润都是资金时间价值的体现，是衡量资金时间价值的尺度。利息与利润的主要区别在于：

①来源不同。利息来源于借贷关系，利润来源于生产经营。

②风险不同。利息的风险小，一般在事前是明确的，而利润的风险较高，事前虽可预测，但取决于资金使用者经营管理的好坏。但是，从资金的时间价值来看，利息和利润是一致的。因此，在经济分析中对两者一般不予区分。

(2)利息率。

利息率(或利润率)是一定时间(通常为年)的利息(或利润)占原投入资金的比率，即利息与本金的比值，也称为使用资金的报酬率。它反映了资金随时间变化的增值率，通常以百分率表示，是计算利息(或利润)的尺度。1 年的利息额与本金之比为年利率，1 月的利息额与本金之比为月利率。其公式为：

利息率(利润率)＝利息额(利润额)/本金(投资)×100％

在工程经济分析中，在研究某项投资的经济效果时，经常使用净收益(或利润)和收益率(或利润率)的概念，在计算分析资金信贷时，则使用利息和利率的概念。

(3)利息的计算。

利息和利率或净收益和收益率是衡量资金时间价值的尺度。故计算资金时间价值的方法就是计算利息的方法。利息有单利与复利 2 种，因此计算资金的时间价值就有单利法和复利法 2 类。

①单利法指不把先前周期中的利息加到本金中去，而是仅以本金为基数计算利息。计算公式为：

$$S = P \cdot i \cdot n \tag{4-1}$$

式中，S 为单利利息；P 为本金；i 为单利利率；n 为利息周期数。

期末本利和为：

$$F = P + S = P(1 + i \cdot n) \tag{4-2}$$

单利法在一定程度上考虑了资金的时间价值，但对以前已经产生的利息没有累计计算，所以单利法还不够完善。

②复利法指用本金与累计利息为基数计算利息。它与单利法计算的区别在于累积的利息同样也计算利息，即“利滚利”，这样不仅本金产生利息，而且先前周期中的利息在后一周期中也产生利息。复利法比单利法更准确地反映了资金的时间价值。复利计算公式为：

$$F = P(1+i)^n \tag{4-3}$$

3. 现值、折现、等值

(1)现值与时值。

货币在某一时刻的数量称为货币的时值。这里的“某一时刻”若指的是对某个工程项目进行分析与评价的起点时刻，则此时货币的时值称为货币的现值，简称为现值。因此，现值的关键在于分析与评价的时刻，而这个时刻通常是在工程项目的开端，当然，也可视评价的需要而灵活选取。

(2)折现与折现率。

折现就是把货币的时值折算成现值，折现又叫贴现。为了便于对各方案进行经济比较，通常是把各方案的逐年收支费用通过折算成现值，根据它们的现值总和做出对比。“一个工程项目的现值”是指此工程的各个单项费用现值之和。

折现时所用的资金收益率被称为“折现率”。它是经济分析中的一个重要参数，是度量资金时间价值的尺度。

衡量资金时间价值的尺度是社会平均资金收益率，或叫社会折现率。折现率反映了对未来货币价值所做的衡量。若折现率为 10%，则第 7 年的 100 元人民币大约只相当于现在的 51 元人民币，当折现率为 5%时，就相当于现在的 66 元人民币了。社会平均资金收益率一般为公债利率与平均风险利率之和。

(3)等值。

等值又叫等效值，指考虑时间因素的情况下不同时间、不同数额的货币可按某一利率换算至某一时点，使之可能具有相等的经济价值。等值概念是由于资金存在时间价值而产生的，等值是工程经济分析的基本出发点。如果我们不能计算出各方案在某一时刻的可比等值，我们就无法对它们做出比较，也就无法从它们当中做出选择。

利用等值概念，我们可以把某一时间(时期、时点)的资金值变换为另一个时间价值相等但数额不等的资金值，这一换算过程称为资金的等值计算。实际上，复利计算即为等值计算。影响资金等值因素为资金数额大小、利率和计息期数的多少。

要对工程项目进行多方案经济效果的比较和评价，必须将每个方案的所有现金支出、收入折算到某一规定的时间点，在价值相等的前提下再进行数值比较。

4.2.1.2 现金流量与现金流量图

1. 现金流量

一个工程项目在某一个时期内支出的费用称为现金流出，取得的收入称为现金流入。现金的流出量与现金的流入量统称为现金流量。因此现金流量有正有负。在工程项目投资经济效果评价中，一般按年计算现金流量值，先要计算出各年现金流入量和现金流出量，最后计算出各年的净现金流量(流入量与流出量的代数和)。计算时，现金流入量为正值，现金流出量为负值。

2. 现金流量图

现金流量图是反映资金运动状态的图，它是根据现金流量绘制的。在现金流量图中，要反映资金的性质(是收入或是支出)、资金发生的时间和数额大小。收入与支出是对特定对象而言的，贷款人的收入，就是借款人的支出，反之亦然。通常现金流量的性质是从资金使用者的角度来确定的。

现金流量图的做图规则如下。

①以横轴为时间轴，愈向右延伸表示时间愈长，将横轴分成相等的时间间隔，时间坐标的单位一般以年计。0 点为起始时刻，为工程项目开始建设年(基准年)的年初，n 为项目有效寿命期(包括建设期和营运期)终点。每一刻度上的数字表示时间已经推移到的单位数。

②凡属收入、借入的资金等，规定为正现金流量，按比例画在对应时间坐标处的横轴上方，用箭头向上的垂直线段表示现金收入，冠以(+)号。

③凡属支出，归还贷款的资金等，规定为负现金流量，按比例画在对应时间坐标处的横轴下方，用箭头向下垂直线段表示现金支出，冠以(—)号。

④为计算上的方便和统一，一般假定现金支付都集中在每期期末(但不一定是每年年末)。

在以后的现金流量图中，正负号不再标出。现金流量图可以形象地描述一项投资活动某一期间现金收支情况，即现金流量发生的时间及现金流量的大小和流向。

3. 累计现金流量

累计现金流量表示从项目开始到某年为止的期间内所有现金流量的代数

和。它从经济角度直观地表示了项目总体的进展情况，其计算公式为：

$$\mathrm{CCT}_T=\sum_{t=0}^{T}F_t=\sum_{t=0}^{T}(B_t-C_t)\qquad (T=0,1,\cdots,n)\tag{4-4}$$

式中，CCF_T为第 T 年的累计现金流量；F_t为第 t 年的净现金流量；B_t为第 t 年的现金流入量；C_t为第 t 年的现金流出量；n 为项目的有效寿命期。

为了获取最佳经济效益，常对一个项目提出若干个投资方案，这些方案的现金流量大小及发生时间是不同的。进行方案比较，应首先处理各方案的时差，取得时间上的可比性，复利分析提供了处理资金时间价值及资金等值计算方法，使我们能够对处于不同时刻的资金价值进行计算和比较。

4.2.2　复利分析

由于复利更全面、更准确地反映资金的时间价值，因此，在经济分析中全部按复利法计算和分析投资方案的各项经济指标。复利分析就是对存款与贷款这种投资活动进行分析，直接分析这种简单投资活动中资金的时间价值，并在此基础上建立工程经济分析的基本思路。

4.2.2.1　复利分析的基本公式

由资金等值的概念可知，复利计算即为等值计算。普通复利公式是指以年复利计息，按年进行支付的复利计算公式，根据支付方式和等值换算时点的不同，可分为若干类，分述如下。

1. 一次支付复利公式

设本金为 P(一次支付)，利率为 r，F 为本利和，n 为计算利息的期数，通常以年计。

那么：

第 1 期末的本利和 $F_1=P(1+r)$

第 2 期末的本利和 $F_2=F_1(1+r)=P(1+r)^2$

…

第 n 期末的本利和 $F_n=F_{n-1}(1+r)=P(1+r)^n$

于是，我们就得到一次支付复利公式为：

$$F=P(1+r)^n$$

式中，习惯上把 F 称为本金 P 在 n 期末、年利率为 r 的终值，本金 P 称为初值或现值，系数$(1+r)^n$ 称为一次支付复利系数，简称复利系数，用符号$(F/P,r,n)$表示。由此可知，终值 F 是由现值乘以复利系数得到的。反之，现值 P 可由终值 F 乘以系数 $(1+r)^{-n}$ 得到，即：

$$P=F(1+r)^{-n}$$

式中，系数 $(1+r)^{-n}$ 称为折现系数（或贴现系数），用符号 $(P/F,r,n)$ 表示，为了简化计算工作，人们编制出对于不同 r 和 n 值的复利系数和折现系数表，以备查用。

2. 等额支付复利公式

等额支付的意思是每个时间周期所支付的金额是相等的。常把每期发生相同的本金称为年金。若每期末发生的年金是 A，每期的利率为 r，期数为 n，按复利计息，则 n 期年金 A 的本利和总额称为期末发生的复利年金终值。那么：

第 1 期末年金 A 的终值 $F_1=A(1+r)^{n-1}$

第 2 期末年金 A 的终值 $F_2=A(1+r)^{n-2}$

…

第 n 期末年金 A 的终值 $F_n=A$

对以上每一期末年金 A 的终值求和，于是就得到所要求的复利年金终值为：

$$F=F_1+F_2+\cdots+F_n=A(1+r)^{n-1}+A(1+r)^{n-2}+\cdots+A(1+r)+A \tag{4-5}$$

即

$$F=A\frac{(1+r)^n-1}{r} \tag{4-6}$$

式中，系数 $\frac{(1+r)^n-1}{r}$ 称为年金复利系数，用符号 $(F/A,i,n)$ 表示。

对上式乘以折现系数 $\frac{1}{(1+r)^n}$，则将复利年金终值 F 折算为期末发生的复利年金现值 P，即

$$P=\frac{1}{(1+r)^n}=A\frac{(1+r)^n-1}{r(1+r)^n} \tag{4-7}$$

或

$$P=A\frac{1-(1+r)^{-n}}{r} \tag{4-8}$$

式中，系数 $\frac{(1+r)^n-1}{r(1+r)^n}$ 或 $\frac{1-(1+r)^{-n}}{r}$ 都称为等额支付系列折现系数（或贴

现系数),也称为年金现值系数,用符号$(P/A,r,n)$表示。

3. 变额支付复利公式

把每期发生的不相同的本金称为变额年金,仍以 A 表示,那么根据变额年金的变化方式,可分别计算其终值和现值。

(1)等差变化。

设每期变额年金的变化规律是按等差(d)数列的规则变化。记 n 期末年金终值为 F,则有:

$$F = \sum_{k=1}^{n} [A + (k-1)d](1+r)^{n-k} \tag{4-9}$$

$$= A\sum_{k=1}^{n} (1+r)^{n-k} + d\sum_{k=1}^{n} (k-1)(1+r)^{n-k}$$

(2)等比变化。

设每期变额年会按等比(q)数列的规则变化。n 期末年金终值 F 为:

$$F = \sum_{k=1}^{n} Aq^{k-1} (1+r)^{n-k} \tag{4-10}$$

4.2.2.2　名义利率和实际利率

以上的复利利息计算中,把 1 年作为利息周期,这种按年计的利率就称为名义利率。但在实际工作中有时会出现按半年、季度,甚至 1 个月计息,因此,1 年可分为若干个计息期,名义利率除以 1 年的计息次数所得的商就称为计息期实际利率(或有效利率)。如年利率 6%,每半年复利计息 1 次,即名义利率为 6%,实际利率为 6%÷2=3%,其计息期为 6 个月,1 年的计息次数为 2。

若 1 年的计息次数为 m,复利计息,那么就称 1 年所获的利息与本金之比为实际年利率,用字母 i 表示。$m=1$ 时,实际年利率就是名义利率。

1. 离散式复利

按期(年、季、月)计息的方式称为离散式复利。1 年中计息期数越多,则实际年利率就比名义利率大。设名义利率为,1 年中计息 k 次,则 1 年末的本利和为:

$$F_1 = P\left(1+\frac{r}{k}\right)^k \tag{4-11}$$

那么实际年利率为:

$$i = \frac{F_1 - P}{P} = \frac{P\left(1+\frac{r}{k}\right)^k - P}{P} = \left(1+\frac{r}{k}\right)^k - 1 \tag{4-12}$$

上式反映了以离散式复利计算的实际利率与名义利率的关系，在经济分析评价中被广泛应用。

2. 连续式复利

按计息周期为无穷小计息的方式称为连续式复利。此时，一年中的计息数趋于无穷大，则年末的本利和为：

$$F_1 = \lim_{k\to\infty} P\left(1+\frac{r}{k}\right)^k = P\left[\lim_{k\to\infty}\left(1+\frac{r}{k}\right)^{k/r}\right]^r = Pe^r \quad (4\text{-}13)$$

那么实际利率为：

$$i = \frac{F_1 - P}{P} = \frac{Pe^r - P}{P} = e^r - 1 \quad (4\text{-}14)$$

其中 e=2.71828。

若现值 P 为时间 t 的函数，用 $P=P(t)$表示，以连续复利计算，则终值 F 亦为 t 的函数，即：

$$F(t)=P(t)e^{rt} \quad (4\text{-}15)$$

反之，若 $F=F(t)$，则以连续贴现计算的现值为：

$$P(t)=F(t)e^{-rt} \quad (4\text{-}16)$$

如果一个工程项目的现金流量是时间 t 的函数 $C(t)$，而且折现是连续发生的，那么这个工程项目自开始至 n 年末的现值可用以下积分式表示：

$$P=\int_0^n C(t)\, e^{-rt}\, dt \quad (4\text{-}17)$$

由于资金具有时间价值，所以项目实施带来的费用和效益，不仅与其货币的多少有关，而且与其发生的时间有关。利用前面介绍的复利公式，可将一笔资金按一定的利率在不同时刻做等值变换，也可以将一笔资金等值变换到任何时刻，或等值变换为任何一种支付形式。这正是复利分析的意义所在。

4.3 工程经济分析的方法

4.3.1 工程经济分析的计算指标

为了提高投资效益，取得最佳的投资效果，在建设项目投资决策时，就需要从经济角度出发，对多个投资方案进行评价和比选，这就是建设项目的经济分析。经济分析一般采用指标计算法进行，即通过若干个经济指标的计算来反映投资方案的经济效益。投资方案经济分析主要解决 2 个问题：一是方案的筛选，即从若干个备选方案中，将那些经济指标值满足某一检验标准要求的方案选为初选方案；二是方案的排序和优选，即从多个初选方案中，选出经济效益最好的一个。

评价指标是投资项目经济效益或投资效果的定量化及其直观的表现形式，它通常是通过对投资项目所涉及的费用和效益的量化和比较来确定的。只有正确地理解各个评价指标的含义，适当地应用其评价准则，才能对投资项目进行有效的经济分析，进而做出正确的投资决策。

评价指标按照是否考虑资金的时间价值，分为静态评价指标和动态评价指标。在工程经济分析中，把不考虑资金时间价值的经济效益评价指标称为静态评价指标，此类指标的特点是简单、易算。静态评价指标主要有静态投资回收期和投资收益率 2 种。

一般将考虑资金时间价值的经济效益评价指标称为动态评价指标。与静态评价指标相比，动态评价指标更加注重考察项目在其计算期内各年现金流量的具体情况，因而也就能够更加直观地反映项目的盈利能力，所以它的应用比静态评价指标更加广泛。在项目的可行性研究阶段，进行项目经济评价时一般是以动态评价指标作为主要指标，以静态评价指标作为辅助指标。动态评价指标常用的一般有：净现值(率)、净年值、内部收益率、动态投资回收期、效益费用比等。

4.3.2　静态投资回收期

1. 静态投资回收期的计算

静态投资回收期是指以项目每年的净收益回收项目全部投资所需要的时间，是考察项目财务上投资回收能力的重要指标。这里所说的全部投资即包括固定资产投资，也包括流动资金投资。其表达式为：

$$\sum_{t=0}^{P_t} (\mathrm{CI}-\mathrm{CO})_t = 0 \tag{4-18}$$

式中，P_t为静态投资回收期；CI，CO 为现金流入量、流出量；$(\mathrm{CI}-\mathrm{CO})_t$为第 1 年的净现金流量。

静态投资回收期一般以“年”为单位，从投资项目建设开始年算起。当然也可以自项目建成投产年算起，但对于这种情况，需加以说明，以防止 2 种情况的混淆。

在具体计算静态投资回收期时，又分为以下 2 种情况：

(1)项目建成投产后各年的净收益(即净现金流量)均相同。静态投资回收期的计算公式为:

$$P_t = \frac{K}{R} \tag{4-19}$$

式中,K 为全部投资;R 为每年的净收益。

(2)项目建成投产后各年的净收益(即净现金流量)不相同。

此种情况下,静态投资回收期可根据累计净现金流量求得,其计算公式为:

$$P_t = (\text{累积净现金流量开始出现正值的年份} - 1) + \frac{\text{上一年累积净现金流量的绝对值}}{\text{当年的净现金流量}}$$

2. 利用静态投资回收期对投资方案评价的步骤

利用静态投资回收期对投资方案进行评价的步骤如下。

(1)确定行业的基准投资回收期(P_c)。

基准投资回收期是国家根据国民经济各部门、各地区的具体经济条件,按照行业和部门的特点,结合财务会计上的有关制度及规定而颁布,同时进行不定期修订的建设项目经济评价参数,是对投资方案进行经济评价的重要标准。

(2)计算项目的静态投资回收期(P_t)。

(3)比较 P_t 与 P_c。

若 $P_t \leqslant P_c$,则项目 P_t 可以考虑接受;若 $P_t > P_c$,则项目不可接受。

3. 静态投资回收期指标的优缺点

静态投资回收期指标的优点是:经济意义明确、直观,计算简便;在一定程度上反映了投资效果的优劣;可适用于各种投资规模。

静态投资回收期的缺点是:只考虑投资回收之前的效果,不能反映回收投资之后的情况,因此无法准确衡量项目投资收益的大小;未考虑资金的时间价值,因此无法正确地辨识项目的优劣。

4.3.3 投资收益率

1. 投资收益率的计算

投资收益率又称投资效果系数,是指在项目达到设计能力后,其每年的净收益与项目全部投资的比率,是考察项目单位投资盈利能力的指数。其表达式为:

$$\text{投资收益率} = \frac{\text{年净收益}}{\text{项目全部投资}} \times 100\%$$

当项目在正常生产年份内各年收益情况变化幅度较大时，也可采用下式进行计算：

$$投资收益率 = \frac{年平均净收益}{项目全部投资} \times 100\%$$

在采用投资收益率对项目进行经济评价时，其基本做法与采用静态投资回收期的做法相似，即主要是将计算出的项目的投资收益率与行业的平均投资收益率进行比较：若高于或等于行业平均投资收益率则项目可以考虑接受；若低于行业平均投资收益率则项目不可行。

投资收益率是一个综合性指标，在进行项目经济评价时，根据分析目的不同，投资收益率又具体分为投资利润率、投资利税率、资本金利润率等。其中最常用的是投资利润率。

投资利润率是指项目在正常生产年份内所获得的年利润总额或年平均利润总额与项目全部投资的比率，其表达式为：

$$投资利润率 = \frac{年利润总额(年平均利润总额)}{项目全部投资} \times 100\%$$

2. 投资收益率指标的优缺点

投资收益率指标的优点是计算简便，能直观地衡量项目的经营成果，可适用于各种投资规模。投资收益率指标的缺点是没有考虑投资收益的时间因素，忽视了资金具有时间价值的重要性；指标计算的主观随意性太强，在指标的计算中，对于应该如何计算投资资金占用，如何确定利润，都带有一定的不确定性和人为因素，因此，以投资收益率指标作为主要的决策依据不太可靠。

4.3.4　净现值法

1. 净现值的计算与判别准则

净现值法是把投资方案在计算期内发生的现金流量按基准折现率等值折算为基准年现值，并根据累计的收益现值与费用现值的大小来评价方案的经济效果。

(1)净现值(NPV)的含义及计算。

净现值是指把项目计算期内各年的净现金流量按照一个给定的标准折现率(基准收益率)折算到建设期初(项目计算期第 1 年初)的现值之和。净现值是考察项目在其计算期内盈利能力的主要动态指标。其表达式为：

$$NPV = \sum_{t=0}^{n} (CI - CO)_t (1 + i_c)^{-t} \tag{4-20}$$

式中，$(CI-CO)_t$为第1年的净现金流量；n为项目计算期；i_c为基准折现率。

净现值的经济含义可以直观地解释为：假设有一个小型投资项目，初始投资为10 000元，项目寿命期为1年，到期可收益12 000元。如果设定基准收益率为8%，根据净现值计算公式，可以求出该项目的净现值为1111元（12 000元×0.925 9－10 000元），这就是说，只要投资者能在资本市场以8%的利率筹措到资金，那么该项投资在经济上就可以做到盈利。投资者将会获得1200元净收益（12 000元－10 000元÷1.08），该项目的净现值则等于项目在生产经营期内所获得的净收益的现值（1 200元×0.9259）。

(2)净现值的判别准则。

计算出净现值后，其结果不外乎有3种情况，即NPV>0，NPV=0，NPV<0。在用于投资方案的经济评价时，判别准则如下。

①当NPV>0时，说明方案可行。这种情况说明投资方案实施后的投资收益水平不仅能达到标准折现率的水平，而且还会有盈余，即项目的盈利能力超过其投资收益期望水平。

②当NPV=0时，说明方案可考虑接受。这种情况说明投资方案实施后的投资收益水平恰好等于标准折现率，即其盈利能力能达到所期望的最低财务盈利水平。

③当NPV<0时，说明方案不可行。这种情况说明投资方案实施后的投资收益水平达不到标准折现率，即项目的盈利能力水平比较低，甚至有可能出现亏损。

2. 净现值与折现率

从净现值的计算公式可以看出，对于具有常规现金流量（即在计算期内，方案的净现金流量序列的符号只改变一次的现金流量）的投资方案，其净现值的大小与折现率的高低有直接的关系。如果我们已知某投资方案各年的净现金流量，则该方案的净现值就完全取决于我们所选用的折现率。折现率越大，净现值就越小；折现率越小，净现值就越大。随着折现率的逐渐增大，净现值将由大变小，由正变负。

在净现值的计算公式中，还有一个重要的概念，就是标准折现率 i_c。标准折现率又称基准折现率，它是由投资决策部门决定的重要参数。基准折现率定得太高，可能会使许多经济效益好的方案被拒绝；如果定得太低，则可能会使一些经济效益差的方案被采纳。在当前情况下，基准折现率可以按部门或行业统计的资料来确定，使其能够反映本行业投资效果的最低可接受的收益率水平，所以也称为最低可接受的资金收益率。

3. 净现值的优缺点

净现值的优点是：考虑了资金的时间价值，并全面考虑了项目在寿命期内的经济状况；经济意义明确直观，能够直接以货币额表示项目的净收益；能直接说明项目投资额与资金成本之间的关系。

净现值的缺点是：须首先确定一个符合经济现实的基准收益率，而基准收益率的确定往往比较困难；不能直接说明在项目运营期间各年的经营成果；不能真正反映投资中单位投资的使用效果。

4. 净现值率(NPVR)

多方案比较时，如果相对于可能的投资机会，而可得到的资金是有限的，在评价中就必须考虑单位资金的利用效率。通常用净现值率作为净现值的辅助指标来反映单位资金的利用效率。

净现值率(NPVR)是指项目的净现值与投资总额现值的比值。净现值率主要用于对多个独立投资方案进行比选时的优劣排序。其表达式为：

$$\mathrm{NPVR} = \frac{\mathrm{NPV}}{K_p} \tag{4-21}$$

式中，K_p为初始投资的现值之和。

4.3.5　年值法与未来值法

1. 年值法

年值法是经济分析中的一种常用方法，其基本思路是将各方案在其寿命期内的现金流量，按某一给定的标准折现率折算成等额年值，再按等额年值进行分析或评价。因为一个方案无论重复多少次，其等额年值是不变的，所以年值法可以认为是方案的无限重复。对于寿命不等的备选方案，使用年值法分析可以使方案之间具有时间上的可比性。年值法常用的分析指标有净年值与成本年值 2 种。

(1)净年值(NAV)。

同净现值法相类似，将一个投资项目的全部现金收入均折算为年值，再将该项目全部现金支出也折算为年值，二者的差额就是该项目每年的净年值。几个方案进行比选时，净年值大者为优。对于特定项目而言净年值与净现值的评价结果是等价的。

(2)成本年值(EAC)。

成本年值法主要用于对可以满足相同需要或产生的收益相同，但寿命期不等的备选方案进行分析，成本年值最低的方案为最优方案。

(3)年值法的评价准则。

相等投入：资金或其他投入资源的数量相等。

准则：使收益等额年值最大。

相等产出：所要完成的任务收益相等或其他输出相等。

准则：使成本年值最小。

投入、产出均不等：资金或其他收入收益或其他产出均不相等。

准则：使净年值最大。

2. 未来值法

未来值法的基本思路是将一个投资项目在整个寿命期内的现金流量，利用适当的计算因子(以标准折现率计算的复利终值因子)，均折算成寿命期末的未来值，再按未来值进行分析和评价。对于多方案，未来值越大，经济效益越好；对于单方案，未来值大于或等于零才能够被接受。

使用未来值法，可以将一个投资项目的现金流量值换算成未来值，也可以将一个投资项目的现金流量先换算成现值或年值，然后再换算为未来值。事实上，现值法、年值法和未来值法都是等效的。如使用正确，三者的分析评价结论是相同的。未来值与现值之比等于常数$(F/P,i,n)$，未来值与年值之比也等于常数$(F/A,i,n)$。未来值法同现值法一样，用它做方案分析时，多个方案的寿命期必须保持相等。

4.3.6 内部收益率法

现值法与年值法均需事先给定一个基准折现率，这个基准折现率反映了投资者所希望达到的单位投资年均收益水平，但并不是单位投资的实际年均收益水平。用内部收益率法可以求出单位投资的实际年均收益水平。

1. 内部收益率(IRR)

内部收益率是指项目在整个计算期内，各年净现金流量的现值之和等于零时的折现率。

其表达式为：

$$\sum_{t=0}^{n}(CI-CO)(1+IRR)^{-t}=0 \tag{4-22}$$

内部收益率大小由方案本身的现金流量所决定，它反映了投资方案在整个寿命期内的单位资金的平均盈利能力，其经济含义是在利率为内部收益率的条件下，方案寿命期内的投资恰好在寿命期末被完全收回。

根据净现值与折现率的关系，以及净现值的判别准则，可以很容易地推出用内部收益率指标评价投资方案的判别准则，即：

①当 IRR$>i_c$时，则 NPV>0，方案可接受；

②当 IRR$=i_c$时，则 NPV$=0$，方案可考虑接受；

③当 IRR$<i_c$时，则 NPV<0，方案不可行。

2. 内部收益率的计算

由内部收益率的表达式可以看出，内部收益率的计算要求解一个一元多次方程，要想精确地求出方程的解，是一件非常困难的事情，因此，在实际应用过程中，一般是采用线性插值试算法的近似方法来求得内部收益率的近似解。其基本步骤如下。

①首先根据经验，选定一个适当的折现率。

②根据投资方案的现金流量情况，利用选定的折现率 i_0，求出方案的净现值。

③若 NPV>0，则适当使 i 继续增大；若 NPV<0，则适当使 i_0 继续减小。

④重复步骤 3，直到找到这样的 2 个折现率 i_m 和 i_n，其所对应求出的净现值 NPV$_m>0$，NPV$_n<0$，其中(i_n-i_m)一般为 2%～5%。

⑤采用线性插值公式求出内部收益率的近似解，其公式为：

$$IRR=i_m+\frac{NPV_m}{NPV_m+|NPV_n|}(i_n-i_m) \tag{4-23}$$

4.3.7　动态投资回收期法

1. 动态投资回收期

投资回收期又称返本期，它是指建设项目以其每年的净收益抵偿其全部投资所需的时间长度。动态投资回收期是投资回收期的一种，它考虑了资金的时间价值。动态投资回收期的表达式为：

$$P = \sum_{t=0}^{P't} (\mathrm{CI} - \mathrm{CO})_t (1 + i_c)^{-t} \quad (4\text{-}24)$$

式中，P 为动态投资回收期。

2. 动态投资回收期的计算

实际计算时，常利用现金流量表，用下列近似公式计算动态投资回收期：

$$P'_t = (\text{累计净现金流量开始出现正值的年份} - 1) + \frac{\text{上一年累计净现金流量的绝对值}}{\text{当年的净现金流量}}$$

动态投资回收期作为经济评价的指标之一，其优点在于它反映了资金的周转速度，并以投资回收的快慢作为决策依据，这在建设资金短缺的情况下，是一个较有参考价值的评价补充依据。它的概念直观，易于接受。但动态投资回收期对回收期以后的情况，包括净效益的大小和时间、投资的寿命以及投资的盈利率都没有考虑。由于这些缺点，动态投资回收期指标仅对评价寿命较短的方案显得有利。经验证明，以它作为独立的评价依据往往会导致错误的结论。

4.3.8 效益费用法

效益费用法也是一种常用的经济分析方法，特别是在对项目进行宏观分析和国民经济评价时，效益费用法是宏观经济分析的主要方法。在本章中，我们将其作为经济分析的一种基本方法，是想说明它不仅可以用于宏观分析，同样也可用于微观分析。

效益费用法所反映的经济关系就是项目或某个投资方案的总收益与其总费用的关系。它有 2 种分析指标：一种是效益费用比，用 B 表示效益，C 表示费用，BCR 表示效益费用比，则有 BCR$=B/C$；一种是净效益，用 NB 表示，则有 NB$=B-C$。

显然，效益费用法的评价准则应是 BCR$\geqslant$1 和 NB$\geqslant$0。效益与费用，可以根据项目现金流量的特点，按需要采用现值、年值或未来值进行计算。一般在多方案分析时，若各方案寿命相等就用现值或未来值计算，若各方案寿命不等，便采用年值计算。

1. 效益费用比(BCR)

效益费用比就是一个项目的总效益与总费用之比。如果将费用拆成投资 I 和营运成本 C_O，则：

$$BCR = \frac{B}{I + C_O} \geqslant 1 \tag{4-25}$$

即

$$\frac{B - C_O}{I} \geqslant 1 \tag{4-26}$$

2. 净效益

净效益(NB)就是一个项目的总效益与其总费用之差。

3. 效益费用分析法的适用范围及社会效益评价

1)效益费用分析法的适用范围

效益费用分析主要用于公共工程项目的经济分析，例如用于公路、桥梁、港口、机场、水库、灌渠、市政和环保等建设项目的经济分析。公共工程不同于一般工业项目，它不是以项目的自身盈利为主要目的，它是通过为社会提供服务而使社会增加效益。因此，公共工程项目的经济效益不能单纯以项目自身的盈利性来衡量，只能用项目建成后的社会效益与社会为之付出的费用(包括一次性投资及日常经营费)作为评价的标准，故对公共工程项目常采用效益费用分析法进行分析评价。

在效益费用分析中，必须分清什么是费用、效益和负效益。一般而言，费用是由政府机构负担，凡属于费用的现金项目应全部归入效益费用比的分母；而效益、负效益则是发生于社会公众，凡属于效益或负效益的现金项目应全部归入效益费用比的分子中。

需注意的是，计算公共工程项目的费用时，除计算其一次性投资及日常的维护费用外，如果项目本身还有一定的现金收入，例如使用者日常缴纳的使用费以及项目最后的残值等，应从分母的费用中减去而不是加在分子的效益中。

2)效益费用分析中的社会效益评价

效益费用分析的主要困难在于，如何用货币的形式来衡量一个项目的社会效益，以及评价公共工程项目时，究竟应当涉及哪些社会效益。一般认为社会效益应该包括以下几个方面。

(1)项目的内部效益。

项目的内部效果，即项目的兴建对于社会个人或团体所直接产生的效果。它是社会公众和分析人员最关心的部分，是效益费用分析的重点内容。

(2)外部技术(真实)效益。

外部技术(真实)效益，即项目的兴建能使社会生产及消费的实际机会发生变化的结果。例如建设一个水电站，一般除发电、防洪等直接效果（内部效益）外，还必然带动养殖业、水上运动以及旅游业的发展等社会效果（正效益），此外农牧业又会因土地淹没遭受一定的损失（负效益）。这些都必须包含在效益费用分析中。

（3）外部经济效益。

外部经济效益，即由于商品或服务等的价格变化而引起的社会收入分配的改变。例如某植棉区建设一灌溉系统，本地区的棉花生产者将会得益，但如果棉花价格因产量增加而下跌，则其他地区棉花生产者以及棉花代用品的生产者将因棉花价格下跌而减少收入，这便属于外部经济效益。从社会角度看，棉花生产者减少的收入，恰好是棉花使用者因棉价下跌所得的利益。故外部经济效益属于收入分配的改变，总的社会效益并无显著变化，因此在效益费用分析中不应计入。

（4）外部二次（从属）效益。

外部二次（从属）效益，即由于商品或服务的需求及供给发生变化所引起的效益。比如建设防洪水坝将使某一地区减少洪水损失，但是水患消除的同时将使该地区房屋修缮业、保险业等减少收入，此即为二次效益。二次效益主要也是引起收入分配的改变，故在效益费用分析中也不应计入。

总之，计算社会效益是一件十分复杂的工作，分析人员只能按照具体的情况来加以研究。

某些确实难以用金钱衡量的效益（一般称为无形效益），如美化环境、增进人民健康、延长人的寿命等，则可用其他的物理量来表示或定性地加以说明。例如某城市建设燃气系统解决居民生活问题，除节省煤炭的消耗，节省煤炭及炭渣的运输外，还可节约居民的做饭时间，改善城市卫生环境等，这些都属于无形效益。对于无形效益可通过综合评价，用多目标决策的方法来解决。

4.3.9 增量分析法

1.增量分析概念

在多项方案中，若只允许选择其中一个方案而不能接受其他方案，则这些方案称为互斥方案。对多项互斥方案进行分析时，必须在前面所述分析方法的基础上进行增量分析，也就是对增额投资（投资大的方案与投资小的方案的投资差额）所产生的增额收益进行分析。增加投资一般会增加收益，但所增加的收益是否在经济上合算，投资额的不断增加是否会带来收益的不断增长，这些问题是方案分析中必须解决的问题。

2. 增量分析的步骤

增量分析的一般步骤如下。

①按照初始投资额，由小到大对方案进行排序。

②计算每一方案的相应指标（NPV，IRR，BCR），凡所算得的指标值小于标准值者（NPV 的标准值为 0，BCR 的标准值为 1），即舍弃，不再参加方案间的比较。

③依次计算各对比方案之间（两两相对）的增量指标，舍弃增量指标值小于标准值者，即舍弃投资大的方案而保留投资小的方案，反之则选择投资大的方案为保留方案，最后一个保留方案即为最优方案。

3. 增量净现值

两个方案现金流量之差的净现值为投资增量净现值，如果由投资增额而引起的收益按标准折现率计算的现值大于所增加的投资的现值，即增量净现值大于零，则投资的增加是合算的，因而投资增加的方案是较好的。

4. 增量内部收益率

在多方案比较中，若采用收益率法来分析，则不能按内部收益率的大小来判断方案的优劣，而应以增量内部收益率来分析。

增量内部收益率指投资额不等的 2 个方案之间现金流量之差的内部收益率。对于投资额不等的方案 1 与方案 2，其增量内部收益率的计算公式为：

$$\sum_{t=0}^{n}(\mathrm{NCF}_{1t}-\mathrm{NCF}_{2t})(1+\Delta\mathrm{IRR})^{-t}=0 \tag{4-27}$$

式中，NCF_{1t}为方案 1 第 1 年的净现金流量；NCF_{2t}为方案 2 第 1 年的净现金流量；ΔIRR 为方案 1 与方案 2 的增量内部收益率。

进行方案比选的原则是：$\Delta\mathrm{IRR}\geqslant i_c$时，选取投资额较大的方案；反之，应选取投资额小的方案。

5. 增量投资回收期

增量投资回收期指用增额净收益回收增额投资所需的年限。增量投资回收期侧重于评价增额投资的安全性，由于它不考虑回收期外的收益情况，所以不能全面反映增额投资的经济效益，通常只用于方案的初步比选，并且只作评价的辅助性指标。

将求得的增量投资回收期与标准投资回收期比较，若 $\Delta N \leqslant N_0$，则投资大的方案较优，否则，选用投资额较小的方案。

6. 增量效益费用比

增量效益费用比就是对增加的费用所带来的增量效益进行比较。假定有方案 1 与方案 2 两个方案，且方案 2 的费用大于方案 1 的费用，则有：

$$\Delta \mathrm{BCR} = \frac{\Delta B}{\Delta C} = \frac{B_2 - B_1}{C_2 - C_1} \tag{4-28}$$

$\Delta \mathrm{BCR} \geqslant 1$，则表示投资大的方案比投资小的方案更优。基准方案可以是零方案，也可以是某一个 $\mathrm{BCR} \geqslant 1$ 的最小投资方案，但不能是 $\mathrm{BCR} < 1$ 的方案，因为它本身就不可接受，故不能成为基准方案。

对多项互斥方案进行筛选除用 $\Delta \mathrm{BCR}$ 作为评价指标外，也可以采用净效益指标。可以证明，如果一个投资大的方案的净效益大于投资小的方案的净效益，则投资大的方案的 $\Delta \mathrm{BCR}$ 一定大于 1，反之，如果投资大的方案的净效益小于投资小的方案的净效益，则 $\Delta \mathrm{BCR}$ 一定小于 1。

第5章　敏感性与风险分析

5.1　项目决策分析的不确定性

5.1.1　不确定性产生的原因

在前面考察项目投资的经济效果时，需要使用各种参数，如工程总投资、工程建设期限、交通量、运输成本、年度营运费用等，这些参数是进行公路工程项目经济分析和评价的基础数据，它们或者来自估计，或者来自预测，带有某种不确定性，不可能与实际情况完全吻合。影响因素主要有以下几种。

①原始数据的可靠性不够。如在预测交通量的增长率时，所观测的交通量资料不准。

②原始数据太少，不具有代表性。

③原始数据的处理方法不当。

④所选择的预测模型和预测方法有问题。

⑤国家宏观政策的重大变化。

⑥存在不能计量的因素和未知因素，如通货膨胀等。

⑦各种不可抗力因素，如政治事件、自然灾害的影响等。

⑧市场情况的变化，建设资金的短缺等。

当然，还有其他一些影响因素，例如技术变化、自然条件和资源方面的影响等。在项目经济评价中，如果想全面分析这些因素的变化对项目经济效果的影响是十分困难的，因此在实际工作中，往往需要着重分析和把握那些对项目影响的关键因素，以期取得较好评价的效果。

5.1.2　不确定性分析的概念及方法

当上述各种因素发生时，经济分析中所采用的基础数据将受到重大影响，其后果是使方案经济效果的实际值与评价值偏离，如预期的投资回收期长于实际投资回收期，预期的内部收益率低于实际的内部收益率等，从而使按评价做出的经济决策带有风险。如果基础数据的变化很大，则可能出现预期结果与实际结果完全相反的现象，导致项目投资失败和工程决策失误。造成投资决策失败的原因是投资决策者事先对工程投资面临的风险缺乏认识，对风险可能带来的后果未能做出充分的估计，即经济分析中缺少不确定性分析。

在进行工程项目决策之前，工程经济分析人员应在占有一定信息资料的基础上，对影响投资效果的各技术经济变量进行技术经济预测、分析和评价。这些项目评价都是以一些确定的数据，如项目总投资、建设期、年收益、年经营成本、年利率、设备(项目)残值等指标值为基础，并且认为它们都是已知和确定的，即使某个指标值是估计或预测的，也认为是可靠、有效的。但实际上，由于前述各种影响因素的存在，这些指标值与其实际值之间往往存在着差异，这样就对项目评价的结果产生了影响，如果不对此进行分析，仅凭一些基础数据所做的确定性分析为依据来取舍项目，就可能会导致投资决策的失误。因此，不确定性分析是项目经济评价中的一个重要内容。

为了分析不确定因素对经济评价的影响，应根据拟建项目的具体情况，分析研究各种外部条件发生变化或者测算数据误差对方案经济效果的影响程度，以估计经济分析结果所面临的风险，为投资决策提供风险分析的资料和结果，确定项目在经济上的可靠性，以避免投资决策的失误。

公路工程不确定性经济分析的方法主要有盈亏平衡分析、敏感性分析和风险分析。在具体应用时，要考虑项目的类型、特点，决策者的要求，相应的人力、财力，以及项目对国民经济的影响程度等条件进行选择。一般来讲，盈亏平衡分析只适用于项目的财务评价，而敏感性分析和风险分析则可同时用于财务评价和国民经济评价。

5.2 敏感性分析及其应用

5.2.1 敏感性分析的概念

敏感性分析是研究分析项目的投资、成本、价格、产量和工期等主要变量发生变化时，导致项目经济效益的主要指标发生变动的敏感程度。敏感性分析也称为灵敏度分析，就是要在诸多的不确定因素中，找出经济效益指标的敏感因素，并确定其影响程度，计算出这些因素在一定范围内变化时，有关效益指标之间的对应定量关系（变化率）。同时，也可求出各因素变化的允许幅度（极限值），计算出临界点，考察其是否在可接受的范围之内。

假设某个特定因素，其数值的波动，甚至是较大幅度的波动，并不能影响方案的经济效果，则认为该方案对此特定因素不敏感。反之，如果这个因素即使发生微小的波动，也会严重影响原方案的经济效果，则认为该方案对此因素十分敏感。敏感性分析侧重于对敏感的关键因素（即不利因素）及其敏感程度进行分析。通常是分析单个因素变化，必要时也可分析 2 个或多个不确定因素变化对项目经济效益指标的影响程度。因此，除了采用单因素变化的敏感性分析之外，还可采用多因素变化的敏感性分析。

项目对某种因素的敏感程度，可表示为该因素按一定比例变化时引起项目指标的变动幅度（列表表示），也可表示为评价指标达到临界点（如财务内部收益率等于财务基准收益率，或是经济内部收益率等于社会折现率）时，某个因素允许变化的最大幅度，即极限值。敏感性分析可以使决策者了解不确定因素对项目经济效益指标的影响，从而提高决策的准确性，还可以启发工程经济分析人员对那些较为敏感的因素重新进行分析研究，以提高预测的可靠性。通过进行项目敏感性分析，可以研究各种不确定因素变动对方案经济效果的影响范围和程度，了解工程项目方案的风险根源和风险大小，还可筛选出若干最为敏感的因素，有利于对它们集中力量研究，重点调查和收集资料，尽量降低因素的不确定性，进而降低方案风险。另外，通过敏感性分析，可以知道不确定因素在什么范围内变化能使项目的经济效益最好，在什么范围内变化时项目的经济效益最差，以确定边界条件。

5.2.2　敏感性分析的方法

根据分析不确定因素的多少以及分析时对这些因素变动之间关系的不同假设，可将敏感性分析分为单因素敏感性分析和多因素敏感性分析。

1. 单因素敏感性分析

当只研究一个不确定因素，或虽然研究多个不确定因素，但研究一个因素变动时假定其他因素不变化，便称为单因素敏感性分析。其基本步骤如下。

(1)确定分析指标。

由于敏感性分析是在确定性分析的基础上进行的，故一般敏感性分析指标应与确定性分析所使用的指标相一致。当项目确定性分析中使用的指标比较多时，敏感性分析可围绕其中一个或几个最重要的指标进行。

一般静态投资收益率常用于制定项目规划阶段的评价分析；投资回收期或借款偿还期适用于贷款项目和合资项目，可分析贷款资金短缺对投资偿还能力的影响；净现值和内部收益率则多用于项目详细、综合评价。

(2)用表格形式表示出不确定因素变化率。

对所选定的需要进行分析的不确定性因素，按照一定的变动幅度（如5%，10%等）改变它的数值，然后计算这种变化对经济评价指标的影响数值，并将其与该指标的原始值相比较，从而得出该指标的变化率。

(3)绘制敏感性曲线图。

敏感性曲线图可以更直观地反映出各个不确定因素的变化对项目经济效益指标的影响纵坐标表示项目经济评价指标，横坐标表示不确定因素的变化范围。各因素的变化曲线可反映出各不确定因素在不同变化率情况下的经济评价指标值。

(4)不同变动幅度比较。

将各可变因素计算出来的同一效果指标的不同变动幅度进行比较，选择其中变动幅度最大的因素为该项目的最敏感因素，变动幅度最小的为不敏感因素。也可从敏感性分析图中选择与横坐标相交的角度最大曲线为敏感因素变化线。

(5)确定不确定因素变化的临界值。

不确定因素变化的临界值可以用图解法求得，也可以用代数法求得。不确定因素的变化超过这个极限，项目就由可行变为不可行。将这个幅度与估计可能发生的变动幅度比较，若前者大于后者，则表明项目承担的风险不大，反之，则风险很大。

2.多因素敏感性分析

研究多个因素同时变化对项目经济效果的综合影响，称为多因素敏感性分析。在单因素敏感性分析中，当计算某个不确定性因素对项目投资评价指标的影响时，是基于其他影响因素均保持不变的假设前提之下，但在实际中各种因素的变动可能存在着相互关联性，一个因素的变动往往引起其他因素也随之变动，这对项目所造成的风险比单因素不确定性造成的风险大。

因此，在对项目进行风险分析时，还需要进行多因素敏感性分析，多因素敏感性分析要考虑可能发生的各种因素不同变动幅度的多种组合，计算要比单因素敏感性分析复杂得多，一般采用解析法和做图法相结合的方法进行。

假定项目其他参数保持不变，仅考虑 2 个参数同时变化时对项目经济效益的影响，称为双参数敏感性分析。可先通过单参数敏感性分析确定 2 个敏感性较强的参数，然后用双参数敏感性分析判定这 2 个参数同时变化时对项目经济效益的影响，其具体分析步骤如下。

①建立直角坐标系，横轴 x 与纵轴 y 分别表示 2 个参数变化率。

②建立项目经济效益指标与参数变化率的关系式。

③取经济效益指标的临界值，得到一个关于 x, y 的函数方程，并在坐标图上画出函数图像，即为经济指标的临界线。

④根据上述敏感性分析图进行敏感性分析。

三参数敏感性分析是在项目其他参数不变情况下，研究有 3 个参数同时变化时对项目经济效益的影响，它建立在双参数敏感性分析的基础之上。其做法是：在 3 个参数中选定 1 个参数，在某一变化范围内令该参数取不同值后得到若干条双参数临界线，然后用这些临界线组成的敏感性分析图进行具体分析。

5.3　风险分析的方法

敏感性分析是在不确定条件下，分析一个工程项目的经济效果，用来描述当经济参数存在估计误差或发生变化时，该项目的经济效果所发生的相应变化，以及变化的敏感程度。但是，敏感性分析并不能提供经济效果变化的可能性大小，不能对一个项目所承担的风险做出定量估计，它只能定性地加以说明。

风险分析不同于敏感性分析，它可以根据各种可变参数的概率分布来推测一个项目在风险条件下获利的可能性大小，或者是项目所承担的风险大小。因此，风险分析也称为概率分析。工程项目的风险可用某一效益指标的不利值来度量，或用某一效益指标的期望值、方差来表示。我们把通过求解效益指标不利值的概率来估计项目风险的分析方法称为风险分析。

风险分析中的可变参数，一般常包括现金流量、寿命、贴现率等。这些参数可以是独立的，也可以是与时间有关的或者是彼此有关的。若能预先确定出这些参数的概率分布，将它们加以归并便可得到效益指标的概率分布。

风险分析有 2 种方法，即解析法和蒙特卡洛法。需要指出的是，公路工程项目经济评价中的各种参数，常常缺乏足够的历史统计资料，大部分不能使用建立在大量数据基础上的客观概率来表达，因此在实际工作中，人们经常使用建立在主观估计上的主观概率分布。

5.3.1 解析法

1. 随机变量独立时的风险分析

设净现金流量 $C_j=(j=0,1,2,\cdots,n)$ 是相互独立的随机变量，并令 PW 满足如下关系：

$$\mathrm{PW}=\sum_{j=0}^{n}(1+i)^{-j}\cdot C_j \tag{5-1}$$

式中，PW 为净现值；i 为利率；n 为计息期或项目周期。

则有：

$$E[\mathrm{PW}]=\sum_{j=0}^{n}(1+i)^{-j}\cdot E[C_j] \tag{5-2}$$

$$V[\mathrm{PW}]=\sum_{j=0}^{n}(1+i)^{-2j}\cdot V[C_j] \tag{5-3}$$

式中，$E[C_j]$为随机变量的期望值；$E[\mathrm{PW}]$为净现值的期望值；$V[\mathrm{PW}]$为随机变量的方差；$V[C_j]$为净现值的方差。

2. 随机变量与时间相关时的风险分析

设净现金流量是一组非独立（与时间有关）的随机变量。在这种情况下，为简化起见，可把每年的净现金流量分解成 2 个分量，一个是逐年独立的现金流量 x_j，另一个是与时间相关的现金流量 y_j，则第 j 年的净现金流量 C_j 为：

$$C_j=x_j+y_{j1}+y_{j2}+\cdots+y_{jm} \tag{5-4}$$

式中，x_j 对 y_j 是独立的。Y_{jk} 对 j 是相关的，对 k 是独立的，即 $y_{0k},y_{1k},\cdots,y_{nk}$ 是相关的，而 $y_{j1},y_{j2},\cdots,y_{jm}$ 是独立的。则净现值的期望值和方差可按下式计算：

$$E[\mathrm{PW}]=\sum_{j=0}^{n}E[x_j](1+i)^{-j}+\sum_{j=0}^{n}\sum_{k=1}^{m}E[y_{jk}](1+i)^{-j} \tag{5-5}$$

$$V[\mathrm{PW}]=\sum_{j=0}^{n}V[x_j](1+i)^{-2j}+\sum_{j=0}^{n}\left\{\sum_{k=1}^{m}\sigma[y_{jk}](1+i)^{-j}\right\}^2 \tag{5-6}$$

式中，$E[x_j]$，$E[y_{jk}]$分别为随机变量 x_j，y_{jk} 的期望值；$V[x_j]$ 为随机变量 x_j 的方差；$\sigma[y_{jk}]$为随机变量 y_{jk} 的标准差。

5.3.2 蒙特卡洛(模拟)法

在风险分析中，解析法多用于解决比较简单的问题，比如只有净现金流量或寿命期是随机变量，效益指标是净现值（或净年值）而不是收益率等。但是当项目风险变量个数多于 3 个，每个风险变量可能出现 3 个以上状态时，如现金流量、寿命期及贴现率都是随机变量，效益指标要求确定收益率的概率分布，而这些随机变量又可能是非独立的，这时采用解析法将很困难甚至不可能，而蒙特卡洛法却能很方便地解决这类问题。

1. 蒙特卡洛法的概念

蒙特卡洛法是一种统计试验法，它是通过多次模拟试验，随机选取自变量的数值来求效益指标特征值的一种方法。它的主要优点是无需进行复杂的数学运算，只要经过多次反复试验，便能获得评价指标的概率分布、期望值、方差、标准差，计算项目由可行转变为不可行的概率，从而估计项目投资的风险。由于这种方法的试验次数很多，需要借助计算机模拟才能有效地进行。

2. 蒙特卡洛方法的应用步骤

①确定风险分析所采用的评价指标，如净现值、内部收益率等。

②确定对项目评价指标有重要影响的随机变量。

③分析并确定出这些随机变量的概率分布。

④通过模拟试验随机选取各随机变量的值，并使选取的随机值符合各自的概率分布，随机数可利用随机数表查取，或直接用计算机求出。

⑤建立经济评价指标的数学模型。

⑥根据模拟试验结果，计算出经济评价指标的一系列样本值。

⑦经过多次模拟试验，求出经济评价指标的概率分布或其他特征值。

⑧检验试验次数是否满足预定的精度要求。

3. 蒙特卡洛法中风险变量的选取与模拟次数

在进行蒙特卡洛模拟时，假设风险变量之间是相互独立的，在风险分析中会遇到输入变量的分析程度问题。一般而言，变量分解得越细，风险变量个数也就越多，模拟结果的可靠性也就越高；变量分解程度低，变量个数少，模拟可靠性降低，但能较快地获得模拟结果。对一个具体项目，在确定风险变量分解程度时，往往与风险变量之间的相关性有关。变量分解过细往往造成变量之间有相关性，例如，产品销售收入与产品结构方案中各种产品数量与各种产品价格有关，而产品销售量往往与销售价格存在负相关关系，各种产品的价格之间同样存在或正或负的相关关系。如果风险变量本来是相关的，模拟中视为独立变量进行抽样，就可能导致错误的结论。为避免此问题，可采用以下办法处理。

(1)限制输入变量的分解程度。

例如,不同产品虽有不同价格,但如果产品结构不变,可采用平均价格。又如销量与售价之间存在相关性,则可合并销量与价格作为一个变量,但是如果销量与售价之间没有明显的相关关系,还是把它们分为2个变量为好。

(2)限制风险变量个数。

模拟中只选取对评价指标有重大影响的关键变量,除关键变量外,其他变量认为保持在期望值上。

蒙特卡洛法的模拟次数。从理论上讲,模拟次数越多越正确,模拟次数过少,随机数的分布就不均匀,影响模拟结果的可靠性,一般在200～500次之间为宜。

第 6 章　公路建设项目经济评价

6.1　公路建设项目费用与效益

6.1.1　经济效益与经济费用

经济效益是指项目为国民经济所做的贡献，一般评价时只计算直接效益。而经济费用是指项目投入物的经济价值，也就是指国民经济付出的全部代价。

公路建设项目的经济效益如下。

(1)客、货运输成本降低的效益。

(2)相关公路减少拥挤使得客、货运输成本降低的效益。

(3)公路里程缩短而节约的客、货运输费用。

(4)节约旅客、货物在途时间的效益。

(5)减少交通事故而产生的效益。

(6)减少货物损害而产生的效益。

公路建设项目的经济费用是指投入兴建和经营此项目花费的全部费用，包括公路建设费、公路大修费、公路养护费、交通管理费、残值(负值)。

6.1.2　财务效益与财务费用

财务效益是该项目建成后的总收入。财务费用是项目建设和管理所花费的总费用。

公路建设项目的财务效益为公路建成后各路段通过车辆的收费总收入。财务费用为建设和管理该公路所支出的全部费用，包括公路建设费、公路大修费、公路小修保养费、交通管理费。

财务评价的主要指标有财务效益费用比(FBCR)、财务净现值(FNPV)、财务内部收益率(FIRR)和财务投资回收期(N)。

财务评价的重要参数有基准收益率、基准投资回收期等。这些参数分别由行业测定，经有关部门综合调整后发布。

6.1.3 公路建设项目经济评价与财务评价的区别

(1)评价角度不同。

国民经济评价是从国家的角度考察项目对国民经济的贡献以及需要国民经济付出的代价,以确定投资行为的经济合理性;财务评价是从项目财务角度考察项目的盈利状况及借款偿还能力,以确定投资行为的财务可行性。

(2)效益与费用的含义及划分范围不同。

国民经济评价是针对为社会提供的有用新产品和服务所耗费的有用资源,来考察项目的效益和费用,故补贴不计为项目的效益,税金和国内借款利息均不计为项目的费用,项目引起的间接效益与费用也要进行计算和分析。财务评价是根据项目实际收支确定项目的效益和费用,补贴计为效益,税金和利息均计为费用,只计算项目直接发生的效益与费用,不考虑间接效益与费用。

(3)采用的价格不同。

国民经济评价采用影子价格;财务评价对投入物和产出物采用财务价格(即市场价格)。

(4)计算的费用不同。

财务评价计算的效益,是能从财务上得到反映自身受益的部分,表现为收费;国民经济评价计算的效益,包括全社会使用者获得的全部效益。

(5)参数不同。

国民经济评价采用统一测定的影子汇率和社会折现率;财务评价采用官方汇率和行业基准收益率。

一般情况下,财务评价与国民经济评价的结论均可行的项目,应予通过。国民经济评价结论不可行的项目,一般应予否定。对某些特殊的急需修建的项目,如国民经济评价合理,而财务评价不可行,应重新考虑方案,必要时也可向主管部门提出采取相应经济优惠措施的建议,使项目具有财务上的生存能力。

6.1.4 公路建设项目经济评价中确定费用与效益的基本原则

1. 公路建设项目评价的特点

公路建设项目的国民经济评价是一个综合性评价。公路建设项目是一个生产与服务性项目，多数项目是公益性的服务项目，因此对公路建设项目仅从经济角度计算直接经济效益进行评价是不准确的，应考虑全社会使用公路获得的社会效益。项目的效益是指对国民经济所做的贡献，分为直接效益和间接效益。直接效益是指由项目产出物产生并在项目范围内计算的经济效益；间接效益是指项目引起而在直接效益中未得到反映的那部分效益。

2. 确定费用与效益的基本原则

(1)采用“有项目”“无项目”比较法的原则。

“有项目”“无项目”比较法，是指在拟建项目建设的情况下发生的各种费用和效益与假定拟建项目不实施的情况下发生的各种费用和效益两者进行比较，来确定拟建项目费用与效益的一种方法。这种比较对于准确衡量项目所带来的净收益是非常必要的。

(2)遵循效益与费用计算口径对应一致的原则。

公路建设项目的经济评价是支出费用与获得效益的相对比较，一般应按照费用与效益计算范围对应一致的原则进行计算。

(3)经济评价计算年限统一的原则。

公路建设项目经济评价计算年限为建设年限加公路投入使用后的预测年限，投入使用后的预测年限原则上按 20 年计算。

3. 评价的方法与步骤

(1)搜集、整理基础资料和数据。

在进行经济评价之前，应搜集、整理(包括外业调查)所需的基础资料和数据。

(2)确定国民经济评价参数及项目分析期。

(3)费用调整。

用影子价格对项目的费用进行调整，并扣除国民经济内部的转移支付部分，将项目的财务费用调整为经济费用。

(4)汽车运输成本调整。

用影子价格对汽车运输财务成本进行调整，扣除国民经济内部的转移支付部分，将汽车运输财务成本调整为经济成本，为计算项目的经济效益做好准备。

(5)经济效益分析计算。

分析计算“有项目”与“无项目”对比产生的能用货币计量的效益。

(6)计算国民经济评价指标。

根据调整好的项目费用和效益计算国民经济评价指标。

(7)国民经济评价敏感性分析。

确定影响国民经济评价的敏感因素及其波动幅度,进行敏感性分析。

(8)确定收费标准。

测算并确定项目不同车型的收费标准。

(9)计算财务评价指标。

根据已知的项目费用和项目收费收入标准计算财务评价指标。

(10)财务评价敏感性分析。

确定影响财务评价的敏感因素及其波动幅度,进行敏感性分析。

(11)贷款偿还能力分析。

根据项目贷款额度、贷款利率及收费收入进行项目贷款偿还能力分析。

6.2 影子价格分析

6.2.1 影子价格的概念

所谓影子价格,是指完全竞争市场条件下,资源得到最优配置和最有效利用时的市场价格,表示假定没有市场价格偏差时测定的货物和服务经济价值的价格。它反映市场的供求关系,但不同于市场的实际价格。影子价格是国民经济评价的重要参数,是依据国民经济评价的定价原则测定,能真实反映投资项目的投入物和产出物的价值。

影子价格的作用就是在投资项目的国民经济评价中,使出现偏差和扭曲的价格得以纠正,通过对项目费用与效益比较,实现社会资源的合理配置和有效利用。在市场达到完全竞争时,市场机制比较完善,市场价格是可以基本反映影子价格所需条件的,此时可以将市场价格作为投资项目国民经济评价的计算价格。

但在实际情况中,完全竞争的市场条件是不存在的,市场价格存在偏差,因此在国民经济评价时,对投资项目的主要投入物、产出物的价格需要进行调整,使之成为影子价格才能运用。

6.2.2 影子价格的计算方法

在国民经济评价时,一般仅对主要的生产因素和投资项目的主要投入物和产出物及主要市场偏差进行影子价格计算。通常根据投资项目的投入和产出中对国民经济的发展、对国家进出口水平以及对国内供求关系等产生较大影响的稀缺资源进行影子价格计算，对无关紧要的资源就不必进行计算。进行影子价格计算时，应根据货物类型确定计算方法。

1. 贸易货物

可进口或可出口的、影响国家进出口水平的货物划为贸易货物。贸易货物影子价格的计算方法有口岸价格法与换算系数法。

(1)口岸价格法。

贸易货物影子价格是按照其对国民经济的影响，以口岸价格为基础，根据港口、投资项目所在地、投入物的国内产地、产出物的主要市场所在地和交通运输条件等，对流通领域的国民经济费用支出进行调整后而分别确定的。所以，同一种货物在不同的经济条件下具有不同的影子价格。计算公式为：

出口货物(产出物)影子价格＝离岸价格×影子汇率－国内运费－贸易费用　　(6-1)

国内运费和贸易费用是在组织产品出口时，需要消耗资源的费用，所以是出口所必需的国民经济费用。出口货物的影子价格应当从外汇收益中扣除这部分国民经济费用，按照净得的收益计算。

进口货物(投入物)影子价格＝到岸价格×影子汇率＋国内运费＋贸易费用　　(6-2)

国内运费和贸易费用是进口所必需的国民经济费用，所以要作为进口投入物影子价格的一部分。

投资项目使用可出口货物(投入物)的影子价格＝离岸价格×影子汇率－从供应者到最近口岸的国内运费和贸易费用＋从供应者到投资项目所在地的国内运费和贸易费用　　(6-3)

出口货物转为国内使用，国民经济损失的是离岸价格扣除供应者到口岸的国内运费和贸易费用后的净收益，应当作为投资项目使用该货物的国民经济费用。出口货物由于拟建投资项目而不再出口，应当再加上从供应者到投资项目所在地的国内运费和贸易费用作为影子价格的一部分。

在具体计算时，由于贸易费用是按口岸价格计算的，而且费率差别不大，因此实际中贸易费用可以忽略不计。

替代进口货物(产出物)＝到岸价格×影子汇率
　　＋从购买者到最近口岸的国内运费和贸易费用
　　－从购买者到投资项目所在地的国内运费和贸易费用　(6-4)

从购买者到口岸的国内运费和贸易费用是进口时必需的国民经济费用,应当作为影子价格的一部分。由于拟建投资项目不再进口了,这部分成本就成为投资项目的国民经济收益,同时要减去对内销售该货物必须消耗的国内运费和贸易费用,求得该产出的净收益。具体计算时,贸易费用也可忽略不计。

(2)换算系数法。

在实际中,也可以根据资料测算,对常用的外贸货物取各个贸易货物的换算系数来计算其影子价格。换算系数是调整所得到的影子价格同国内市场价格的一个估算平均比率。利用换算系数可以简化计算,只要将国内市场价格乘以换算系数,就能调整为影子价格。其计算公式为:

换算系数＝调整后的影子价格/国内市场价格　(6-5)

由于不同类别的货物价格差别很大,因此应采取不同的换算系数。

2. 非贸易货物

不进口或不出口的、主要影响国内供求关系的货物划为非贸易货物。非贸易货物主要指由于运输费用太大,大于当地的生产成本或国家贸易政策限制而不能跨越边境的货物。非贸易货物可按产出物和投入物分别计算其影子价格,也可用成本分解法等计算其影子价格。

(1)非贸易产出物影子价格的计算方法。

增加国内供应数量满足国内需求的,产出物影子价格从市场价格、协议价格、同类企业产品的平均分解成本中选取。

(2)非贸易投入物影子价格计算方法。

①投资项目所需的某种投入物,通过原有企业挖潜来增加供应,不必新增投资,此时,可对它的可变成本进行成本分解,得到货物出厂的影子价格,再加上运输费用和贸易费用,就得到该投资项目所需货物的影子价格。

②投资项目所需的投入物必须扩大生产规模才能满足,需要新增投资。此时,可对它的全部成本进行分解得到货物出厂影子价格,加上运输费用和贸易费用,就得到该项目使用这种货物的影子价格。

③投资项目需要的某种投入物是极为紧缺的短线物资,无法通过扩大生产

能力来供应，只有去挤占其他用户的用量才能得到，此时，影子价格取市场价格、协议价格二者之中较高者，再加上贸易费用和运输费用。

(3)成本分解法。

成本分解法是将非贸易货物的国内市场价格，分解为各个组成部分，然后根据各种资源的影子价格、换算系数、资金回收系数等进行一系列调整来计算影子价格的一种方法。其步骤如下。

①数据准备。列出该非贸易货物按生产费用要素计算的单位财务成本，其主要要素有：原材料、燃料和动力费，工资及职工福利费，折旧费，大修理费，流动资金利息支出以及其他支出。对其中重要的原材料、燃料和动力，要详细列出价格、耗用量和耗用金额，列出单位货物所占用的固定资产原值或耗费的国民经济费用，以及占用流动资金数额，调查确定或设定该货物生产厂的建设期、建设期各年投资比例、经济寿命期限及寿命期终了时的固定资产余值。

②计算重要原材料、燃料、动力、劳动力等投入物的影子价格及单位费用。

③对固定资产投资进行调整和等值计算。根据建设期各年投资比例，将固定资产投资额分摊到建设期各年。

④用固定资金回收费用取代财务成本中的折旧费。

⑤用流动资金回收费用取代财务成本中的流动资金利息。

⑥财务成本中的其他投资项目可不予调整。

⑦完成上述调整后，各项国民经济费用重新计算的总额即为该货物的出厂影子价格。

(4)支付意愿法和机会成本法。

①支付意愿法。支付意愿是指消费者为获得某种商品或服务所愿意付出的价格。在完善的市场中，市场价格可以正确地反映消费者的支付意愿。

②机会成本法。机会成本是指用于投资项目的某种资源若不用于本投资项目而用于其他替代机会，在所有其他替代机会中所能获得的最大国民经济效益。

6.2.3　公路建设项目主要投入物影子价格的确定

公路建设项目投入物的经济评价一般仅确定外汇、劳动力、土地及主要材料的影子价格。

1. 外汇影子价格

投资项目时有时使用外汇，将外汇换算成本国的货币价格，就需要计算外汇的影子汇率。影子汇率即为外汇的影子价格，是国民经济评价的重要参数。影子汇率的计算公式为：

影子汇率 = 官方汇率 × 影子汇率的换算系数

影子汇率的换算系数是影子汇率与官方汇率的比值系数，我国的官方汇率即为我国政府公布的人民币外汇牌价。

2. 劳动力影子价格

在项目投资中，劳动力价格是影响成本的重要因素。劳动力的影子价格就是影子工资。影子工资是国家和社会在项目建设时使用劳动力而付出的代价。影子工资的大小与国家的社会经济状况、劳动力的充裕程度以及采用的评价方法等因素有密切的关系。影子工资的计算公式为：

影子工资 =职工的实际工资与提取的职工福利基金（称名义工资）
× 工资换算系数

一般建设项目影子工资的换算系数为 1；大量使用普通劳动力的公路建设项目，影子工资的换算系数为 0.5；对于专业性较强、技术比较复杂、需要大量的熟练工的项目，换算系数可大于 1；对于劳动力富裕、就业压力大、非技术性和非熟练工的项目，换算系数可小于 1。

3. 土地影子费用

①土地是公路建设的特殊投入物。在国民经济评价中，土地影子费用包括拟建项目占用土地而使国民经济为此放弃土地机会成本，以及国民经济为项目占用土地而新增加的资源消耗（如拆迁费用、剩余农业劳动力安置费等）。

②土地机会成本按照拟建项目占用土地而使国民经济为此放弃的土地"最好可行替代用途"的净效益测算，原则上应根据具体项目情况，由项目评价人员自行测算。在难于测算的情况下，可参照国家发改委《建设项目经济评价方法与参数》中给出的数据。

③计算土地机会成本时，项目评价人员应根据项目占用土地的种类，分析项目计算期内技术、环境、政策、适宜性等多方面的约束条件，选择该土地最好可行的替代用途（包括现行用途）进行比较，以其中效益最大者为计算基础。

④按国民经济评价费用与效益划分原则，项目实际征地费用可以划分为 3 部分。

a. 属于机会成本性质的费用，如土地补偿费、青苗补偿费等。

b. 新增资源消耗费用，如拆迁费用、剩余劳动力安置费、养老保险费等。

c. 转移支付，如粮食开发基金、耕地占用税等。

4. 主要材料的影子价格

公路建设项目的主要投入物有钢材、水泥、沥青、土、砂、石等。主材分贸易货物与非贸易货物，分别采用贸易货物与非贸易货物的影子价格计算方法。

6.3 国民经济评价与财务评价

6.3.1 公路建设项目国民经济评价

公路建设项目国民经济评价是公路建设项目可行性研究报告的重要组成部分。其主要目的是通过预测公路建设项目经济效益与工程项目建设所花费的费用比较，并对项目的经济合理性进行多方案论证，做出正确的评价，以确定项目的可行性。公路建设项目的经济效益与交通量、使用年限、建设费用有直接关系。

6.3.1.1 公路建设项目经济效益的概念与形式

1. 经济效益的概念与形式

公路建设项目经济效益是指公路建成后全社会使用者所获得的可以通过货币直接计算的效益，是公路建成后和建设期间给国民经济带来的效益（建设期间，如拉动内需、创造就业机会等；建成后为社会带来的各种效益，如节约交通运输时间、减少货物损害等），是为国民经济所做的净贡献，其形式一般包括直接效益和间接效益。

直接效益是可用货币形式表现的项目产出物的经济价值；间接效益是无法用货币形式表现的，是对社会各方面所产生的效益，不能在直接效益中反映的那部分效益。

2. 相关概念

(1)交通量。

公路建成后所带来的可以用货币形式计量的效益，是公路使用者获得的直接效益，而交通量是计算项目效益的基本数据。公路建设项目评价的原则是采用“有项目”和“无项目”比较法进行，因此交通量可划分为有该项目和无该项目条件下的交通量。

①正常交通量。主要指改、扩建项目不受改、扩建影响自然变化的交通量。其效益是改、扩建项目形成的汽车运输成本之差额。

②转移交通量。包括从其他运输方式(如铁路、水运)转移来的交通量,和从其他相关公路转移到新路上的交通量。

③诱增交通量。诱增交通量指原来没有发生,由于新建了公路导致运输成本降低而新产生的交通量。通常分为两类:一类运量是原先处于潜在状态,由于不建公路,运输不太方便或运输成本太高而不值得运输,但有此项目后便产生了这种运输;另一类运量是有了公路建设项目后所带来的经济活动而引起的。

诱增交通量所产生的效益,按照国内外的习惯做法,以正常交通量效益的1/2来计算。

(2)汽车运输成本。

在公路建设项目经济效益中有相当部分是由汽车运输成本的降低所产生的效益,汽车运输成本是公路经济效益计算中十分重要的因素。

汽车运输成本是公路运输承运者进行旅客、货物运输所消耗的以货币形式表现的一切费用。汽车运输成本一般分为车辆费用和企业管理费用。

影响汽车运输成本的因素很多,如路况、公路等级、车速、交通量等。不同的公路等级,若车速不一样,成本也不一样;即使相同的等级,对于不同的交通量,汽车运输成本也不一样。

在实际应用中,主要研究公路等级和交通量与汽车运输成本之间的关系。和交通量的划分一样,通过“有项目”“无项目”比较法分析运输成本。

6.3.1.2 经济效益测算

公路建设项目经济效益是通过“有项目”“无项目”比较法所产生的效益来测算的,主要包括以下几部分。

1.公路晋级的效益

客、货运输成本降低的效益即公路晋级的效益,是指由于公路建设项目的实施,使得旅客、货物运输成本降低所产生的效益。新建公路项目运输成本降低额,按没有此公路时,旅客、货物通过其他公路或其他运输方式的运输成本,与有此公路时旅客货物运输成本之差额来计算。改建公路项目运输成本降低额按与公路未经改建时评价年度交通量状况下的旅客、货物运输成本之差额来计算。

2. 减少拥挤所产生的效益

无此项目时，原有相关公路的交通量不断增加，平均行车技术速度相应降低，单位运输成本亦不断提高。有此项目后，使原有相关公路部分交通量发生转移从而减少拥挤，原应提高的单位运输成本不再提高，此项金额的节省即为效益。

3. 缩短里程而产生的效益

公路因改建而缩短里程，节约了货物、旅客运输费用，其节约金额，以改建当时交通量状况下的货、客运输成本计算。

4. 货物节约在途时间的效益

货物节约在途时间的效益，指货物运送速度提高引起资金周转缩短而获得的效益按在途物资所需资金利息（国民经济评价时采用社会折现率）的减少支出量计算。

5. 旅客节约在途时间的效益

旅客节约在途时间的效益以旅客旅行时间缩短，可多创造的国民收入来考虑，其金额以每人平均创造国民收入（净产值）的份额来计算。

6. 公路减少交通事故而节约的效益

拟建项目实施后导致交通事故减少，其节约的费用以事故率差及事故平均损失费用计算。

7. 减少货损事故节约的效益

减少公路货损事故所节约的效益按货损率差及评价年度在途货物平均价格计算。

8. 全社会公路使用者的效益

全社会公路使用者的效益即为上述七项效益之和。

以上所述，是公路建设项目必须考虑和应进行计算的各种效益。显而易见，这些都是属于项目的外部效益，其投资效果具有公用性，总是与其他国民经济各部门的效果相互作用而产生。因此，在进行公路建设项目可行性研究时，应从整个国民经济和地区经济的发展出发，着重做好国民经济评价。

6.3.1.3　经济费用测算

公路建设的经济费用是在公路可行性研究报告估算的基础上进行调整计算。

1. 项目建设费用计算

公路建设项目的经济费用计算是在项目投资估算的基础上，对建筑安装工程费中的人工、木材、钢材、沥青、水泥等主要材料做影子价格调整，并对其他基本建设费中的土地占用费做影子价格调整，剔除估算费用中的税金、贷款利息等国民经济内部转移支付费用后所得的费用。

2. 公路工程大修和养护管理费用计算

公路工程大修和养护管理费用应根据各地区的实际情况，结合各等级公路的技术状况和服务水平进行测算，并参照公路建设费用的调整方法进行调整。

3. 汽车运输成本费计算

由于受公路运输条件、公路的技术状态、交通的拥挤程度以及经济发展诸多因素的影响，汽车运输成本每年都是变化的。影响汽车运输成本变化的重要因素之一是平均技术车速。平均技术车速低，汽车运输成本高；平均技术车速高，汽车运输成本低。而平均技术车速又受公路交通量的制约。

汽车运输成本是项目效益计算的重要参数，公路建设项目的效益主要以汽车运输成本的降低来反映。为了正确估价项目所产生的效益，必须对汽车运输成本进行调整，调整采用对汽车运输成本构成要素分解的方法，其步骤如下。

①列出汽车运输成本各要素在单位成本中所占的比重，并扣除车船使用税。

②对运输成本中的燃料、人工工资等进行影子价格换算。

③对轮胎费用、保修费、大修费、养护费等主要是扣除转移支出部分的费用，将财务费用还原为经济费用。

④对车辆折旧费用要重新换算为车辆资金回收费用。

⑤最后，将汽车运输财务成本还原为经济成本。

6.3.1.4 经济评价指标及评价方法

公路建设项目经济评价包括国民经济评价和财务评价。

1. 经济评价指标

国民经济评价的指标有净现值（ENPV）、效益费用比（EBCR）、内部收益率（EIRR）和投资回收期（N）。经济评价指标是在效益费用折现的基础上计算的。评价计算期内某一年的费用和效益乘以该年的折现系数，等价转换成基年的费用和效益。

（1）净现值（ENPV）。

净现值就是项目效益的现值总额减去项目费用的现值总额的差额，或项目在评价期内各年的净效益折现到基年的现值之和。净现值反映的是项目对国民经济所做贡献的指标。

净现值 ENPV＞0，说明评价期内项目总收益大于总费用，项目可行。

ENPV＜0，说明评价期内的总收益小于总费用，项目不可行。

ENPV＝0，效益现值总额等于费用现值总额，说明项目获利能力仅达到刚能补偿投资的水平。ENPV 的数额越大，说明方案越优。

(2)效益费用比(EBCR)。

效益费用比是项目评价年限内各年效益的现值总额和各年费用的现值总额的比率，其经济含义为每万元的投资费用可获得多少效益。

当 EBCR＞1 时，说明项目的获利将超过项目的投入，项目可行。

EBCR＜1，说明项目的获利将不足抵偿项目的投入，项目不可行。

EBCR＝1，说明项目效益现值总额等于费用现值总额，获利与投入相等。

(3)内部收益率(EIRR)。

内部收益率即项目在计算年限内，使各年净现值的累计值等于零的折现率。用一种折现率使其项目的费用现值总额和效益现值总额相等，这个折现率即为内部收益率。

(4)投资回收期(N)。

投资回收期是以项目的净效益抵偿项目建设总投资所需要的时间，即项目的费用和效益相抵需要的年份数。其中，静态投资回收期采用费用、效益原值，不考虑货币时间价值因素；动态投资回收期要包含时间价值因素，即对建设投资费用和效益采用同一折现率折为现值，然后再计算费用和效益相抵的年限。通常计算动态投资回收期。

采用投资回收期作为评价指标，主要是根据收回投资年限的长短来作为衡量和筛选项目的标准和依据。一般地讲，投资回收期短表明获利能力较强，风险较小。

2. 评价方法

国民经济评价方法采用的是多方案比较。多方案比较是对同一公路建设项目的多种不同方案进行分析对比，寻求其中一种比较经济合理的方案。在计划决策部门，多方案比较可作为项目立项，项目排队的依据。

在多方案比较中，可按各方案所含的所有因素计算经济效益，进行全面的技术经济对比，也可仅就一些主要因素计算比较经济效益，进行局部对比。方案比较应注意两点：一是保持各个比较方案的可比性，二是每个独立方案首先应是可行的。

公路建设项目方案比较时，对于投资相等的不同方案的比选可采用国民经济评价的4个指标。对投资不等的方案比选可采用动态计算的差额效益费用比、差额投资内部收益率及静态投资回收期和动态投资回收期等指标。

差额效益费用比是2个方案效益差额的现值累计与支出费用差额的现值累计值的比率。如果BCR>1，说明第2方案优于第1方案，反之则第1方案优于第2方案。

差额内部收益率是2个方案净现金流量(净效益)差额的现值之和等于零时的折现率。若差额投资内部收益率大于基准折现率或社会折现率时，第1方案较优；若差额投资内部收益率小于基准折现率或社会折现率时，则第2方案较优。

6.3.2 公路建设项目的财务评价

公路建设项目财务评价是公路建设项目可行性研究报告的重要组成部分。

所谓财务评价，是指在国家现行财税制度和市场价格体系下，从项目的财务角度出发，根据项目的实际现金支出(国内外贷款)和现金收入(收取的路桥费)，测算项目的费用和效益，考察其清偿债务的能力和采取的收费方式与收费标准等财务状况，以判断建设项目在财务上的可行性。

公路建设项目财务评价的前提条件是项目的全部或部分投资，须通过收取路桥费予以偿还。财务评价的内容是通过项目资金投入和收费收入的比较研究，分析该项目的偿还能力。财务评价的目的是通过分析项目的收费收入能否抵偿项目贷款，并将其作为判断项目取舍，确定项目投资的依据之一。

6.3.2.1 建设项目的资金来源

(1)公路建设项目的资金来源。

公路建设项目的资金来源有国家基本建设计划之内与计划之外2种。

(2)需要进行财务分析的公路建设项目。

从资金来源上分主要有2类。

①国内贷款项目。包括国家计划内的拨改贷项目，国家计划外的信贷项目，以及地方发行的公路(桥梁)建设债券。

②国外贷款项目。包括接受国外贷款(如国际金融机构、政府、私人贷款)项

目和吸收外商直接投资(外商独资建设、中外合资)项目。

(3)高速公路建设 PPP 融资模式。

PPP(public-private-partenership)是指政府公共部门与民营部门合作过程中,让非公共部门所掌握的资源参与提供公共产品和服务,从而实现政府公共部门的职能,并同时为民营部门带来利益。

PPP 模式的真正含义指的是政府与社会资本之间的有效合作,通过授予相应的特许经营权,并且保证利益共享和风险共担的要求,然后在市场之中进行相应的合作建设或者公共物品和服务的提供,以此提高实际的效率和质量,进而达到双赢的局面。

我国的高速公路建设是一个非常庞大且复杂的工程项目,所以需要较多的资金投入以及长期稳定的发展。所以我国政府也尝试了多种的融资模式,而最终选择了 PPP 融资模式。因为 PPP 融资模式的价格调整机制非常灵活。除此之外,因为我国传统的高速公路建设都是以银行借贷进行建设,然后以高速公路收费来进行还债,所以会给政府带来较大的债务危机。而通过 PPP 的融资模式在高速公路建设之中的有效应用,不仅可以有效盘活存量的资产,还可以解决政府的债务危机,从而促进高速公路建设的顺利进行。

(4)高速公路 BOT 融资模式。

BOT 是 20 世纪 80 年代以来在国际上出现的一种新的项目融资模式,是“build-operate-transfer”的简称,其含义是“建设—运营—移交”,政府通过出让建设项目一定期限的经营权、收益权来吸引民间资本投资建设,而项目的投资者在规定的经营期限结束后将该项目的产权无偿地移交给当地政府。据此,高速公路 BOT 融资方式是指政府通过招投标方式选定中标企业并与其达成特许经营协议,授予该高速公路项目投资者以一定期限(通常是 20～30 年)的特许经营权,许可其投资、融资、建设、经营和维护高速公路建设项目,并准许其进行高速公路通行服务收费或沿线服务设施的经营以清偿贷款、回收投资并赚取商业利润,当特许期限届满时,将公路项目无偿移交给政府,转由政府指定部门经营和管理。

高速公路 BOT 项目融资模式作为特许经营的一种,具有很强的高速公路项目融资和经济效率改善功能。一方面,高速公路 BOT 融资模式具有很强的项目融资功能。在建设资金缺乏的情况下,运用 BOT 模式进行高速公路投资建设,将国内外经济组织和私人资本吸收到公路建设领域,不仅可以有效缓解我国公路建设资金紧缺问题,加快公路建设的步伐,能够减少政府直接投资所带来的财政负担和建设风险。另一方面，高速公路BOT融资模式可以促进项目建设质量和运行效率的提高，克服政府直接生产的效率损失，为社会公众提供较好的公共设施使用服务，能够产生良好的资源配置效应。

BOT融资模式使得政府通过高速公路特许权的授予和管制以及制定特许合同框架与企业形成伙伴关系，在可收费领域引入竞争，既克服了公共物品提供过程中的融资问题，保证了企业的经济效益，又克服了政府直接生产的效率损失，提供了较好的公路通行服务，最后再由政府收回公共产权，兼顾了公共利益，实现了高速公路产品提供中政府与市场的利益平衡和协同增效。从理论上来说，BOT模式在经营性高速公路的建设中应当具有良好的发展空间。

6.3.2.2 财务费用估算与收入估算

1.财务费用估算

公路建设项目的财务费用估算，在可行性研究中实际上就是项目投资估算，是根据《公路工程建设项目投资估算编制办法》(JTG 3820—2018)及《公路工程估算指标》(JTG/T 3821—2018)的要求进行计算的。财务评价的总投资估算与工程总投资估算的区别在于前者不考虑项目建设期间的物价上涨因素。

2.财务收入估算

财务收入估算为收费收入的总额，其计算公式为：

$$\text{收费收入估算} = \sum_{t=1}^{n} \text{各车型}\, t\, \text{年的交通量} \times \text{各车型收费额} \tag{6-1}$$

式中，t为项目评价计算期。

6.3.2.3 财务评价指标

由于公路建设项目大多具有公益性和服务性，因此只对收费公路建设项目进行财务评价。

财务评价的主要指标如下。

1.财务效益费用比(FBCR)

项目的财务效益费用比是评价期内各年收费收入现值总额与各年费用现值总额的比率。

FBCR>1时，说明项目收入大于投入，可行。

FBCR<1时，说明项目收入小于投入，项目不可行。效益费用比越大越好。

2. 财务净现值(FNPV)

财务净现值是指按行业的基准收益率或设定的折现率，将项目计算期内各年净现金流量折现到建设期初的现值之和，即财务净现值是项目的收费收入现值总额减去项目费用现值总额的差额。它是考察项目在计算期内盈利能力的动态评价指标。

财务净现值可根据财务现金流量表计算求得，财务净现值大于或等于零的项目是可以考虑接受的。财务净现值 FNPV 越大越好。

3. 财务内部收益率(FIRR)

财务内部收益率是指项目在整个计算期内各年净现金流量现值累计等于零时的折现率，即财务内部收益率是使项目的收费收入现值总和等于费用现值总和的折现率，它反映项目所占用资金的盈利率，是考察项目盈利能力的主要动态指标。

财务内部收益率可根据财务现金流量表中净现金流量用试差法计算求得。将求出的财务内部收益率与行业的基准收益率或设定的折现率比较，当 FIRR $\geqslant i$ 时，即认为其盈利能力已满足最低的要求，在财务上是可以考虑接受的，i 越大越好。

4. 财务投资回收期(N)

财务投资回收期是指项目的净收益抵偿全部投资所需的时间，即财务投资回收期是项目的收费收入抵偿总建设费用所需要的时间。它是考察项目在财务上投资回收能力的评价指标。投资回收期一般从建设开始年算起，以年表示。投资回收期可根据财务现金流量表(全部投资)中累计净现金流量计算求得。

在财务评价中，用求出的投资回收期与行业的基准投资回收期(N_c)比较，当 $N \leqslant N_c$，时表明项目投资能在规定的时间内收回，投资回收期越短越好。

6.3.2.4　清偿能力分析

项目的清偿能力分析主要是考察计算期内各年的财务状况及偿债能力。

公路建设项目借款偿还能力分析是通过对公路使用期间收费收入的估算及借款的本利预测，说明项目是否在对内对外规定的偿还条件下保证有足够的偿还能力，以防止出现财务状况的恶化和长期负债的现象。借款偿还能力分析的重点在于借款偿还期内可否偿还借款。

1. 借款偿还期

借款偿还期＝借款偿还后开始出现盈余年份

—开始借款年份

＋当年应偿还借款额/当年可用于还款的收益额

借款偿还能力分析还要做借款还本付息预测。当我们预测出每年公路收费收入以后，可据以预测投资借款还本付息的进度和时间。进行预测时应分建设期和使用期。

①测算建设期每年应计利息数。

②测算使用期每年还本付息数及应计利息数。

③测算还清借款年份应计利息数。

④当年借款本金和利息。

2. 偿债率分析

利用外资且需还款的项目，应作偿债分析。

偿债率＝当年还本付息总额/当年的外汇收入×100％

偿债率表示一个国家（或一个地区）负债的程度，国际上一般认为偿债率在25％以内是安全的。

6.4 公路建设项目后评价

6.4.1 项目后评价的概念、主要目的及分类

1. 项目评价分类及基本概念

根据项目生命周期各阶段的不同特点，项目评价分为 3 个阶段进行：即项目前评价（项目评估）、项目中评价、项目后评价。由于这 3 个阶段项目管理内容和侧重点不同，其项目评价内容也不同。

(1)项目前评价。

通常在项目生命周期的初始立项阶段进行。它通过预测、论证和评价，从正反 2 方面提出意见和建议，为项目决策者提供项目取舍及实施方案的多方面参考，并客观、准确地将与项目有关的资金、资源、技术、信息、市场、财务、经济、社会等各方面的数据资料和实际环境，完整地汇集、预测，帮助决策者实事求是地做出科学正确的决策。

(2)项目中评价。

项目中评价是指项目立项以后，在项目实施时期，历经项目的设计、实施、竣工 3 个阶段，对项目状态和项目进展情况进行衡量与监测，对已完成的工作做出评价，为项目管理和决策提供所需的信息，指出项目管理的努力方向。其目的在于检测项目实施的实际状态与计划目标状态的偏差，分析其原因和可能影响因素，及时反馈信息，以便改进项目管理，并采取必要的管理措施来实现或达到既定目标，以便有利于项目业主以及其他利害相关者及时了解和把握项目现状，加强对项目的监督和控制。

(3)项目后评价。

项目后评价是指项目竣工投产并达到设计生产能力后，通过对项目的立项决策、设计施工、竣工投产、生产运营等全过程进行系统评价，综合分析项目实际状况及其与项目前评价预测状况的偏差，检查投资预期的目标是否达到，项目或规划是否合理有效，项目的主要效益指标是否实现，找出成败的原因，总结经验教训，并及时有效地提供信息反馈，为未来项目的决策和提高管理水平提出建议，同时也为被评项目实施运营提出改进建议，从而达到提高投资效益的目的。

2. 项目后评价的主要目的

(1)及时反馈信息，调整相关政策、计划、进度，改进或完善在建项目。

(2)增强项目实施的社会透明度和管理部门的责任心，提高投资管理水平。

(3)通过经验教训的反馈，调整和完善投资政策和发展规划，提高决策水平，改进未来的投资计划和项目的管理，提高投资效益。

项目后评价一般应对项目执行全过程每个阶段的实施和管理进行定量和定性的分析，重点包括法律法规(政策、合同等)、执行程序、工程三大控制(质量、进度、造价)、技术经济指标、社会环境影响、工程咨询质量(可行性研究、评估、设计等)、宏观和微观管理等。

3. 项目后评价的原则及分类

项目后评价的一般原则是坚持评价的客观性、公正性和科学性。

项目后评价的评价范围，按时点划分，可分为项目事后评价和项目中间评价。项目事后评价是指对已完工项目进行全面系统的评价；项目中间评价是指从项目开工到竣工验收前的阶段性评价。依据项目周期的划分，可分为项目前期决策、工程准备、建设实施、竣工投产等方面的评价。项目实施过程评价越来越受到投资者、决策者和管理者的重视，实践表明项目实施的好坏在很大程度上决定了项目的成败。

6.4.2 项目后评价的特点

与项目前评价及项目中评价相比，项目后评价具有如下特点。

(1)现实性。

项目后评价是以实际情况为基础，对项目建设、运营中产生的数据进行评价，所以具有现实性的特点。在这一点上和项目前期的可行性研究不同，可行性研究项目评价是预测性的评价，它所用的数据为预测数据。

(2)客观性。

项目后评价必须保证客观公正性。评价时，应抱有实事求是的态度，在发现问题、分析原因和做出结论时避免出现避重就轻的情况，始终保持客观、负责的态度对待评价工作，客观公正地做出评价。

(3)全面性。

项目后评价是对项目实践的全面评价，它是对项目立项决策、设计施工、生产运营等全过程进行的系统评价。这种评价不仅涉及项目生命周期的各阶段而且还涉及项目的方方面面，包括经济效益、社会影响、环境影响、项目综合管理等，因此是比较系统、全面的技术经济活动。

(4)反馈性。

项目后评价的结果需要反馈到决策部门，作为新项目立项和评估的基础以及调整投资计划和政策的依据，这是后评价的最终目标。因此，后评价结论的扩散和反馈机制，反馈的手段和方法成为后评价成败的关键环节之一。部分发达国家建立了“项目管理信息系统”，通过项目周期各阶段的信息交流和反馈，系统地为后评价提供资料及向决策机构提供后评价的反馈信息。

6.4.3 项目后评价的内容

1.项目全过程的回顾

(1)项目立项决策阶段的回顾。

其主要内容包括项目可行性研究，项目评估或评审，项目决策审批、核准或批准等。

(2)项目准备阶段的回顾。

其主要内容包括工程勘察设计、资金来源和融资方案、采购招投标(含工程设计、咨询服务、工程建设、设备采购)、合同条款和协议签订、开工准备等。

(3)项目实施阶段的回顾。

其主要内容包括项目合同执行、重大设计变更、工程“三大控制”、资金支付和管理、项目管理等。

(4)项目竣工和运营阶段的回顾。

其主要内容包括工程竣工和验收、技术水平和设计能力达标、试生产运行、经营和财务状况、运营管理等。

2. 项目绩效和影响评价

(1)项目技术评价。

项目技术评价的主要内容包括工艺、技术和装备的先进性、适用性、经济性、安全性,建筑工程质量及安全、特别要关注资源、能源合理利用。

(2)项目财务和经济评价。

项目财务和经济评价的主要内容包括项目总投资和负债状况,重新测算项目的财务评价指标、经济评价指标、偿债能力等。财务和经济评价应通过投资增量效益的分析,突出项目对企业效益的作用和影响。

(3)项目环境和社会影响评价。

项目环境和社会影响评价的主要内容包括项目污染控制,地区环境生态影响,环境治理与保护,增加就业机会,征地拆迁补偿和移民安置,带动区域经济社会发展,推动产业技术进步等。必要时,应进行项目的群体利益分析。

(4)项目管理评价。

项目管理评价的主要内容包括项目实施相关者的管理,项目管理体制与机制,项目管理者水平,企业项目管理、投资监管状况、体制机制创新等。

3. 项目目标实现程度和持续能力评价

(1)项目目标实现程度。

项目目标实现程度从以下 4 个方面进行判断。

①工程项目(实物)建成情况。包括项目的建筑工程完工情况、设备安装调试完成情况、装置和设施试运行情况,工程竣工验收情况。

②项目技术和能力情况。即装置、设施和设备的运行是否达到设计能力和技术指标,产品质量是否达到国家或企业标准。

③项目经济效益产生情况。即项目财务和经济的预期目标,包括运营(销售)收入、成本、利税、收益率、利息备付率、偿债备付率等实现情况。

④项目影响情况。即项目的经济、环境、社会效益目标是否实现,项目对产

业布局、技术进步、国民经济、环境生态、社会发展的影响如何。

(2)项目持续能力的评价。

项目持续能力的评价主要分析以下因素及条件。

①持续能力的内部因素,包括财务状况、技术水平、污染控制、企业管理体制与激励机制等,核心是产品竞争能力。

②持续能力的外部条件,包括资源、环境、生态、物流条件、政策环境、市场变化及其趋势等。

(3)经验教训和对策建议。

项目后评价应根据调查的真实情况认真总结经验教训,并在此基础上进行分析,得出启示和对策建议,对策建议应具有借鉴和指导意义,并具有可操作性。项目后评价的经验教训和对策建议应从项目、企业、行业、宏观 4 个层面分别说明。

上述内容是项目后评价的总体框架。大型和复杂项目的后评价应该包括以上主要内容,并进行完整、系统的评价。一般项目应根据后评价委托的要求和评价时点,突出项目特点,选做其中一部分内容。项目中间评价应根据需要有所区别、侧重和简化。

6.4.4 项目后评价的程序和方法

1.项目后评价的程序

(1)重要项目的业主在项目完工投产后 6～18 个月内,应向上级主管部门或企业上报《项目自我总结评价报告》(简称自评报告)。

(2)上级部门或企业对项目的自评报告进行评价,在此基础上,选择典型项目,组织项目调查,开展项目后评价工作。

(3)组织编写《项目后评价报告》。

(4)项目后评价的反馈及成果应用。

2.项目后评价的方法

项目后评价方法的基础理论是现代系统工程与反馈控制的管理理论。项目后评价的方法有逻辑框架法和对比法。

(1)逻辑框架法。

逻辑框架法是项目后评价的综合评价方法,它通过投入、产出、直接目的、宏观影响 4 个层面对项目进行分析和总结的综合评价方法。

(2)对比法。

对比法是项目后评价的主要分析评价方法，即根据后评价调查得到的项目实际情况，对照项目立项时所确定的直接目标和宏观目标，以及其他指标，找出偏差和变化，分析原因，得出结论和经验教训。项目后评价的对比法包括前后对比、有无对比和横向对比。

①前后对比法是项目实施前后相关指标的对比，用以直接估量项目实施的相对成效。

②有无对比法是指在项目周期内“有项目”(实施项目)相关指标的实际值与“无项目”(不实施项目)相关指标的预测值对比，用以度量项目真实的效益、作用及影响。

③横向对比法是同一行业内类似项目相关指标的对比，用以评价企业(项目)的绩效或竞争力。

项目后评价调查是采集对比信息资料的主要方法，包括现场调查和问卷调查。后评价调查重在事前策划。

3. 项目后评价指标框架

构建项目后评价的指标体系，应按照项目逻辑框架，从项目的投入、产出、直接目的 3 个层面出发，将各层次的目标进行分解，落实到各项具体指标中。

评价指标包括工程咨询评价常用的各类指标，主要有工程技术指标、财务和经济指标、环境和社会影响指标、管理效能指标等。不同类型项目后评价应选用不同的重点评价指标。

项目后评价应根据不同情况，对项目立项、项目评估、初步设计、合同签订、开工报告、概算调整、完工投产、竣工验收等项目周期中几个时点的指标值进行比较，特别应分析比较项目立项与完工投产(或竣工验收)2 个时点指标值的变化，并分析变化原因。

4. 项目后评价成果应用

项目后评价成果(经验、教训和建议)应成为编制新的规划和投资决策的参考和依据。《项目后评价报告》应作为企业重大决策失误责任追究的重要依据。

在新投资项目策划时，应参考过去同类项目的后评价结论和主要经验教训(相关文字材料应附在立项报告之后，一并报送决策部门)。在新项目立项后，应尽可能参考项目后评价指标体系，建立项目管理信息系统，随项目进程开展监测分析，改善项目日常管理，并为新项目后评价积累资料。

6.4.5 公路建设项目后评价报告的主要内容及编写格式

公路建设项目后评价报告是在公路通车运营 2～3 年后，用系统工程的方法，对建设项目决策、设计、施工和运营各阶段工作及其变化的原因，进行全面的跟踪、调查、分析和评价。编制公路建设项目后评价报告的目的是通过全面总结，为不断提高决策、设计、施工、管理水平，合理利用资金，提高投资效益，改进管理，制定相关政策等提供科学依据。

1. 项目后评价报告的主要内容

公路建设项目后评价报告由主报告及附件 2 部分组成。

公路建设项目后评价报告的主要内容如下。

(1)建设项目的过程评价。

依据国家现行的有关法令、制度和规定，分析和评价项目前期工作、建设实施、运营管理等执行过程，从中找出变化原因，总结经验教训。

(2)建设项目的效益评价。

根据实际发生的数据和后评价时国家颁布的参数进行国民经济评价和财务评价，并与前期工作阶段按预测数据进行的评价相比较，分析其差别和成因。

(3)建设项目的影响评价。

分析、评价对影响区域的经济、社会、文化以及自然环境等方面所产生的影响。评价一般可分为社会经济影响评价和环境影响评价。

(4)建设项目目标持续性评价。

根据对建设项目的公路网状况、配套设施建设、管理体制、方针政策等外部条件，和运行机制、内部管理、运营状况、公路收费、服务情况等内部条件的分析，评价项目目标(服务交通量、社会经济效益、财务效益、环境保护等)的持续性，并提出相应的解决措施和建议。

2. 编制项目后评价报告的依据、方法和原则

(1)编制公路建设项目后评价报告的依据。

编制公路建设项目后评价报告必须以项目各阶段的正式文件，项目建成通车 2～3 年内进行的各种调查及重要运行参数的测试数据为依据。

项目各阶段的正式文件主要包括：项目建议书、工程可行性研究报告、初步设计、施工图设计及其审查意见、批复文件、施工阶段重大问题的请示及批复、工程竣工报告、工程验收报告、审计后的工程竣工决算及主要图纸等。

公路建设项目通车后需要进行的调查主要有:交通量调查、车辆运行特征调查、车辆运输费用调查、工程质量调查、项目财务状况调查、社会经济效果调查、环境调查等。

(2)公路建设项目后评价的方法。

公路建设项目后评价应采用综合比较法,即根据项目各阶段所预定的目标,从项目作用与影响、效果与效益、实施与管理、运营与服务等方面追踪对比,分析评价。对于工程项目前期工作的评价,在技术原则上可用于项目的后评价。

(3)公路建设项目后评价报告编制的原则。

编制公路建设项目后评价报告必须客观、公正、科学,并且不受项目各阶段文件结论的束缚。

第 7 章　公路工程造价

7.1　工程造价基本原理

7.1.1　工程造价及其特点

7.1.1.1　工程造价的含义

从投资者的角度看，工程造价是指建设一项工程预期开支或实际开支的全部固定资产投资费用。固定资产投资费用和工程造价二者在量上是等同的。

从市场交易的角度看，工程造价是指为建成某项工程，在土地市场、设备市场、技术劳务市场以及工程承发包市场等交易活动中所形成的建筑安装工程的价格和建设工程总价格。

工程造价主要包括以下三类。

(1)物质消耗支出。物质消耗支出主要指：①占用土地支出；②购买设备、工器具支出；③购买建筑材料、构配件支出；④施工机械等固定资产的折旧、维修、转移费用。

(2)劳动报酬。劳动报酬包括：①建设工程管理人员的工资、奖金和费用；②建设工程咨询人员的工资、奖金和费用；③勘察设计人员的工资、奖金和费用；④施工企业人员的工资、奖金和费用。

(3)盈利。盈利主要包括：①开发公司、建设单位的利润和税金；②建设工程咨询单位的利润和税金；③勘察设计单位的利润和税金；④施工企业的利润和税金。

7.1.1.2　工程及造价的特点

工程泛指一切建设工程。工程与一般商品相比，具有如下特点。

(1)工程地点的固定性。工程一般建造在预先选定的位置，建成后不能移动，只能在建成的位置上使用。由于工程所具备的固定性，导致了施工生产的地区性、流动性和其产品价格的差异性。

(2)工程生产的单件性。每一项建设工程都有特定的使用功能，同时还必须考虑适应工程所在地气候、地质、地震、水文等自然条件，适应当地的风俗习惯，再加上不同地区生产要素价格的差异，最终导致建设工程造价的千差万别。

(3)工程施工的露天性。工程的固定性和形体庞大，其施工生产必然在露天进行。因此，由于气象、地质等自然条件的变化，会引起工程设计和施工方法的变动，也会因采取了防寒、防雨、防汛、防风及防暑降温等措施而增加费用。

(4)施工周期长。工程施工的周期长，环节多，涉及面广，社会合作关系复杂。这种特殊的生产过程决定了工程价格不可能相同，因而需要事先以预算来进行约束。

(5)质量差价与工期差价。在施工过程中，由于选用的材料，半成品的质量不同，施工技术条件不同，承包人经营管理水平不同等因素的影响，势必造成施工质量的差异，从而导致同类别、同功能、同标准、同工期和同地区的工程在同一市场内的价格差异，即工程的质量差价。同样，由于施工的工期不同，承包人必须采用不同的施工进度计划。以不同的施工技术手段和施工组织手段完成工程施工任务，便决定了工期差异，即工程的紧与松也导致了工程造价的不同。

7.1.2　工程造价的构成

我国现行工程造价构成按其费用和性质的不同，一般由建筑安装工程费用、设备和工器具购置费用、工程建设其他费用、预备费用和建设期贷款利息等组成。

7.1.2.1　建筑安装工程费用

1.我国现行建筑安装工程费用

(1)建筑工程费用内容。

①建筑物中的一般土建、给排水、供暖、卫生、通风、煤气、装饰工程等费用，如各种管道工程、电力、电信和电缆导线敷设工程的费用。

②各种设备基础、工作台、烟囱、水塔等建筑工程以及各种炉窑砌筑和金属结构工程的费用。

③为施工而进行的场地平整，工程和水文地质勘察，原有建筑物的拆除，施

工临时用水、电、气、路和完工后的场地清理，环境绿化、美化等工程的费用。

④矿井开凿、井巷延伸、露天矿剥离，石油、天然气钻井，修建铁路、公路、码头、水库、堤坝、灌渠及防洪等工程的费用。

(2)安装工程费用内容。

①为进行各种需要安装的机械设备的装配费用，与设备相连的工作台、梯子、栏杆等装设工程费用，附属于被安装设备的管线敷设工程费用，以及被安装设备的绝缘、防腐、保温、油漆等工作的材料费和安装费。

②为测定安装工程质量，对单台设备进行单机调试运转、对系统设备进行系统联动无负荷试运转工作的调试费。

(3)建筑安装工程费用构成。

我国现行建筑安装工程费用构成包括直接费（直接工程费、措施费）、间接费（规费、企业管理费）、利税（利润、税金）。

2. 公路工程建筑安装工程费用

(1)建筑安装工程费用内容。

①路基的特殊地基处理、土石方工程、排水工程和防护工程等建筑工程费用。

②桥涵工程的基础、下部结构、上部结构和附属设施等建筑安装工程费用。

③隧道工程的洞口、洞身、附属设施等建筑安装工程费用。

④路面的垫层、基层、面层等建筑安装工程费用。

⑤公路交工前的养护费用。

⑥公路沿线设施的建筑安装费用。

(2)建筑安装工程费用构成。

建筑安装工程费用项目按费用构成要素组成划分为人工费、材料费、施工机具使用费、企业管理费、利润、规费和税金。

7.1.2.2 设备、工器具的购置费用

设备、工具、器具购置费的计算应根据设计规格、数量清单，在可行性研究报告、初步设计、技术设计和施工图设计阶段按以下公式计算：

$$设备、工具、器具的购置费 =（货价 + 运杂费）\times（1 + 采购保管费率）+ 运输保险费$$

7.1.2.3　工程建设其他费用

工程建设其他费用是指从工程筹建到工程交付使用为止的整个建设期间，除建筑安装工程费用和设备、工器具购置费用以外的，为保证工程建设顺利完成和交付使用后能正常发挥效用而发生的各项费用。按其内容可分为：①土地使用费；②与工程建设有关的其他费用；③与未来企业生产经营有关的其他费用。

7.1.2.4　预备费

预备费包括基本预备费和价差预备费。

1. 基本预备费

它是指用在初步设计和概算中难以预料的工程费用，内容如下。

(1)在进行技术设计、施工图设计和施工过程中，在批准的初步设计范围内所允许增加的工程费用。

(2)由于自然灾害而造成的损失和预防自然灾害所采取的技术组织措施费用，对于实行工程保险的工程建设项目，该项费用应适当降低。

(3)在竣工验收时，验收小组为鉴定工程质量，必须开挖和修复隐蔽工程的费用，但不包括由于施工质量不符合设计要求而返工的费用。

基本预备费按下式计算：

基本预备费＝(设备及工器具购置费＋建筑安装工程费＋工程建设其他费用)
×基本预备费率

2. 价差预备费

建设项目在建设期内由于价格等变化而增加的费用，内容如下。

(1)设备、材料价格和工资单价的价差费，但不包括由于管理不善而造成的量差及价差。

(2)由于物价、汇率、税金、贷款利率等变化所引起的费用。

价差预备费按下式计算：

$$\mathrm{PF} = \sum_{t=0}^{n} I_t[(1+f)^t - 1] \tag{7-1}$$

式中，PF 为价差预备费；n 为建设期年数；It 为建设期中第 t 年的投资额，包括设备及工器具购置费、建筑安装工程费、工程建设其他费用及基本预备费；f 为年投资价格上涨率。

7.1.2.5 建设期贷款利息

项目银行信贷资金是指银行利用信贷资金所发放的投资性贷款，其贷款利息成为建设项目投资资金的重要组成部分。建设期贷款利息按复利计算。

对于贷款总额一次性贷出且利率固定的贷款，按下式计算：

$$I = P[(1+i)^n - 1] \tag{7-2}$$

式中，I 为贷款利息；n 为贷款期限；P 为一次性贷款金额；i 为年有效利率。

当贷款是分年均衡发放时，计息按借款当年的年中支用考虑，按下式计算：

$$q_j = \left(P_{j-1} + \frac{1}{2}A_j\right) \cdot i \tag{7-3}$$

式中，q_j 为建设期第 j 年贷款利息；P_{j-1} 为建设期第 $(j-1)$ 年末贷款累计金额与利息累计金额之和；A_j 为建设期第 j 年贷款金额；i 为年有效利率。

7.2 工程造价的计价

作为建设工程这一特殊商品的价值表现形式，建设工程造价的运动除具有一切商品价格运动的共同特点之外，同时又有其自身的特点和模式。

7.2.1 计价特点

7.2.1.1 单件性计价

建设工程是指根据每个业主的特定要求单独设计，并在指定的地点单独施工，基本上是单个“定做”而非批量生产。产品在“定做”之前，必然预先估计其价格。只能通过特殊的程序（编制估算、概算、预算、合同价、结算价及最后确定竣工决算价等）就各个项目（建设项目或工程项目）计算建设工程造价，即单件计价。

7.2.1.2 多次性计价

建设工程的生产过程是一个周期长、数量大的生产消费过程。包括可行性研究在内的设计过程一般较长，而且要分阶段进行，逐步加深。

为了适应工程建设过程中各方经济关系的建立，适应工程造价控制和管理的要求，需要按照设计和建设阶段进行多次计价。

(1)投资估算。在投资前期(规划、项目建议书、可行性研究报告)阶段,进行某项工程建设所花费的全部固定资产投资的预计费用。

(2)概算。概算包括设计概算和修正概算,是指在初步设计或技术设计阶段,由设计单位根据设计图纸、概算定额、各类费用定额,建设地区的自然条件和技术经济条件等资料,预先计算和确定建设项目从筹建至竣工验收的工程造价的经济文件。

(3)施工图预算。由设计单位编制的根据施工图设计的工程量和施工方案,按预算定额和各类费用定额,所编制的反映工程造价的经济文件。

(4)标底。建设单位招标时,对拟建的工程项目,由自己或委托设计单位或咨询公司,依设计内容及有关规定计算出建成这一项目所需的工程造价。标底一般以设计概算和施工图预算为基础编制,以其中的建筑安装工程费为主,且不超过批准的概算或施工图预算的限额。

(5)报价。由投标单位根据招标文件及有关定额和招标项目所在地区的自然、社会和经济条件及施工组织方案和投标单位自身的情况,计算完成招标工程所需的各项费用的经济文件。

(6)施工预算。指施工准备阶段,在施工合同价的控制下,依实际情况计算的分项工程量、施工定额、施工组织设计或分部分项工程施工过程的设计及其他有关资料,通过工料分析计算和确定完成一个工程项目或一个单位工程或其中的分部工程所需的人工、材料、机械台班消耗量及其他相应费用的经济文件。

(7)工程结算。指建设单位同施工单位之间,由于拨付各种预付款和支付已完工工程而发生的结算。结算方式有按月结算、竣工后一次结算、分段结算等。

(8)竣工决算。指建设项目完工后竣工验收阶段,由建设单位编制的建设项目从筹建至建成投产或使用的全部实际成本的技术经济文件。

从投资估算、设计概算、施工图预算到招标投标合同价,再到各项工程的结算价和最后在结算价基础上编制的竣工决算,整个计价过程是一个由粗到细、由浅到深,最后确定建设工程实际造价的过程。计价过程各环节之间相互衔接,前者制约后者,后者补充前者。

7.2.1.3　按工程构成分部组合计价

由于建设项目的复杂性,为了更真实地反映建设项目的工程造价,应按工程构造特点进行分部组合计价。

1. 基本建设项目的组成

(1)基本建设项目。基本建设项目简称建设项目。凡是按一个总体设计组织施工,建成后具有完整的系统,可以独立地形成生产能力或使用价值的建设工程,称为一个建设项目。它在经济上实行独立核算、行政管理上具有独立组织形式。一般把一个企业、事业单位或一个独立工程作为一个建设项目。在工业建设中,一般以拟建厂矿企业单位作为一个建设项目,如一个钢铁厂、一个棉纺厂等。在民用建设中,一般以拟建机关事业单位作为一个建设项目,如一所学校、一所医院等。公路建设中,一般以拟建一条公路或一座独立的大中桥梁或一条隧道作为一个建设项目。一个建设项目通常包含一个或几个单项工程。

(2)单项工程。单项工程,又称工程项目,是指具有独立的设计文件,建成后可以独立发挥生产能力或效益的工程。一个建设项目,可由一个或若干个单项工程组成。公路建设中的独立大中桥梁、独立隧道(这些工程一般包括与已有公路的接线,建成后可以独立发挥功能)等,都可以称为一个单项工程。一个单项工程又可由若干个单位工程所组成。

(3)单位工程。单位工程是具有单独的设计文件、可以独立施工,但完工后不能独立发挥生产能力或效益的工程。例如,一条公路,一般由路线工程、桥梁工程、隧道工程、涵洞工程、交通工程及沿线设施等单位工程组成。一个单位工程可由若干个分部工程所组成。

(4)分部工程。分部工程是指在单位工程中,把性质相近且所用工具、工种、材料大体相同的部分称为一个分部工程。一般按单位工程的结构部位、路段长度及施工特点或施工任务划分。例如,公路工程中的路基工程、路面工程、材料采集、加工工程等都属于分部工程。一个分部工程可由若干个分项工程组成。

(5)分项工程。分项工程是根据分部工程划分的原则,按照不同的施工方法、不同的施工部位、不同的材料、不同的质量要求和工作难易程度对分部工程所作的进一步划分。例如,砖混结构的基础,可以划分为挖土、混凝土垫层、砖砌基础、填土等分项工程;现浇钢筋混凝土框架结构的主体,可以划分为安装模板、绑扎钢筋、浇筑混凝土等分项工程。

2. 工程造价的组合

与以上工程构成的方式相适应,建设工程具有分部组合计价的特点。计价时,首先要对工程建设项目进行分解,然后按构成进行分项计算再组合。

7.2.1.4　计价方法的多样性

由于项目建设各阶段所掌握的条件、资料深度不同，计算的准确度要求不同，计价的方法也不同。

(1)投资估算一般采取类似工程比较法、生产能力系数法、估算指标法等进行编制。

(2)初步设计总概算一般采取概算指标法、概算定额法、类似工程预算法编制。

(3)施工图预算采取按施工图计算工程量、按预算定额计算实物消耗，按市场价格计价，按费用定额计算各项费用、利税。

(4)投标报价则采取按清单工程量、按企业定额计算实物消耗，按市场价格计价，同时考虑自身的经营状况和工程风险等因素而得到的综合价格。

(5)施工预算则采取按施工图和实际情况计算工程量、按企业定额计算实物消耗，按市场价格计价，同时考虑自身的经营状况和工程风险等因素而得到的综合价格。

(6)工程结算则采取已完成并符合合同要求的清单工程量和变更工程量，按清单价格和变更价格计算而得到的综合价格。

不同的计价方法适用的条件不同，在计价时应正确选择。

7.2.1.5　计价依据的多样性

建设项目工程造价的计价依据如下。

(1)设备数量和工程量的计算依据，包括项目建议书、可行性研究报告、设计文件等。

(2)人工、材料、机械等实物消耗量的计算依据，包括投资估算指标、概算定额、预算定额等。

(3)工程单价的计算依据，包括人工单价、材料供应价格、材料运杂费、机械台班费用定额等。

(4)设备购置费的计算依据，包括设备原价、设备运杂费、进口设备关税等。

(5)各种取费费率，工程建设其他费用计算依据，利润税金计算依据，物价指数及造价指数等。

要准确计算建设项目工程造价，必须首先熟悉、掌握和正确应用这些计价依据。

7.2.2 计价模式

建设项目工程造价的计价模式是与社会经济体制相适应的。我国经历了三种不同的计价模式。

1.政府定价计价模式

政府定价计价模式，即定额计价模式。定额是指中央政府有关部门和各级地方政府有关部门定期颁布的工程估算指标、概算定额、预算定额、费用定额、工程量计算规则等一切工程计价的法定依据。它是政府造价主管部门根据社会平均消耗和平均成本制定的“量价合一”的工程造价计算标准，既规定了单位工程量的实物资源消耗数量标准，又规定了单价及各种取费费率和计算办法。

2.政府指导价计价模式

政府指导价计价模式，即“定额量、指导价、竞争费”的量价分离计价模式。这里讲的“定额量”，是指单位工程量的人工、材料、施工机械台班量等实物资源消耗“量”，按政府工程造价主管部门颁布的“基础定额”规定的消耗量标准计算；“指导价”是指人工、材料、机械台班的预算价格，按中央政府和地方政府造价主管部门定期发布的“指导价格”（又称中准价、信息价等）计算；“竞争费”是指其他直接费、间接费、利润等取费费率，由中央政府或地方政府造价主管部门制定指导性费率标准，企业可依据自身具体情况确定投标费率进行竞争。

3.工程量清单计价模式

工程造价管理体制改革的最终目标是逐步建立以市场竞争为主的价格形成机制，逐步建立起由政府颁布的基础定额作为指导的、通过市场竞争形成工程造价的机制。其内容如下。

(1)由政府建设行政主管部门统一制定符合国家标准、规范，并反映一定时期施工水平的人工、材料、机械等消耗量标准，实现对定额消耗量标准的宏观管理；

(2)制定统一的工程项目划分和工程量计算规则，为逐步实现工程量清单计价报价创造条件；

(3)建立信息网络系统，加强工程造价信息的收集、处理，及时发布信息；

(4)建筑施工企业可在基础定额的指导下，结合企业自身的技术和管理情况，制定企业定额，并在投标中，结合当地市场行情、自身经营情况及个别成本等要素进行自主报价；

(5)在工程招标中要贯彻《中华人民共和国招标投标法》的中标条件，即“能满足招标文件实质性要求，并且经评审的投标价格最低，但是投标价格低于成本的除外”。

工程量清单计价模式是国际上通行的做法。在建设项目工程招投标中，招标人按照统一的项目编码、项目名称、计量单位、工程量计算规则和统一的格式，提供分部分项工程项目、措施项目、其他项目的名称及相应工程数量的明细清单，由投标人依据工程量清单自主报价。通过市场竞争形成工程价格的计价模式，亦即市场定价模式，这是法定招标建设项目必须严格执行的计价模式。

以上三种计价模式各有特点，定额计价模式可在项目决策阶段编制投资估算时参考使用；“定额量、指导价、竞争费”的量价分离计价模式可用于概、预算编制及招标标底；工程量清单计价模式是通过市场竞争形成价格的模式，也是工程招投标中应推广的计价报价模式。

7.3　公路工程造价管理

所谓公路工程造价管理，就是为了实现公路工程造价管理目标而对工程造价工作过程进行的计划与预测、组织与指挥、监督与控制、教育与激励、挖潜与创新的综合性活动的总称。通过工程造价管理合理地确定公路工程造价和有效地控制公路工程造价，以提高投资效益和施工企业的经营效果。工程造价管理包含两个方面的含义：一是工程投资费用管理；二是工程价格管理。

工程投资费用管理是指为实现投资的目标，在拟定的规划、设计方案的条件下，预测、确定和监控工程造价及其变动的系统活动，它属于投资管理的范畴。工程价格管理属于价格管理范畴，包括政府利用行政手段对价格进行管理和调控，以及通过市场管理规范市场主体价格行为，也包括生产企业为实现管理目标而进行成本控制、计价、定价和竞价的系统活动。

第 8 章　公路工程定额

8.1　定额基本概述

8.1.1　定额的概念

在工程建设中，为了完成某合格产品，就要消耗一定数量的人工、材料、机械台班及资金。

定额是在正常的生产技术和生产组织条件下，为完成单位合格产品所规定的人工、材料、机械台班及资金等消耗量的标准。这种消耗量的标准，反映的是在一定的社会生产力发展水平的条件下，完成工程建设中的某项合格产品与各种生产消费之间特定的数量关系。

工程建设定额是根据国家一定时期的管理体制和管理制度，根据不同定额的用途和适用范围，由国家指定的机构按照一定的程序制定的，并按规定的程序审批和颁发执行。工程建设定额是主观的产物，但是它应正确地反映工程建设和各种资源之间的客观规律。公路工程定额是公路工程估算指标、概算定额、预算定额、施工定额等的总称。

8.1.2　定额的特点

1. 科学性特点

定额的科学性包括两重含义：①定额和生产力发展水平相适应，反映出工程建设中生产消费的客观规律；②工程建设定额管理在理论、方法和手段上适应现代科学技术和信息社会发展的需要。

定额的科学性表现在以下方面：①用科学的态度制定定额，尊重客观实际，力求定额水平合理；②在制定定额的技术方法上，利用现代科学管理的成就，形成一套系统的、完整的、在实践中行之有效的方法；③定额制定和贯彻思想的一体化。

2. 系统性特点

定额是相对独立的系统，它是由多种定额结合而成的有机整体。它的结构复杂，有鲜明的层次和明确的目标。

定额的系统性是由工程建设的特点决定的。按照系统论的观点，工程建设就是庞大的实体系统，定额是为这个实体系统服务的。因此，工程建设本身的多种类、多层次就决定了以它为服务对象的定额的多种类、多层次。

3. 统一性特点

定额的统一性主要是由国家对经济发展的有计划的宏观调控职能决定的。为了使国民经济按照既定的目标发展，就需要借助于某些标准、定额、参数等，对工程建设进行规划、组织、调节、控制。而这些标准、定额、参数必须在一定的范围内是一种统一的尺度，才能实现上述职能，并利用它对项目的决策、设计方案、投标报价、成本控制进行比选和评价。

定额的统一性按照其影响力和执行范围来看，有全国统一定额、地区统一定额和行业统一定额等；按照定额的制定、颁布和贯彻使用来看，有统一的程序、统一的原则、统一的要求和统一的用途。

4. 权威性特点

定额具有很大权威性，权威性反映统一的意志和统一的要求，也反映信誉和信赖程度以及定额的严肃性。

定额的权威性的客观基础是定额的科学性，只有科学的定额才具有权威性。但是在社会主义市场经济条件下，它必然涉及有关方面的经济关系和利益关系。赋予定额以一定的权威性，就意味着在规定的范围内，对于定额的使用者和执行者来说，不论主观上愿意不愿意，都必须按定额的规定执行。在当前市场不规范的情况下，赋予定额以权威性是十分重要的。但是在竞争机制引入工程建设的情况下，定额的水平必然会受市场供求状况的影响，在执行中可能产生定额水平的浮动。应该指出的是，在社会主义市场经济条件下，对定额的权威性不应该绝对化。定额毕竟是主观对客观的反映，它的科学性会受到人们认识的局限。更为重要的是，随着投资体制的改革和投资主体多元化格局的形成，以及企业经营机制的转换，它们都可以根据市场的变化和自身的情况，自主地调整自己的决策行为。

5. 稳定性与时效性特点

定额中的任何一种都是一定时期技术发展和管理水平的反映，因而在一段时间内(5～10 年)都表现出稳定的状态。保持定额的稳定性是维护定额的权威性所必需的，更是有效地贯彻定额所必要的。如果某种定额处于经常修改变动之中，那么必然造成执行中的困难和混乱，使人们感到没有必要去认真对待它，很容易导致定额权威性的丧失。定额的不稳定也会给定额的编制工作带来极大的困难。但是定额的稳定性是相对的。当生产力向前发展了，定额就会与已经发展了的生产力不相适应。这样，它原有的作用就会逐步减弱以至消失，需要重新编制或修订。

8.1.3 定额的分类

8.1.3.1 按定额反映的生产要素消耗内容分类

1. 劳动消耗定额

劳动消耗定额简称劳动定额（也称为人工定额），是指为完成一定的合格产品（工程实体或劳务）所规定的劳动消耗的数量标准。为了便于综合和核算，劳动定额大多采用工作时间消耗量来计算劳动消耗的数量，所以劳动定额主要表现形式是时间定额，但同时也表现为产量定额。时间定额与产量定额互为倒数。

2. 机械消耗定额

我国机械消耗定额是以一台机械一个工作班为计量单位，所以又称为机械台班定额。机械消耗定额是指为完成一定合格产品（工程实体或劳务）所规定的施工机械消耗的数量标准。机械消耗定额的主要表现形式是机械时间定额，但同时也以产量定额表现。

3. 材料消耗定额

材料消耗定额简称材料定额，是指完成一定合格产品所需消耗材料的数量标准。材料是工程建设中使用的原材料、成品、半成品、构配件、燃料以及水、电等动力资源的统称。材料作为劳动对象构成工程的实体，需用数量很大，种类很多，所以材料消耗量多少、消耗是否合理，不仅关系到资源的有效利用、影响市场供求状况，而且对建设工程的项目投资、建筑产品的成本控制都起着决定性的影响。

材料消耗定额在一定程度上可以影响材料的合理调配和使用。在产品生产数量和材料质量一定的情况下，材料的供应计划和需求都会受到材料定额的影响。重视和加强材料定额管理，制定合理的材料消耗定额，是组织材料的正常供应、保证生产顺利进行，以及合理利用资源、减少积压和浪费的必要前提。

8.1.3.2　按定额的编制程序和用途分类

1. 施工定额

施工定额是以同一性质的施工过程和工序作为研究对象，表示生产产品数量与时间消耗综合关系编制的定额。施工定额是施工企业在企业内部使用用于组织生产和加强管理的一种定额，属于企业定额。为了适应组织生产和管理的需要，施工定额的项目划分很细，是工程建设定额中分项最细、定额子目最多的一种定额，也是工程建设定额中的基础性定额。施工定额本身由劳动定额、机械定额和材料定额 3 个相对独立的部分组成，主要直接用于工程的施工管理，作为编制工程施工设计、施工预算、施工作业计划、签发施工任务单、限额领料卡及结算计件工资或计量奖励工资等的依据。同时它也是编制预算定额的基础。

2. 预算定额

预算定额是以建筑物或构筑物各个分部分项工程为对象编制的定额。其内容包括劳动定额、机械台班定额、材料消耗定额 3 个基本部分，并列有工程费用，是一种计价性定额。从编制程序上看，预算定额是以施工定额为基础综合扩大编制的，同时它也是编制概算定额的基础。预算定额是在编制施工图预算阶段，计算工程造价和工程中的劳动、机械台班、材料需求量时使用。预算定额是调整工程预算和工程造价的重要基础，同时它也可以用于编制施工组织设计、施工技术财务计划时作为参考。随着经济发展，在一些地区出现了综合预算定额的形式，它实际上是预算定额的一种，只是在编制方法上更加扩大、综合、简化。

3. 概算定额

概算定额是以扩大的分部分项工程为对象编制的，计算和确定该工程项目的劳动、机械台班、材料消耗量所使用的定额，同时它也列有工程费用，也是一种计价性定额。概算定额是编制扩大初步设计概算、确定建设项目投资额的依据。概算定额的项目划分粗细，与扩大初步设计的深度相适应，一般是在预算定额的基础上综合扩大而成的，每一综合分项概算定额都包含了数项预算定额。

4. 概算指标

概算指标是概算定额的扩大与合并，它是以整个建筑物和构筑物为对象，以更为扩大的计量单位来编制的。概算指标的内容包括劳动、机械台班、材料定额 3 个基本部分，同时还列出了各结构分部的工程量及单位建筑工程（以体积计或面积计）的造价，是一种计价性定额，如每 1000 m 管道或道路、每座小型独立构筑物所需要的劳动力、材料和机械台班的数量等。为了增加概算指标的适用性，常常以建筑物和构筑物的扩大的分部工程或结构构件为对象编制，称为扩大结构定额。由于各种性质建设定额所需要的劳动力、材料和机械台班数量不一样，概算指标通常按工业建筑和民用建筑分别编制。工业建筑中又按各工业部门类别、企业大小、车间结构编制，民用建筑按照用途性质、建筑层高、结构类别编制。概算指标的设定与初步设计的深度相适应，一般是在概算定额和预算定额的基础上编制的。它是设计单位编制工程概算或建设单位编制年度任务计划施工准备期间编制材料和机械设备供应计划的依据，也可供国家编制年度建设计划时参考。

5. 估算指标

估算指标是在项目建议书和可行性研究阶段编制投资估算、计算投资需求量时使用的定额。它往往以独立的单项工程或完整的工程项目作为计算对象，编制内容是所有项目费用之和。它的概略程度与可行性研究阶段相适应。估算指标往往根据历史的预、决算资料和价格变动等资料编制，但其编制基础仍然离不开预算定额、概算定额。

8.1.3.3 按投资的费用性质分类

1. 建筑工程定额

建筑工程定额是建筑工程的施工定额、预算定额、概算定额和概算指标的统称。建筑工程，一般理解为房屋和构筑物工程，具体包括一般土建工程、电气工程(动力、照明、弱电)、卫生技术(水、暖、通风)工程、工业管道工程、特殊构筑物工程等。广义上它也被理解为除房屋和构筑物外还包含其他各类工程，如道路、铁路、桥梁、隧道、运河、堤坝、港口、电站、机场等工程。广义的建筑工程概念几乎等同于土木工程的概念。从这一概念出发，建筑工程在整个工程建设中占有非常重要的地位。根据统计资料，在我国的固定资产投资中，建筑工程和安装工程的投资占60%左右。因此，建筑工程定额在整个工程建设定额中是一种非常重要的定额，在定额管理中占有突出的地位。

2. 设备安装工程定额

设备安装工程定额是安装工程施工定额、预算定额、概算定额和概算指标的统称。设备安装工程是对需要安装的设备进行定位、组合、校正、调试等工作的工程。在工业项目中，机械设备安装和电气设备安装工程占有重要的地位。因为生产设备大多要安装后才能运转，不需要安装的设备很少。在非生产性的建设项目中，由于设备安装工程量也在不断增加，所以设备安装工程定额也是工程建设定额中的重要部分。

3. 建筑安装工程费用定额

建筑工程定额和设备安装工程定额是不同类型的定额，一般需要分别编制，各自独立。但是建筑工程和设备安装工程是单项工程的2个有机组成部分，在施工中有时间连续性，也有作业的搭接和交叉，需要统一安排、相互协调。在这个意义上通常把建筑和安装工程作为一个施工过程来看待，即建筑安装工程。因此在通用定额中有时把建筑工程定额和安装工程定额合二为一，称为建筑安装工程定额。建筑安装工程定额属于直接费定额，仅仅包括施工过程中人工、材料、机械消耗定额。

建筑安装工程费用定额一般包括以下内容。

(1)其他直接费用定额，是指预算定额分项内容以外，而与建筑安装施工生产直接有关的各项费用开支标准。其他直接费用定额由于其费用发生的特点不同，只能独立于预算定额之外。它也是编制施工图预算和概算的依据。

(2)现场经费定额，是指与现场施工直接有关，是施工准备、组织施工生产和管理所需的费用定额。

(3)间接费定额，是指与建筑安装施工生产的个别产品无关，而为生产企业全部产品和维持企业的经营管理活动所必须发生的各项费用开支标准。由于间接费中许多费用的发生和施工任务的大小没有直接关系，因此，通过对间接费定额的管理，有效地控制间接费的发生是十分必要的。

4. 工具、器具定额

工具、器具定额是为新建或扩建项目投产运转首次配置的工具、器具数量标准。工具和器具，是指按照有关规定不够固定资产标准但具有劳动手段作用的工具、器具和生产用具，如翻砂用模型、工具箱、计量器、容器、仪器等。

5. 工程建设其他费用定额

工程建设其他费用定额是独立于建筑安装工程、设备和工具、器具购置之外的其他费用开支的标准。工程建设其他费用的发生和整个项目的建设密切相关。它一般要占项目总投资的10%左右。其他费用定额是按各项独立费用分别制定的，以便合理控制这些费用的开支。

8.1.3.4 按专业性质分类

工程建设定额分为全国通用定额、行业通用定额和专业专用定额 3 种。全国通用定额是指在部门间和地区间都可以使用的定额;行业通用定额是指具有专业特点在行业部门内可以通用的定额;专业专用定额是特殊专业的定额,只能在制定的范围内使用。

8.1.3.5 按主编单位和管理权限分类

工程建设定额可以分为全国统一定额、行业统一定额、地区统一定额、企业定额、补充定额等。

1. 全国统一定额

全国统一定额是由国家建设行政主管部门,综合全国工程建设中技术和施工组织管理的情况编制,并在全国范围内执行的定额。

2. 行业统一定额

行业统一定额是考虑到各行业部门专业工程技术特点,以及施工生产和管理水平编制的,一般只在本行业和相同专业性质的范围内使用。

3. 地区统一定额

地区统一定额包括省、自治区、直辖市定额。地区统一定额主要是考虑地区性特点和全国统一定额水平做适当调整和补充编制的。

4. 企业定额

企业定额是指由施工企业考虑本企业具体情况,参照国家、部门或地区定额的水平制定的定额。企业定额只在企业内部使用,是企业素质的一个标志。企业定额水平一般应高于国家现行定额,才能满足生产技术发展、企业管理和市场竞争的需要。

5. 补充定额

补充定额是指随着设计、施工技术的发展,在现行定额不能满足需要的情况下,为了补充缺陷所编制的定额。补充定额只能在制定的范围内使用,可以作为以后修订定额的基础。上述各种定额虽然适用于不同的情况和用途,但是它们是一个互相联系的、有机的整体,在实际工作中应配合使用。

8.2　公路工程施工定额

8.2.1　施工定额的概念

施工定额是直接用于建筑工程施工管理的定额。它是以同一性质的施工过程或工序为测定对象,确定完成一定计量的某一施工过程或工序所需人工、材料和机械台班消耗的数量标准。根据施工定额,可以计算不同工程项目的人工、材料和机械台班的需求量。施工定额不同于预算定额和综合预算定额,它是编制施工预算实行内部经济核算的依据,是制定预算定额的基础。

施工定额由劳动定额、材料消耗定额和施工机械台班使用定额组成。施工定额是施工企业进行科学管理的基础。它是施工企业编制施工预算,进行工料分析和"两算"对比,编制施工组织设计、施工作业计划,确定人工、材料及机械需求量计划施工队向工人班组签发施工任务单、限额领料,组织工人班组开展劳动竞赛、经济核算,实行承发包,计取劳动报酬等工作的依据。同时它也是编制预算定额的基础。

8.2.2　施工定额的编制原则和依据

8.2.2.1　施工定额的编制原则

为了保证定额的编制质量和水平,编制时必须遵循下列原则。

1. 施工定额的水平必须遵循平均先进的原则

定额水平是对定额的高低、松紧程度的描述。它是指在正常的施工条件下,完成单位质量合格产品所必须消耗的人工、材料和机械台班等的数量标准。它是对施工管理水平、生产技术水平、劳动生产率水平和职工思想觉悟水平的综合反映。在确定定额水平时,要本着有利于提高劳动生产率、降低消耗、便于统一劳动成果、有利于科学管理的原则,考虑那些已经成熟、被广泛推广的先进技术和经验以及市场竞争的环境要求,经认真研究、比较和反复平衡后进行制定。

2. 施工定额的编制要遵循实事求是的原则

定额来源于生产实践,用于组织生产。因此,在定额的编制过程中,除要进行全面的比较和反复平衡外，还要本着实事求是的原则，深入实际，调查各项影响因素，注意挖掘企业的潜力，考虑在现有的技术条件下能够达到的程度，经过科学分析、计算和试验，编制出切合实际的、不完全局限于劳动定额和预算定额水准的施工定额。

3. 施工定额的内容和形式要贯彻简明适用的原则

施工定额的内容和形式要做到简明适用、灵活方便、通俗易懂，便于掌握和使用。应及时将已成熟和推广的新材料、新结构和新的施工技术以及缺少的定额项目补编到定额中，淘汰陈旧过时的项目，使得划分的定额项目少而全、严密明确、简明扼要、粗细适度。各项指标具有灵活性，以满足劳动组织、班组核算、计取劳动报酬和简化计算工作的要求以及不同工程的使用，并注意计量单位的选择、系数的利用、说明和附注的合理设计，防止执行中出现争议。

4. 施工定额的编制要贯彻专群结合以专为主的原则

施工定额的编制工作具有很强的技术性、政策性和经济性，这就要求编制施工定额应由专门的机构和人员负责组织、协调指挥、掌握方针政策、制订编制方案。以有丰富专业技术知识和管理经验的人员为主，对日常的定额资料做好积累、分析、整理、测定、管理、编制、颁发和执行等工作；以有丰富实践经验的工人代表为辅，发挥其民主权利，取得他们的密切配合和支持，从而克服片面性，确保定额的质量，使定额的管理、使用和执行工作具有良好的群众基础。

8.2.2.2 施工定额的编制依据

(1)国家和各省、自治区、直辖市颁发的施工定额。

(2)国家现行的公路工程施工及验收规范。

(3)国家现行的公路工程安全操作规程。

(4)有关的标准图和典型的设计图纸。

(5)国家劳动法和有关的方针政策。

(6)有关的现场测定资料等。

8.2.3 施工定额的编制方法

编制施工定额是在具有足够的技术测定资料、经验统计资料，并依据上述编制依据的基础上进行的。它是一个内容复杂、技术性很强的工作，通常可按以下方法编制。

1. 确定定额项目

为了使编制出的定额满足简明适用的要求，并具有一定的综合性，定额项目必须在认真分析各工序的基础上，科学地确定出定额的综合程度，保证定额的综合不包括可彼此隔开的工序。不同专业的工人或不同的小组完成的工序不连接在一起，但具有可分可合的灵活性，使用同一计量单位表示的工序和综合定额可在定额的附注中引入修正系数，以适应变动的情况。定额项目划分得恰当合理，有利于组织施工生产、签发施工任务单、限额领料以及施工队与班组间进行经济核算。

2. 选取计量单位

这主要是指定额产品及其人工、材料、机械消耗的计量单位的选取。通常所选计量单位应遵循下列原则：

(1)要能够正确地反映人工、材料、机械消耗和产品的数量；

(2)要便于组织施工，工人容易掌握；

(3)要便于计算、统计、核算工程量和测定已经完成的工程量。

3. 确定定额的表格形式

为使定额表格在内容上满足施工生产和企业管理的需要，核心问题是确定表格应包括的内容和表现形式。通常定额表格应包括下列内容：

(1)工作内容的说明；

(2)项目名称和计量单位；

(3)完成定额单位产品所需人工、材料和机械台班消耗量指标。

4. 确定定额的水平

根据测定的资料，经过反复核定、计算和平衡，确定出反映平均先进水平的定额。

5. 编制说明

分别按总说明、分部(项)工程说明进行编制。

6. 汇编成册

将所确定的项目，本着由分项到分部的原则归类汇总成册，形成易于使用、便于掌握和执行的施工定额(手册)。

8.2.4 施工定额的内容

施工定额的内容包括文字说明、分节定额和附录。

1. 文字说明

文字说明分为总说明、章说明和分节说明。

(1)总说明。有关定额全册并具有共同性的问题和规定,通常列入总说明中。总说明的基本内容有定额的用途和适用范围、定额水平、有关定额全册综合性工作内容、工程质量和要求、定额指标的计算方法、有关规定及说明等。

(2)章说明,主要内容有使用范围、工作内容、定额计算方法、质量要求、施工方法、术语说明、工人技术等级以及其他说明。

(3)分节说明,主要内容有工作内容、施工方法等。

2. 分节定额

分节定额包括定额表和附注。定额表是分节定额中的核心部分和主要内容。附注一般列在定额表的下面,主要是根据施工条件的变动,规定工人、机械定额用量的增减变化,通常采用乘系数和增减工日或台班的方法来计算。附注的作用是对定额表的补充,也是对定额使用的限制。

3. 附录

附录一般放在定额分册的最后,作为使用定额的参考和换算的依据,包括名词解释、图解说明、先进经验介绍及先进工具介绍、参考资料等。

8.2.5 施工定额的贯彻

施工定额是编制工程预算的依据,是进行科学管理的基础。因此,预算人员只有熟悉施工定额的内容、形式和使用方法,才能及时、准确做好相应工程的预算工作。

在使用施工定额时,应注意以下问题。

(1)正确选用定额项目。要根据相应的施工图纸和设计说明,计算分部分项工程量,选用相应的定额项目,做到不漏项、不重项、不错项。

(2)各分部分项工程的工程量计算单位要与定额项目一致。

(3)明确定额中的用语和符号的含义。定额中有“以内”“以下”者,均包括本身在内;有“以外”“以上”者,均不包括本身。

(4)要认真阅读定额中的说明和附注(录)内容,熟悉和掌握定额的适用范围、定额已考虑和未考虑的因素以及有关规定等。

8.3　公路工程预算定额

8.3.1　预算定额的概念

预算定额是确定完成一定计量单位的分项工程或结构构件的人工、材料和机械台班消耗量的数量标准,是计量建筑安装产品的基础。

预算定额除表示完成一定计量单位的分项工程或结构构件的人工、材料和机械台班消耗量的数量标准外,还规定完成定额所包括的工作内容。预算定额是在施工定额的基础上适当合并相应施工定额的工序内容,进行综合扩大而编制成的。

预算定额不同于施工定额。施工定额只适用于施工企业内部作为经营管理的工具,而预算定额是用来确定建筑安装工程造价并作为对外结算的依据。但从编制程序上看,施工定额是预算定额的编制基础,而预算定额则是概算定额或概算指标的编制基础。可以说,预算定额在计价定额中也是基础性定额。

预算定额是工程建设中一项重要的技术经济文件,它的各项指标反映了在完成单位分项工程消耗的活劳动和物化劳动的数量限度,这种限度最终决定单项工程的单位工程成本和造价。在我国,现行的工程建设概预算制度规定了通过编制概算和预算确定造价。概算定额、概算指标、预算定额为计算人工、材料、机械台班消耗量提供统一可靠的参数。同时,现行制度还赋予了概预算定额和费用定额以相应的权威性。这些定额和指标成为建设单位与施工企业间建立经济关系的重要基础。

8.3.2　预算定额的作用

1.预算定额是编制施工图预算、确定建筑安装工程造价的基础

施工图设计一经确定,工程预算造价就取决于预算定额水平和人工、材料及机械台班的价格。预算定额起着控制劳动消耗、材料消耗和机械台班使用的作用,进而起着控制建筑产品价格的作用。

2. 预算定额是编制施工组织设计的依据

施工组织设计的重要任务之一，是确定施工中所需人力、物力的供求量，并作出最佳安排。施工单位在缺乏本企业的施工定额的情况下，根据预算定额，也能够比较精确地计算出施工中各项资源的需求量，为有计划地组织材料采购和预制件加工、劳动力和施工机械的调配，提供了可靠的计算依据。

3. 预算定额是工程结算的依据

工程结算是建设单位和施工单位按照工程进度对已完成的分部分项工程实现货币支付的行为。按进度支付工程款，需要根据预算定额将已完分项工程的造价算出。单位工程验收后，再按竣工工程量、预算定额和施工合同规定进行结算，以保证建设单位建设资金的合理使用和施工单位的经济收入。

4. 预算定额是施工单位进行经济活动分析的依据

预算定额规定的物化劳动和劳动消耗指标，是施工单位在生产经营中允许消耗的最高标准。目前，预算定额决定着施工单位的收入，施工单位就必须以预算定额作为评价企业工作的重要标准。施工单位可根据预算定额对施工中的人工、材料、机械台班的消耗情况进行具体的分析，以便找出并克服低功效、高消耗的薄弱环节，提高竞争能力。只有在施工中尽量降低劳动消耗、采用新技术、提高劳动者素质、提高劳动生产率，才能取得较好的经济效果。

5. 预算定额是编制概算定额的基础

概算定额是在预算定额基础上综合扩大编制的。利用预算定额作为编制依据，不但可以节省编制工作的大量人力、物力和时间，还可以使概算定额在水平上与预算定额保持一致，以免造成执行中的不一致。

6. 预算定额是合理编制招标标底、投标报价的基础

在深化改革中，预算定额的指令性作用将日益削弱，而施工单位按照工程个别成本报价的指导性作用仍然存在。因此，预算定额作为编制标底的依据和施工企业报价的基础性作用仍将存在，这也是由预算定额本身的科学性和权威性决定的。

8.3.3 预算定额的编制原则与依据

1. 预算定额的编制原则

为保证预算定额的质量，充分发挥预算定额的作用，使之在使用中简便、合理、有效，在编制过程中应遵循以下原则。

(1)按平均水平确定预算定额的原则。

预算定额是确定建筑工程造价的主要依据。它必须遵照价值规律的客观要求，即按建筑产品生产过程中所消耗的社会必要劳动时间确定定额水平。因此，预算定额的平均水平是在正常的条件、合理的施工组织和工艺条件、平均熟练的程度和劳动强度下，完成单位分项工程或结构构件的劳动时间、机械消耗时间及材料用量。预算定额的水平是以施工定额水平为基础的，但它绝不等同于施工定额的水平。这是因为预算定额综合扩大了施工定额，包含了更多的可变因素，需要保留合理的幅度差。另外，确定施工定额和预算定额水平的原则是不同的，施工定额是平均先进水平，而预算定额是平均水平。

(2)简明适用性原则。

简明适用性原则是定额在应用方面要有多方面的适用性，简单明了，易于掌握和使用。为此，编制定额时，对于那些主要的、常用的、价值量大的项目，分项工程划分宜细；反之，项目划分可放宽一些。应注意补充那些采用新结构、新材料和先进经验而出现的定额项目，减少漏项，保证定额的系统性；还应注意合理确定预算定额的计量单位，简化工程量计算，减少换算工作量等。

(3)统一性和差别性相结合的原则。

统一性就是由国务院建设行政主管部门归口，负责全国统一定额的制定或修订，颁发有关的管理制度和条例细则等。这样有利于实现建筑安装工程造价的宏观调控。通过编制全国统一定额，使建筑产品具有统一的计价依据，也使考核设计和施工的经济效果具有统一的尺度。差别性就是在统一的基础上，各部门和地区主管部门可以在管辖范围内，结合自身的特点，制定部门和地区性定额、补充性制度和管理办法，以适应我国幅员辽阔、地区间部门发展水平不平衡和差异大的实际情况。

2. 预算定额的编制依据

(1)现行劳动定额和施工定额。预算定额是在现行劳动定额和施工定额的基础上编制的。预算定额中人工、材料、机械台班消耗水平，需要根据劳动定额或施工定额取定；预算定额的计量单位的选择，也要以施工定额为参考，从而保证两者的协调和可比性，减轻预算定额的编制工作量，缩短编制时间。

(2)现行设计规范、施工及验收规范、质量评定标准和安全操作规程。预算定额在确定人工、材料、机械台班消耗数量时，必须考虑上述各项规范的要求和规定。

(3)具有代表性的典型工程施工图及有关标准图。对这些图纸进行仔细分析研究,并计算出工程数量,作为编制定额时选择施工方法确定定额的依据。

(4)新技术、新结构、新材料和先进的施工方法等。这类资料是调整定额水平和增加新的定额项目所必需的依据。

(5)有关科学实验、技术测定的统计、经验资料。这类工程是确定定额水平的重要依据。

(6)现行的预算定额、材料预算价格及有关文件规定等,包括过去定额编制过程中积累的基础资料,也是编制预算定额的依据和参考。

8.3.4 预算定额的编制步骤

预算定额的编制步骤大致可分为以下阶段。

1. 准备工作阶段

本阶段的主要任务是拟订定额编制方案,成立编制机构,并组织分工进行学习讨论和统认识,对一些重要问题作出原则性的决定,如编制依据、范围、内容和原则等。

2. 收集资料阶段

此阶段的主要任务是收集资料、专题座谈等。

(1)收集资料。资料的内容主要是现行的定额及有关资料、现行的施工及验收规范、安全技术操作规程和有关劳动保护的政策法令、设计规范、定额解释资料及补充定额资料等技术经济资料。

(2)专题座谈。邀请建设单位、设计单位、施工单位及管理单位有经验的专业人员参加座谈,广泛听取意见和建议。

3. 定额编制阶段

(1)确定编制细则。这些细则有:统一编制表格及编制方法,统一计算口径,统一计算单位,统一名称、用字、专业用语、符号代码等。

(2)确定定额的项目划分和工程量计算规则。

(3)定额人工、材料、机械台班消耗用量的计算、复核和测算。

4. 定额定稿阶段

(1)审核定稿。审核定稿是保证定额编制的措施之一。审稿工作应由具备丰富经验、责任心强、从事多年定额工作的专业人员承担。

(2)预算定额水平测算。初稿编出后应通过对新编定额与现行的定额进行对比,测算新定额的水平,分析定额水平提高或降低的原因,并在此基础上对定额初稿进行必要的修订。定额水平测算的方法有:按工程类别比重测算法和单项工程比较测算法等。

5.定稿送审阶段

通过定额水平测算和修订后,组织有关部门讨论,征求各方面意见,最后修改定稿,并写出编制说明,报有关管理部门审核批准。

第9章　公路工程量的计算

9.1　计算的依据与原则

9.1.1　工程量计算的依据

1. 经审定的施工设计图纸及设计说明

施工设计图纸是计算工程量的基础资料，反映了工程实物的构造和各部位尺寸，是计算工程量的基本依据。在取得施工图纸和设计说明等资料后，必须全面、细致地熟悉和核对有关图纸和资料，检查图纸是否齐全、正确。如果发现设计图纸有错漏或相互间有矛盾，应及时向有关部门提出修改意见，予以更正，经过审核，修正后的施工图才能作为计算工程量的依据。

2. 工程预算定额

交通运输部颁发的《公路工程预算定额》(JTG/T 3832—2018)以及省、自治区、直辖市颁发的地区性工程定额是工程量计算的依据。计算工程量必须严格按照定额中规定的计量单位、计算规则和方法进行。

3. 经审定的施工组织设计或施工技术措施方案

计算工程量时，除直接计算施工图纸中的实物工程量外，还必须参照施工组织设计或施工技术措施方案进行。例如计算土方挖坑工程量仅仅依据施工图是不够的，因为施工图中并未标明实际施工场地土壤的类别，以及施工中是否放坡开挖或者是否采用基坑支挡防护、围堰等方式。对这类问题就需要借助于施工组织设计或施工技术措施方案予以解决。

4. 经确定的其他有关技术经济文件

如当地规定的征地拆迁费用、土地青苗补助、招标文件中的计量规定及计量方法等有关技术经济文件。

9.1.2 工程量计算的原则

为了保证工程量计算方法的合理性，计算结果的准确性，计算工程量时必须遵循以下原则。

1. 工程量计算所用原始数据必须和设计图纸相一致

工程量是按每一分项工程，根据设计图纸进行计算的，计算时所采用的原始数据都必须以施工图纸所表示的尺寸或施工图纸能读出的尺寸为准进行计算，不得任意加大或缩小各部位尺寸。

特别对工程量有重大影响的尺寸（如建筑物的外包尺寸、轴线尺寸等）以及价值较大的分项工程（如钢筋混凝土工程等）的尺寸，其数据的取定，均应根据图纸所注尺寸线及尺寸数字，通过计算确定。

2. 计算口径必须与预算定额相一致，避免重复列项

计算工程量时，根据施工图纸列出的工程子目的口径（指工程子目所包括的工作内容），必须与土建基础定额中相应的工程子目的口径相一致。不能将定额子目中已包含了的工作内容另列子目进行计算。例如，定额中的某些工程子目包括了刷素水泥浆，计算工程量时就不应将其另列子目重复计算。

3. 工程量的计量单位必须与现行定额的计量单位一致

按施工图样计算工程量时，所计算工程子目的工程量单位必须与土建基础定额中相应的单位一致。例如预算定额是以 m^2 作单位的，所计算的工程量也必须以 m^2 作单位。

在土建预算定额中，工程量的计算单位规定为：体积为 m^3；面积为 m^2；长度为 m；质量为 t 或 kg；工具班组等为件、个或组。

基础定额中大多数用扩大定额（按计量单位的倍数）的方法来计量，如“10 m”“100 m^2”“10 m^3”等。因此，在计算时应注意区分，务必使工程子项的计量单位与定额一致，不能随意决定工程量的单位，以免由于计量单位搞错而影响工程量的正确性。比如，脚手架工程的计量单位就有扩大平方米（100 m^2）、延长米（100 m）等，使用时不得混淆。

4. 工程量计算规则必须与定额一致

工程量计算必须与定额中规定的工程量计算规则（或计算方法）相一致，才符合定额的要求。预算定额中对分项工程的工程量计算规则和计算方法都做了具体规定，计算时必须严格按规定执行。

5. 工程量的计算精确度要统一

工程量的数字计算要准确，一般应精确到小数点后3位，汇总时，其准确度取值要达到：

(1)立方米(m^3)、平方米(m^2)及米(m)以下取2位小数；

(2)吨(t)以下取3位小数；

(3)千克(kg)、件、建筑面积等取整数。

9.2 道路工程量的计算

9.2.1 路基土石方工程

1. 路基挖方计算

路基挖方的断面方量包括边沟、截水沟等。对挖方开展校正工作时，必须要以断面方量为基础，同时去除掉场地中的挖方减少量。在获得校正后的挖方时，以天然密实方继续计算；将断面方量、校正挖方量等分别详细列出，然后对图示类别进行划分，此时所得到的数量仅需要将校正挖方列出即可。

2. 路基填方计算

以断面路基填方为基础，将清除场地、基底压实、耕地填前压实以及路面结构层等增减量引入其中，可正确得出校正填方，然后以压实方量进行计算；需注意清除基底压实、耕地压实过程中原始地面下降以及原先的场地厚度。公路工程的路基边缘在经过压实处理后需加宽填筑的土方，由于无需将其构成路基实体，因此不需要在校正填方中计入该部分，但须采取另行单列的方式。

3. 路基土石方调配的数量计算

移挖作填方需要对压实方、天然密实方之间的差别进行考虑，调入填方时为压实方，调出时为天然密实方；借方数量为填缺换算天然方减去纵向调入方量的天然密实方；弃方计算基于天然密实方。公路桥梁工程中路基土石方调配平衡公式为：

$$借方 + 挖方 = 填方 + 弃方$$

在开始进行校核工作前，必须要先进行压实方与天然方之间的转换，以使平衡公式两边的计量单位保持较好的一致性。

4. 路基土石方与计价土石方计算

路基土石方为路基填方与挖方的总和，可以基于设计断面方量计算，并且不对压实方、天然方进行换算。计价土石方是反映工程规模的重要指标，同时也是参与工程计价的所有土石方数量的总和。

9.2.2 路床(槽)整形

(1)路床(槽)整形系指平均厚度10 cm以内的人工挖高填低平整路床，使之形成设计要求的纵横坡度，并经重型压路机碾压密实。工程量按设计尺寸以 m^2 为单位计算。

(2)路基盲沟分规格按设计长度以延长米为单位计算。

(3)弹软土基处理。其处理方法如下。

a. 掺干土、石灰。改换炉渣、片石均按设计尺寸以 m^3 为单位计算。

b. 石灰砂桩分规格按设计图纸以个为单位计算。

c. 水泥稳定土、机械翻晒按设计尺寸以 m^2 为单位计算。

d. 砂底层分厚度按设计尺寸以 m^2 为单位计算。

e. 铺筑垫层料分厚度按设计尺寸以 m^2 为单位计算。

9.2.3 道路基层、面层

(1)各类道路基层分厚度均按设计尺寸以 m^2 为单位计算。

(2)各类道路底层分厚度均按设计尺寸以 m^2 为单位计算。

(3)顶层多合土养护按设计尺寸以 m^2 为单位计算。

(4)沥青稳定碎石分厚度按设计尺寸以 m^2 为单位计算。

(5)各类路面分厚度均按设计尺寸以 m^2 为单位计算。

(6)沥青表面处理按设计尺寸以 m^2 为单位计算。

(7)沥青混凝土加工按设计图纸的体积以 m^2 为单位计算。沥青加工按设计以t为单位计算。

9.2.4 其他

(1)人行道及侧缘石工程量计算方法如下。

a. 各类人行道板安砌分规格均按设计尺寸以 m^3 为单位计算。

b. 侧缘石垫层分材质均按设计尺寸以 m^2 为单位计算。

c. 侧缘石安砌分材质均按设计尺寸以延长米为单位计算；侧平石安砌分规格均按设计尺寸以延长米为单位计算。

(2)砌筑树池分材质均按设计尺寸以延长米为单位计算。

(3)其他直接费(包括冬、雨季施工增加费，夜间施工增加费，二次搬运费，仪器仪表使用费，生产工具用具使用费，检验、试验费，特殊工种培训费，工程定位复测、工程点交、场地清理费，特殊地区施工增加费)工程量，以直接费为基数按百分数计算。

(4)现场经费(包括临时设施费、现场管理费)工程量，以直接费为基数按百分数计算。

9.3 桥梁工程量的计算

9.3.1 土石方工程

土石方数量作为公路项目中一类关键性工程量，在构建公路工程的各个时期都要重点关注。比如，在初步研究时期，它是公路选线时需仔细考量的重要因素，在设计时期，它是路线设计预案对比中评估公路测设品质的技术经济参照指标，在招投标时期，它是估算标底以及报价的关键节点，在工程预算中发挥着重要作用。因为公路项目建设中的土石方数量较大，其项目成本占总体公路项目造价非常大的比重，在公路构建各个时期，特别是前期勘察设计、投标报价以及预算等环节，土石方数量计算的精准可靠与否，很大程度上决定了整个公路项目的实际造价。如今，在公路设计的过程中可以采取计算机辅助设计的方法让土石方计算变得便利，设计工作者根据路基施工预案对土方的有关问题提供假定性分析，确保土石方量精准可靠。而在投标时期，施工公司需现场完成对所在区域地理地貌状况的考察，然后依据施工公司给出的机具、设施及其他资源提供针对性的路基处置方案，此时相关工作人员仔细分析土石方数量的影响因素极为关键。

9.3.2 围堰、井点降水

(1)土草围堰，土、石混合围堰，按围堰的施工断面乘以围堰中心线的长度以

m^3 为单位计算。

(2)木板桩围堰、圆木桩围堰、钢板桩围堰、木(竹)笼围堰分高度(高度按施工期内最高临水面加 0.5 cm),按围堰中心线的长度以延长米为单位计算。

(3)筑捣填心均按设计尺寸以 m^3 为单位计算。

9.3.3 打桩工程

1. 打桩

各种桩的打桩工程量,均按桩的设计长度(包括桩尖长度)乘以桩截面面积以 m^3 为单位计算。

2. 送桩

(1)采用陆上打桩,按桩截面面积乘以送桩长度(即原地平均标高至桩顶面另加 1 cm)以 m^3 为单位计算工程量。

(2)采用支架上打桩,其计算方法同"陆上打桩"。

(3)采用船上打桩,其计算方法同"陆上打桩"。

(4)接桩,各类接桩按设计接头以个为单位计算。

3. 灌注桩成孔工程量

(1)埋设钢护筒、钢筋混凝土套管,均按设计筒(套管)长度以延长米为单位计算。

(2)人工、机械成孔,按设计桩长(设计桩顶标高至桩底标高)乘以设计桩断面面积以 m^3 为单位计算。

(3)灌注桩混凝土,按设计规定桩长乘以设计桩断面面积以 m^3 为单位计算。

(4)灌注桩钢筋笼,按设计规定以 t 为单位计算。

(5)泥浆制作,按设计用量以 m^3 为单位计算。

(6)灌注桩接桩,按设计接桩的尺寸以 m^3 为单位计算。

9.3.4 砌筑工程

(1)各类垫层均按设计图示尺寸以 m^3 为单位计算。

(2)砌块石、料石、混凝土预制块、机砖、圬工勾缝,均按设计图示尺寸以 m^3 为单位计算。

9.3.5 钢筋工程

(1)各种钢筋、高强钢丝、钢绞线,均按设计规定的尺寸乘以理论质量以 t 为单位计算。

(2)预埋铁件、连接板,按设计规定的尺寸乘以理论质量以 t 为单位计算。

(3)安装压浆管道和压浆,按设计图示长度以延长米为单位计算。

9.3.6 现浇混凝土及钢筋混凝土工程

(1)现浇混凝土和钢筋混凝土,均按设计图示尺寸以 m^3 为单位计算。不扣除钢筋、铁丝、软件、预留压浆孔道和螺栓所占体积。

(2)现浇钢筋混凝土构件中的墙、板,均不扣除面积在 0.3 m^2 以内的孔、洞的混凝土体积,超过 0.3 m^2 时应予扣除,对留孔所需工料不另计算。

(3)板梁底勾缝,按图示尺寸以延长米为单位计算。

(4)混凝土接头及灌缝,按图示尺寸以 m^3 为单位计算。

(5)桥面混凝土铺装,按设计图示尺寸以 m^3 为单位计算。

(6)桥面沥青混凝土铺装,分厚度,按设计图示尺寸以 m^2 为单位计算。

(7)桥面防水层,分材质,按设计图示尺寸以 m^2 为单位计算。

9.3.7 预制钢筋混凝土构件制作、运输、安装工程

1.预制混凝土、钢筋混凝土构件制作与运输

(1)预制混凝土及钢筋混凝土构件制作除另有规定外,均按设计图示尺寸以 m^3 为单位计算。

(2)预制桩按桩的设计长度(包括桩尖长度)乘以断面积以 m^3 为单位计算。

(3)预制空心构件,按图示尺寸扣除其空心体积,以实体积计算。堵头板的体积计入其工程量内。

(4)预制构件运输,分不同运距,按构件单体质量以 t 为单位计算。

2.预制构件安装

(1)预制混凝土及钢筋混凝土构件安装除另有规定外,均按设计图示尺寸以 m^3 为单位计算,构件有空心者,扣除其空心体积。

(2)柱式墩、台管节,分直径,按设计图示尺寸以延长米为单位计算。

(3)支座安装。钢支座,按设计图示尺寸乘以理论质量以 t 为单位计算;橡胶支座,按设计图示尺寸以 m^3 为单位计算;油毡支座,按设计图示尺寸以 m^2 为单位计算。

(4)泄水孔安装,分材质,均按只计算。

(5)伸缩缝安装,分材质,均按设计图示尺寸以延长米为单位计算。

(6)沉降缝安装,分材质,均按设计图示尺寸以 m^2 为单位计算。

9.3.8　装饰工程

装饰工程的工程量,按设计图示尺寸以 m^2 为单位计算。

9.3.9　其他

(1)脚手架工程量,按墙面垂直投影面积计算,高度按室外地面至墙顶面计算。

(2)其他直接费(包括冬、雨力施工增加费,夜间施工增加费,二次搬运费,仪器仪表使用费,生产工具用具使用费,检验试验费,特殊工种培训费,工程定位复测、工程点交、场地清理费,特殊地区增加费)工程量,以直接费为基数按百分数计算。

(3)现场经费(包括临时设施费、现场管理费)工程量,以直接费为基数按百分数计算。

第 10 章　公路工程招投标编制

10.1　工程招标与投标

10.1.1　工程招标与投标的概念

工程招标是指招标人依照法定程序，以公开招标或邀请招标的方式，鼓励潜在投标人依据招标文件参与竞争，通过评定，从中择优选定中标人的一种经济活动。

工程投标是工程招标的对称概念，指具有合法资格和能力的投标人根据招标文件的要求，在指定期限内填写标书，提出报价，并等候开标，决定能否中标的经济活动。

10.1.2　工程招标与投标的性质

我国法学界一般认为，公路工程招标是要约邀请，而投标是要约，中标通知书是承诺。也就是说，招标实际上是邀请投标人对其提出要约(报价)，属于要约邀请。投标则是一种要约，它符合要约的所有条件，如具有缔结合同的主观目的；一旦中标，投标人将受投标书的约束；投标书的内容具有足以使合同成立的主要条件等。招标人向中标的投标人发出的中标通知书，则是招标人同意接受中标的投标人的投标条件，即同意接受该投标人的要约的意思表示，应属于承诺。

10.1.3　公路工程招标投标的编制依据

公路工程招标投标的编制依据主要为与招标投标有关的法律法规等。

(1)《中华人民共和国民法典》包括各种有关的合同法规，它为招标文件内容的规范化提供了法律依据。

(2)《中华人民共和国招标投标法》,它是一部规范招标、投标行为及评标、定标工作的专门法律。

(3)《中华人民共和国反不正当竞争法》,它为市场竞争行为的规范化提供了法律依据。

(4)《建设工程质量管理条例》,该条例对建设工程的招标、发包和主体资质做出了原则性的规定和要求。

(5)《工程建设项目招标范围和规模标准规定》,该法规在《中华人民共和国招标投标法》的基础上对工程建设项目招标范围和规模标准作了非常明确的规定。

(6)《评标委员会和评标方法暂行规定》,该法规在《中华人民共和国招标投标法》的基础上,对评标委员会的设立和评标方法作了更进一步的明确规定。

(7)《公路工程建设招标投标管理办法》,该办法是规范公路工程施工招标投标工作的主要法规。

(8)《公路建设市场管理办法》,该办法分别就公路建设的市场主体、市场交易以及市场的监督和管理等问题进行了详细的规定。

(9)《公路工程施工招标评标办法》,该办法在《公路建设市场管理办法》的基础上,对公路工程施工招标投标中的资格预审和评标工作制定了操作性很强的实施细则。

10.2　招标标底的编制

10.2.1　标底的概念及其特征

标底是指招标人根据招标项目的具体情况,以及国家规定的计价依据和计价办法计算出来的工程造价,是招标人对建设工程的期望价格。如果设置标底,其编制一般应注意以下几点。

(1)根据设计图纸及有关资料、招标文件,参照国家规定的技术、经济标准定额及规范,确定工程量和设定标底。

(2)标底价格应由成本、利润和税金组成,一般应控制在批准的建设项目总概算及投资包干的限额内。

(3)标底价格作为招标人的期望价格,应力求与市场的实际变化相吻合,要有利于竞争和保证工程质量。

(4)标底价格除考虑人工、材料、机械台班等价格变动因素外,还应包括施工不可预见费、包干费和措施费等。工程要求优良的,还应增加相应费用。

(5)一个标段只能编制一个标底。

10.2.2 标底与概算、预算的区别

(1)概算、预算是计划经济的产物,反映的是计划价格,在概算、预算编制过程中,除材料价格已修改为按市场价格来确定材料费外,其他如人工费、机械台班折旧费以及管理费均按概算、预算编制办法中的预算价格(计划价格)来确定。

标底是市场经济的产物,反映的是建筑产品的市场价格,在编制标底过程中,施工中所消耗的各种资源的价格原则上应根据市场价格来确定,特别是在完全竞争市场环境更是如此。

(2)概算、预算在编制中主要反映的是价值规律的作用和影响,而标底除考虑价值规律的作用外,还应考虑供求关系的作用。

(3)概算、预算反映的是施工企业过去的劳动生产力水平,而标底应反映施工企业当前的劳动生产力水平。

编制概算、预算定额所依据的统计数据是施工企业在过去施工过程中所发生的数据,随着生产力水平的提高,这些数据滞后于当前的生产力水平,不能真实地反映在当前先进的劳动生产力水平下的人工、材料、机械消耗。

(4)两者包含的费用范围不同。

概算、预算是根据设计文件及概算、预算定额和编制办法来确定工程造价,而标底应根据招标文件(或合同)中明确的承包商的义务来编制。例如,在编制标底时其费用通常应包括建筑安装工程费、根据合同需由承包商承担的不可预见风险费、施工投标中发生的费用(交易成本)、合理利润等费用。

(5)概算、预算定额及编制办法具有法令性,在编制概算、预算时,除允许抽换的外,原则上应遵照执行。但在编制标底时却不受上述规定的限制,当运用概算、预算定额及编制办法来编制和确定标底时,对于定额中不合理、不能真实地反映当前劳动生产力水平的人工、材料、机械消耗应如实地进行抽换

10.2.3 标底的编制依据

(1)国家的有关法律、法规及有关部门制定的有关工程造价的文件和规定。

(2)工程招标文件中确定的计价依据和计价办法,招标文件的商务条款,包括合同条件中规定由工程承包方应承担义务而可能发生的费用,以及招标文件的澄清、答疑等补充文件和资料。在标底价格计算时,计算口径和取费内容必须与招标文件中有关取费等的要求一致。

(3)设计文件、图纸、技术说明及工程量清单等相关基础资料。

(4)国家、行业、地方的工程建设标准,包括工程施工必须执行的技术标准、规范和规程。

(5)采用的施工组织设计、施工方案、施工技术措施等。

(6)工程施工现场地质、水文勘探资料,现场环境和条件及反映相应情况的有关资料。

(7)招标时的人工、材料、设备及施工机械台班等市场价格信息,以及国家和地方有关政策性调价文件的规定。

10.2.4　标底的编制方法

1. 完全竞争市场下的标底编制办法

在完全竞争市场下,由于市场价格是一种反映了资源使用效率的价格,因此完全竞争市场下的标底可直接根据建筑产品的市场交易价格来确定。

2. 不完全竞争下的标底编制方法

(1)工料单价法编制标底。

依赖于概算、预算定额及编制办法来确定标底的方法称为工料单价法。在运用工料单价法编制标底时应注意以下事项。

①按概算编制标底时,应在概算的基础上适当下浮,因为概算定额所考虑的人工、材料、机械消耗量与预算定额相比通常有一定的余量(一般为3%～5%)。

②对概算、预算中未考虑到的,而根据合同承包商需发生的费用应在标底中予以考虑。如投标中发生的费用、履约担保费等,这些费用在概算、预算建筑安装工程费中未考虑进去,而根据合同承包商需发生和承担,因此,在编制标底时应予以考虑。

③对于概算、预算中明显偏高或偏低的费用应如实进行调整或对概算、预算定额中的数据如实进行抽换。

④由于概算、预算的项目划分与招标文件中工程量清单的项目划分不一致,

且各自对应的计量方法不相同，因此，在编制工程细目的单价时，应在分项工程概算、预算的基础上，组合出与工程量清单中的工程细目相适应的单价。

⑤由于当前的劳动生产力水平总高于概算、预算定额数据中反映的劳动生产力水平，而招标又是建立在买方市场基础上的，所以在确定标底时，应在概算、预算的基础上乘以小于1的修正系数。

(2)统计平均法确定标底。

在介绍此方法之前，先提出如下假定：所有投标人或至少大部分投标人都是理性的投标人，即他们的报价是严格基于自身的施工成本和在相应的投标策略下的一种报价，而不是一种盲目报价。对于经验丰富的投标人，由于他们在施工方法、施工成本和价格上拥有完全的信息，对此，理性的投标人能提出一个充分反映自身竞争实力的投标报价，因此，只要对这些投标报价进行适当的技术处理，即可确定出施工项目的标底，这种方法称为统计平均法。

10.3 投标报价的编制

10.3.1 投标报价前期的调查研究、收集信息资料

1. 政治和法律方面

投标人首先应了解在招标投标活动中以及在合同履行过程中有可能涉及的法律，也应了解与项目有关的政治形势、国家政策等。

2. 自然条件

投标人调查自然条件状况，包括工程所在地的地理位置和地形、地貌、气象状况及其他自然灾害状况等。

3. 市场状况

投标人调查市场状况，主要包括建筑材料、施工机械设备、燃料、动力、水和生活用品的供应情况、价格水平，还包括过去几年物价指数以及对今后物价指数变化趋势的预测；劳务市场情况，如工人技术水平、工资水平、有关劳动保护和福利待遇的规定等；金融市场情况，如银行贷款的难易程度以及银行贷款利率等。

4. 工程项目方面的情况

工程项目方面的情况包括工程的技术规模和对材料性能及工人技术水平的

要求，总工期及竣工交付使用的要求，施工场地的地形、地质、地下水位、交通运输、供水、供电、通信条件的情况，工程项目资金来源，工程价款的支付方式、外汇所占比例，监理工程师的资历、职业道德和工作作风等。

5. 业主情况

业主情况包括业主的资信情况、对实施的工程需求的迫切程度等。

6. 投标人自身情况

投标人对自己内部情况、资料也应当进行归纳管理。这类资料主要用于招标人要求的资格审查和本企业履行项目的可能性。

7. 竞争对手资料

一方面了解各投标企业的资质等级、企业质量、企业荣誉（社会认可度）、技术力量和经济实力，另一方面通过以往各投标单位的投标报价情况来分析竞争对手的报价情况。这就需要注意平时积累各投标企业以往投标报价的资料并加以分析，得出这些投标企业报价的大体水平，从而确定自己的投标报价。

10.3.2　对是否参加投标做出决策

(1)承包招标项目的可行性与可能性。如本企业是否有能力（包括技术力量、设备等）承包该项目，能否抽调出管理力量、技术力量参加项目承包，竞争对手是否有明显的优势等。

(2)招标项目的可靠性。如项目的审批程序是否已经完成、资金是否已经落实等。

(3)招标项目的承包条件。如果承包条件苛刻，自己无力完成施工，则应放弃投标。

10.3.3　研究招标文件并制定施工方案

1. 研究招标文件

投标单位通过资格审查之后，首要的工作就是认真研究招标文件，充分了解其内容和要求，以便有针对性地安排投标工作。

2. 制定施工方案

施工方案应由投标单位的技术负责人主持制定，应主要考虑施工方法，主要施工机具的配置，各工种劳动力的安排及现场施工人员的平衡，施工进度及分批竣工的安排，安全措施等。

10.3.4 报价的编制

1.标价的构成及计算

(1)投标报价的费用构成主要有成本、利润、税金以及不可预见费等，工程标价组成如图 10-1 所示。

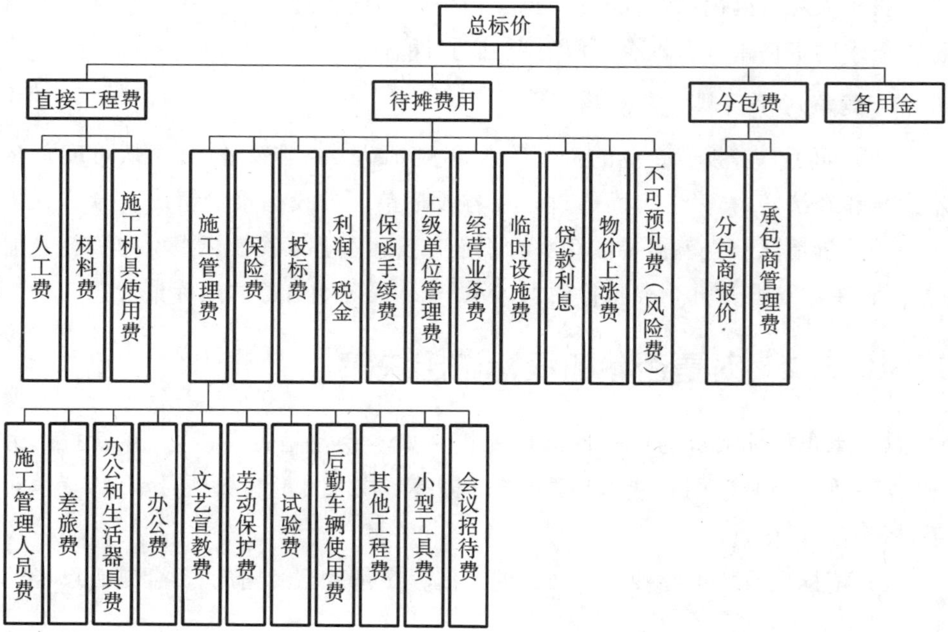

图 10-1 工程标价组成

(2)标价计算。

标价的计算可以按照定额或市场的单价，逐项计算每个项目的单价与合价，分别填入招标人提供的工程量清单中，包括人工费、材料费、施工机具使用费、其他工程费、间接费、利润、税金及材料价差和风险费用等全部费用。

①人工、材料、施工机具单价。

投标时采用的人工、材料、施工机具单价应根据本企业自身的情况以及建设市场情况和劳动力、机械设备租赁市场情况综合确定。

②其他工程费、间接费、利润、税金的计算。

在计算出直接工程费的基础上，依据企业自身情况确定各项费率及法定税率，依次计算出其他工程费、间接费、利润和税金。

③风险费的计算。

风险费是指在工程承包过程中由于各种不可预见的风险因素发生而增加的费用。通常由投标人经过对具体工程项目的风险因素分析之后，确定一个比较合理的工程总价的百分数作为风险费。

计算标价时，正确选用定额是影响投标的关键因素。因此，应根据工程条件和竞争情况加以分析，对定额予以适当调整。

2. 标价分析

(1)标价的宏观审核。

①首先应当分项统计计算书中的汇总数据，并计算其比例指标。

②根据对各类指标及其比例关系，从宏观上分析标价结构的合理性。例如，分析总直接工程费和总的管理费的比例关系，劳务费和材料费的比例关系，临时设施和机具设备费与总的直接工程费的比例关系，利润、流动资金及其利息与总标价的比例关系等。

承包过类似工程的有经验的承包商可以从这些比例关系中判断标价的构成是否合理。如果发现有不合理的部分，应当初步探讨其原因。首先研究拟投标工程与其他类似工程是否存在某些不可比因素，如果考虑了不可比因素的影响，仍存在不合理的情况，就应当深入探讨其原因，并考虑调整某些基价、定额或分摊系数。

③探讨上述平均人月产值和人年产值的合理性和实现的可能性。如果从本公司的实践经验角度判断这些指标过高或过低，就应当考虑所采用定额的合理性。

④参照同类工程的经验，扣除不可比因素后，分析单位工程价格及人工、材料用量的合理性。

⑤通过以上分析，对明显不合理的标价构成部分进行微观方面的分析检查。重点是在提高工效、改变施工方案、降低材料设备价格和节约管理费等方面提出切实可行的措施，并修正初步计算标价。

(2)标价的动态分析。

①工期延误的影响。如果由于承包商自身原因使工期延误，承包商就会增加管理费、人工费、施工机具使用费及贷款利息，还要交纳拖期违约罚金。一般情况下，可以测算在工期延长的某一段时间内，上述各种费用增大的数额及其占总标价的比率。这些增加的开支部分只能用风险费和计划利润来弥补。因此，

可以经过多次测算，得出利润全部丧失的工期延误时间。

②物价和工资上涨的影响。通过调整标价计算当中的材料、设备和工资上涨系数，测算其对计划利润的影响。同时调查工程物资和工资的升降趋势和幅度，以便作出合理判断。通过分析，可以得知投标利润对物价和工资上涨因素的承受能力。

③其他可变因素的影响。影响标价的可变因素很多，而有些是投标人无法控制的，如贷款利率的变化、政策法规的变化等。通过分析这些可变因素的变化，可以了解投标项目计划利润的受影响程度。

(3)标价的盈亏分析。

初步计算标价经过宏观审核与进一步分析检查，可能对某些分项的单价做必要的调整，然后形成基础标价，再经盈亏分析，提出可能的低标价和高标价，供投标报价决策时选择。盈亏分析包括盈余分析和亏损分析两个方面。

①盈余分析是从标价组成的各个方面挖掘潜力、节约开支，计算出基础标价可能降低的数额，即所谓"挖潜盈余"，进而计算出低标价。盈余分析主要从下列几个方面进行。

a. 人工、材料、机械台班消耗定额以及人工、机械效率分析。

b. 对人工、材料设备、施工机械台班(时)价格三方面进行分析。

c. 对管理费、临时设施费等方面逐项分析。

d. 其他方面，如流动资金与贷款利息，保险费、维修费等方面逐项复核，找出有潜可挖之处。考虑到挖潜不可能百分之百实现，尚需乘以一定的修正系数(一般取 0.5～0.7)，据此求出可能的低标价，即：

低标价＝基础标价-(挖潜盈余×修正系数)

②亏损分析是分析在计算标价时由于对未来施工过程中可能出现的不利因素考虑不周和估计不足，可能产生的费用增加和损失。主要从以下几个方面分析。

a. 人工、材料、机械设备价格。

b. 自然条件。

c. 管理不善造成质量、工作效率等问题。

d. 建设单位、监理工程师方面问题。

e. 管理费失控。以上分析估计出的亏损额，同样乘以修正系数(取 0.5～0.7)，并据此求出可能的高标价。即：

高标价＝基础标价＋估计亏损×修正系数。

10.3.5　投标报价策略

投标报价策略是指投标人在投标竞争中所采取的方式和手段。常用的投标报价策略有不平衡报价、多方案报价、突然降价、无利润报价。

1. 不平衡报价

所谓不平衡报价，就是在不影响投标总报价的前提下，将某些分部分项工程的单价定得比正常水平高一些，某些分部分项工程的单价定得比正常水平低一些。不平衡报价是单价合同投标报价中常见的一种方法。

(1)对能早期得到结算付款的工程项目的单价可适当提高，对于后期结算的工程项目的单价可适当降低。

(2)预计今后工程量会增加的项目，单价可适当提高；预计今后工程量会减少的项目，单价可适当降低。

(3)设计图纸不明确或有错误的，估计修改后工程量会增加的项目，提高单价；而工程内容说明不清楚的，可适当降低单价。

(4)没有工程量，只填单价的项目，其单价提高些，这样既不影响投标总价，以后发生时承包人又可多获利。

(5)对于暂列数额(或工程)，预计会做的可能性较大，价格定高些，估计不一定发生的则单价低些。

(6)零星用工(计日工)的报价高于一般分部分项工程中的工资单价，因它不属于承包总价的范围，发生时实报实销，价高些会多获利。

2. 多方案报价

在充分估计投标风险的基础上，按多个投标方案进行报价，即在投标文件中报两个价，按原工程说明书和合同条件报一个价，然后提出如果工程说明书或合同条件可做某些改变时的另一个较低的报价(需加以注释)。这样可使报价降低，吸引招标人。

3. 突然降价

投标报价是一项商业秘密性的竞争工作，竞争对手之间可能会随时互相探听对方的报价情况。

在整个报价过程中，投标人先按一般态度对待招标工程，按一般情况进行报价，甚至可以表现出自己对该工程的兴趣不大，但等快到投标截止时，再突然降价，使竞争对手措手不及。

4. 无利润报价

缺乏竞争优势的承包商，在不得已的情况下，只好在报价时根本不考虑利润而去夺标。这种办法一般在以下情况下采用。

(1)有可能在得标后，将大部分工程分包给索价较低的一些分包商。

(2)对于分期建设的项目，先以低价获得首期工程，而后赢得机会创造第二期工程中的竞争优势，并在以后的工程中盈利。

(3)较长时期内，投标人没有在建的工程项目，如果再不得标，就难以维持生存。因此，虽然本工程无利可图，但只要能有一定的管理费维持公司的日常运转，就可设法渡过暂时的困难时期，以图将来东山再起。

第 11 章　公路工程概预算编制

11.1　概预算的编制原则及依据

公路工程概预算是反映建设项目设计内容全部费用的经济文件。它不仅为控制工程造价、办理工程价款的拨付和结算提供依据，而且更重要的是促进设计部门提高设计水平，改进设计方案，促进施工企业搞好经济核算和企业管理。因此，概预算的编制是工程造价管理工作的重要环节。不断提高概预算的编制质量，对加强公路基本建设管理、核算和监督具有十分重要的意义。

概算或修正概算是初步设计文件或技术设计文件的重要组成部分。概算应控制在批准的建设项目可行性研究报告投资估算允许的幅度范围内，概算经批准后是基本建设项目投资最高限额，是编制项目计划、签订建设项目总包合同、实行建设项目包干、控制预算、考核设计经济合理性和建设成本的依据。设计单位应按不同的设计阶段编制概算和修正概算。编制概算或修正概算应全面了解工程所在地的建设条件，掌握各项基础资料，正确引用规定的定额、取费标准、工资单价和材料设备价格，按本办法的规定进行编制，使概算能完整、准确地反映设计内容。

以批准的初步设计进行施工招标的工程，其标底应在批准的总概算范围内。

预算是施工图设计文件的重要组成部分。预算经审定后，按预算承发包的工程，预算是确定工程造价、签订建筑安装工程合同、实行建设单位和施工单位投资包干和办理工程结算、实行经济核算和考核工程成本的依据。预算应根据施工图设计的工程量和施工方法，按照规定的定额、取费标准、工资单价、材料设备预算价格依本办法在开工前编制并报请批准。以施工图设计进行施工招标的工程，施工图预算经审定后是编制工程标底的依据。施工图设计应控制在批准的初步设计及其概算范围之内。如单位工程预算突破相应概算时，应分析原因，对施工图设计中不合理部分进行修改，对其合理部分应在总概算投资范围内调整解决。

11.1.1 概预算编制原则

1. 概预算的编制必须严格执行国家的方针、政策及有关规定

具体地说就是必须严格执行《公路工程建设项目概算预算编制办法》(JTG 3830—2018)(以下简称为《编制方法》)中的各项规定,《编制办法》具有法令性,要注意其适用范围,不可滥用。

2. 编制人员应具备本专业的业务能力

公路工程概预算应由具备造价工程师任职资格的工程技术人员编制。编制前应全面了解工程所在地的建设条件,掌握设计、施工情况,做好设计文件方案的经济比较,正确引用定额、取费标准、工资单价和材料设备价格,把技术工作和经济工作结合起来,全面有效地提高编制质量。

3. 设计单位应对概预算的编制质量负责

概预算文件应由有相应资格的设计或工程(造价)咨询单位编制。概预算文件应达到的质量要求是:符合规定,结合实际,经济合理,提交及时,不重不漏,计算正确,字迹打印清晰,装订整齐完善。设计单位应配合和充实工程经济专业人员,切实做好概预算的编制工作。当一个建设项目由几个设计单位共同承担设计时,各设计单位应负责编制所承担设计的单项或单位工程的概预算,主管部门应指定主体设计单位负责汇编总概预算,并对全部概预算编制质量负责。对实行设计单位招标的建设项目,概算由中标单位负责编制。

4. 概预算编制工作要符合市场经济规律

概预算要切实反映设计内容的实际,资金要打足,不留缺口,并且做到估算要包住概算,概算要包住预算,预算要包住决算。

11.1.2 概预算的编制依据

1. 建设项目立项依据及有关文号

在编制概预算时,首先要了解建设项目是否有可行性研究报告的批准文号,或初步设计概算的批准文号。因为只有立项的建设项目才有编制概预算的必要。

2. 设计图纸和施工组织设计资料

设计图纸和施工组织设计资料是指导施工的指令性文件。图纸全面反映了工程项目的形式、内容、地质状况、结构尺寸和施工技术要求，是确定工程数量的主要依据。施工组织设计资料确定了工程项目的施工方案、施工期限和施工方法，是计算有关费用、套用相应定额的依据。

3.《编制办法》和定额

《编制办法》是编制概预算的总则，各项费用的计算方法及各项费率的取用标准，都必须执行《编制办法》的规定。

《公路工程概算定额》(JTG/T 3831—2018)、《公路工程预算定额》(JTG/T 3832—2018)及《公路工程机械台班费用定额》(JTG/T 3833—2018)都是计算直接工程费的依据。

4. 与概预算有关的合同、协议、委托书等有关文件

凡与编制概预算有关的同文件和规定，以及在外业调查中签订的各种协议和合同都是编制概预算的重要依据。

11.2　概预算的编制程序及方法

11.2.1　各项费用的计算程序

概预算总金额是由建筑安装工程费、工程建设其他费用和预备费组成的。每项费用都有其具体的费用内容和计算方法，并按照一定的规则和程序进行。

(1)直接工程费(即人工、材料、机械台班)：按编制年工程所在地的预算价格计算。

(2)其他工程费：按“直接工程费×其他工程费综合费率或各类工程人工费和机械费之和×其他工程费综合费率”计算。

(3)直接费：按“直接工程费＋其他工程费”计算。

(4)间接费：按“各类工程人工费×规费综合费率＋直接费×企业管理费综合费率”计算。

(5)利润：按“(直接费＋间接费－规费)×利润费”计算。

(6)税金：按“(直接费＋间接费＋利润)×综合税率”计算。

(7)建筑安装工程费：按“直接费＋间接费＋利润＋税金”计算。

(8)设备、工具、器具购置费(包括备品备件)：设备、工具、器具购置费，办公及生活用家具购置费，按有关规定计算。

(9)工程建设其他费用。

建设单位(业主)管理费、工程质量监督费、工程监理费、工程定额测定费、设计文件审查费、联合试运转费、土地征用及拆迁补偿费、竣(交)工验收试验检测费、前期工作费、专项评价(估)费、供电贴费、生产人员培训费、固定资产投资方向调节税，按有关规定计算。

研究试验费：按批准的计划编制。

施工机构迁移费：按实计算。

建设期贷款利息：按实际贷款数及利率计算。

(10)预备费：包括价差预备费和基本预备费两项。

价差预备费：按规定的公式计算。

基本预备费：按“(建筑安装工程费＋设备、工具、器具购置费、办公及生活用家具购置费＋工程建设其他费用－固定资产投资方向调节税－建设期贷款利息)×费率”计算。

预备费中施工图预算包干系数为(直接费＋间接费)×费率。

(11)建设项目总费用：按“建筑安装工程费＋设备、工具、器具购置费、办公及生活用家具购置费＋工程建设其他费用＋预备费”计算。

11.2.2 概预算的编制步骤

如上所述，概预算中各项费用计算都是按照一定的程序、方法进行的。目前，概预算的编制一般都用计算机进行，即具体计算、填表都是由计算机完成。然而，值得指出的是，计算机做概预算，是在手算的基础上进行的。因此，只有通过手算才能更深刻地理解概预算的编制过程，才能真正掌握各种数据和表格之间的相互关系，下面我们按照手算的具体操作程序，介绍概预算的编制过程(概算和预算的编制除采用的定额不同外，其编制过程基本相同)。

在编制概预算文件之前，应全面掌握设计文件、设计图纸、施工组织设计及概预算调查资料，然后，按下述步骤进行。

1. 列项

列项是根据工程设计的内容，按概预算项目表的要求，将一个复杂的建设项目分解成若干个分项工程，并以项、目、节的顺序依次列出。然后按定额项目表的要求，将分项后的每一工程与相应的定额表号一一对应。

列项是一项非常重要的基础工作。编制人员不仅要精通工程项目的全部设计内容，而且还要有科学、严谨的工作态度，既不能漏项、重列，更不能巧立名目。在列项时最好先列在草稿纸上，待复核无误后，再正式填入 08 表。

2. 初编 08 表

概预算的所有计算过程，都是通过表格的形式来表示的。一套概预算表格共有 12 种，如附录五所示。

08 表是“分项工程概预算表”。概预算总金额是以分项工程概预算表为基础，计算、汇总而来的。初编 08 表是指只能按照列项中项、目、节的逻辑关系，将各项费用名称、定额表号、定额值等列入 08 表内。由于人工、材料、机械台班的单价及各种费率尚属未知，故 08 表只能初编，尚不能计算。

3. 初编 10 表

10 表是“自采材料料场价格计算表”。根据初编 08 表中所发生的自采材料的规格名称、相应的定额表号及所消耗的外购材料名称、定额值等填入相应栏内，由于外购材料的单价尚未知，故 10 表也只能是初编，其料场价格要待将 09 表中相应的材料预算单价转入后，方能计算。

4. 编制 09 表

09 表是“材料预算单价计算表”。根据 08 表中出现的各种材料，将其名称、来源及运输方式等填入相应的栏内。填表时应按照材料代号的顺序依次进行登记、计算材料的预算单价，并将其值分别转入 08 表、10 表、11 表相应的材料预算单价栏中。

5. 编制 11 表

11 表是“机械台班单价计算表”。编制时应根据 08 表、10 表中出现的机械名称，按《公路工程机械台班费用定额》(JTG/T 3833—2018)的内容及 09 表中相应的材料预算单价填入相应栏内，并按代号的顺序依次登记、计算机械台班费用定额，并将其值分别转入 08 表、10 表相应的机械台班单价栏中。

6. 编制 07 表

07 表是“人工、材料、机械台班单价汇总表”。将人工单价、09 表中材料预算单价、11 表中机械台班单价，按人工、材料、机械的代号顺序依次汇总于 07 表中。

7. 编制 04 表

04 表是“其他直接费、现场经费及间接费综合费率计算表”。编制时应根据工程所在地的自然环境、施工条件等具体情况，按工程类别的顺序依次计算各项费率，并将其值转入 08 表相应费率栏内。

8. 补编 08 表

在完成 07 表、04 表的计算后，初编 08 表中的人工、材料、机械单价及各项费率均为已知，这样 08 表的计算即可完成了。

9. 编制 05 表

05 表是“设备、工具、器具购置费计算表”。编制时应根据工程实际购买的设备、工具、器具计算各项费用。

10. 编制 03 表

03 表是“建筑安装工程费计算表”。编制时，将 08 表中各分项工程的直接费、其他直接费、现场经费及间接费等各项费用填入相应栏内，并在表中计算相应的施工技术装备费、计划利润和税金，最后核算各分项工程的建筑安装工程费。

11. 编制 06 表

06 表是“工程建设其他费用及回收金额计算表”。将建设项目中所发生的其他费用，按照编制办法中的费用内容和外业调查资料，包括协议书、委托书、合同等编制各项费用。此外，预备费及回收金额的计算也在该表进行。

12. 编制 01 表及 01-1 表

01 表是“总概(预)算表”。根据“概(预)算项目表”的格式，将工程项目中实际发生的费用，按项、目、节的顺序填入相应栏内。当实际出现的工程费用与项目表的内容不完全相符时，“部分”和“项”的序号保留不变，“目”和“节”的序号可以根据需要增减，即按实际出现的“目”“节”依次排序。然后根据工程数量和概预算金额，计算技术经济指 01-1 表是“总概(预)算汇总表”。根据建设项目的要求，当分段或分部分编制 01 表时，应将各分段(或分部分)01 表汇总到 01-1 表中。

根据 01 表或 01-1 表中提供的概、预算总金额，各单位工程或分项工程的费用比值和各项技术经济指标，我们可以从技术经济角度对设计是否合理予以评价，并找出应对措施。

13. 编制 12 表

12 表为“辅助生产人工、材料、机械台班单位数量表”。将 10 表中所列的各自采材料规格名称及其他辅助生产项目列入“规格名称”栏内，将每生产单位合格产品所消耗的各种资源及定额值列入表中，供 02 表计算辅助生产工、料、机备用。

14. 编制 02 表及 02-1 表

02 表是“人工、主要材料、机械台班数量汇总表”。将工程项目中所消耗的人工、主要材料、机械台班等规格名称按代号的顺序列入“规格名称”栏内，然后以“项”为单位，分别统计各实物的消耗量及总数量。

02-1 表为“总概(预)算人工、主要材料、机械台班数量汇总表”。当分段编制概预算时，应将各段的 02 表汇总到 02-1 表中。至此，概预算的 12 种表格全部编制完毕。

15. 撰写编制说明

在编完概预算全部计算表格后，应根据编制的全过程，阐述概(预)算的编制内容、编制依据和编制成果，即工程总造价、各实物量消耗指标等。对编制中存在的问题以及与概预算有关，但又不能在表格中反映的事项均应在“编制说明”中以文字的形式表述清楚。

16. 复核、印刷、装订、报批

当全面复核，确认无误后，参编人员应签字并加盖资格印章，待设计单位各级负责人签字审批后，即可印刷，并按甲、乙组文件分别装订成册，上报待批。

综上所述，概预算的编制是一项烦琐的系统工程，各种计算表格环环相扣，相互利用，相互补充，并交叉进行。

11.2.3　概预算编制时的注意问题

为提高概预算的编制质量，除掌握上述编制程序外，还必须注意如下问题。

1. 正确引用定额值

在引用定额值时，必须瞻前顾后，注意章、节说明和表下小注，特别是在每次编制之前都要查询是否有新的定额或文件下达，切不可墨守成规。

2. 正确计算工程量

正确计算工程量是编好概预算至关重要的一环。在设计文件中，设计人员提供的工程数量与概预算中的工程数量含义往往不尽相同。例如：路基填方的工程数量，概算的填方量应该是“填方的设计断面方＋预计的沉降方＋表土清除和耕地填前压实后的回填量＋路基填方两边加宽以保证路肩压实的填方”，而设计人员提供的填方数量通常只是“设计断面方”，即按照设计的几何尺寸计算的填方量，而漏计了后面3项，即为保证“设计断面方”的质量而附加的填方数量。类似这种例子很多，因此，在计算分段或分项工程量时，应与设计人员密切配合，理顺和计算一遍适于概预算的工程量，使其与定额分项的口径一致。

3. 准确统计实物量

在编制02表时，不要忘记汇总那些按费率或指标计算的增工、增料数量，如自办运输、人工装卸用工、公路交工前养护用工、冬雨夜增工、临时设施用工及辅助生产所需人工、材料、机械台班的数量等。为了统计汇总这些数量，最主要的是不要忘记在02表的“分项”中列项，特别是12表单位数量的统计更应全面具体。

4. 加强复核工作

编制概预算有环环相扣的特点，即一步算错，步步皆错。因此，在编制时应加强复核工作，每张表格应由“编制”与“复核”两人完成，并且要分步完成，每步复核无误后再进行下一步，切勿单人自编自核。

11.2.4 概预算文件组成

1. 封面及目录

概预算文件的封面和扉页应按《公路工程基本建设项目设计文件编制办法》(交公路发[2007]358号)中的规定制作，扉页的次页应有建设项目名称，编制单位，编制、复核人员姓名并加盖资格印章，编制日期及第几册共几册等内容。目录应按概预算表的表号顺序编排。

2. 概预算编制说明

概预算编制完成后，应写出编制说明，文字力求简明扼要，应叙述的内容如下。

(1)建设项目设计资料的依据及有关文号，如建设项目可行性研究报告批准文号、初步设计和概算批准文号(编修正概算及预算时)，以及根据何时的测设资料及比选方案进行编制等。

(2)采用的定额、费用标准，人工、材料、机械台班单价的依据或来源，补充定额及编制依据的详细说明。

(3)与概预算有关的委托书、协议书、会议纪要的主要内容(或将抄件附后)。

(4)总概预算金额，人工、钢材、水泥、木料、沥青的总需求量情况、各设计方案的经济比较，以及编制中存在的问题。

(5)其他与概预算有关但不能在表格中反映的事项。

3. 概预算表格

公路工程概预算应按统一的概预算表格计算，其中概预算有相同的表式，在印制表格时，应将概算表与预算表分别印制。

4. 甲组文件与乙组文件

概预算文件是设计文件的组成部分，应按规定打印、装订，随设计文件一并报送。

概预算文件按不同的需要分为 2 组，甲组文件为各项费用计算表；乙组文件为建筑安装工程费各项基础数据计算表，只供审批使用。乙组文件在征得省、自治区、直辖市交通厅(局)同意后，结合实际情况允许变动或增加某些计算过渡表现形式。

概预算应按一个建设项目(如一条路线或一座独立大、中桥)进行编制。当一个建设项目需要分段或分部编制时，应根据需要分别编制，但必须汇总编制“总概(预)算汇总表”。

甲组文件内容如下：

(1)编制说明；

(2)总概(预)算汇总表(01-1 表)；

(3)总概(预)算人工、主要材料、机械台班数量汇总表(02-1 表)；

(4)总概(预)算表(01 表)；

(5)人工、主要材料、机械台班数量汇总表(02 表)；

(6)建筑安装工程费计算表(03 表)；

(7)其他直接费、现场经费及间接费综合费率计算表(04 表)；

(8)设备、工具、器具购置费计算表(05 表)；

(9)工程建设其他费用及回收金额计算表(06 表)；

(10)人工、材料、机械台班单价汇总表(07 表)。

乙组文件内容如下：

(1)分项工程概(预)算表(08 表);

(2)材料预算单价计算表(09 表);

(3)自采材料料场价格计算表(10 表);

(4)机械台班单价计算表(11 表);

(5)辅助生产人工、材料、机械台班单位数量表(12 表)。

第12章　公路工程造价控制

12.1　投资决策阶段工程造价控制

12.1.1　概述

12.1.1.1　项目投资决策的含义

项目投资决策是选择和决定投资行动方案的过程，是对拟建项目的必要性和可行性进行技术经济论证，对不同建设方案进行技术经济比较及做出判断和决定的过程。

正确的项目投资行动来源于正确的项目投资决策，正确决策是合理确定与控制工程造价的前提；可行性研究是项目投资正确决策的主要依据。

12.1.1.2　可行性研究

可行性研究就是在项目投资决策前，运用近代的经济分析理论，采用先进技术和方法，选择项目实施的最佳方案，避免项目实施的盲目性，减少项目投资的风险性，提高项目决策的科学化、民主化水平，为项目投资决策提供科学依据。

可行性研究包含两层意思，一是技术的可行性，二是经济的合理性。技术的可行性，是指实施项目需要采用什么样的技术手段，包括技术的先进性和可靠性。经济的合理性是可行性研究的核心。

1. 公路建设可行性研究的阶段与要求

公路建设项目可行性研究分为两个阶段，即预可行性研究阶段和工程可行性研究阶段。

编制预可行性研究报告，应以国民经济与社会发展规划、路网规划和公路建设五年计划为依据，重点阐明建设项目的必要性。通过踏勘和调查研究，提出建设项目的规模、技术标准，进行简要的经济效益分析，经审批后作为编制工程可行性研究报告的依据。编制工程可行性研究报告，应以批准的预可行性研究报告和项目建议书（或省、自治区、直辖市及计划单列市级单位的委托书）为依据，通过必要的测量（高等级公路必须做）、地质勘探（大桥、隧道及不良地质地段等），在认真调查研究、占有必要资料的基础上，对不同建设方案从经济上、技术上进行综合论证，提出推荐建设方案，经审批后作为测量以及编制初步设计文件的依据。工程可行性研究的投资估算与初步设计概算之差应控制在10%以内。

2. 可行性研究工作步骤

(1)可行性研究组的筹组和委托。一般承办公路建设项目可行性研究工作的单位，必须由获得相应等级公路勘察设计资质证书的单位承担。对一些特殊复杂项目，也可由专业技术、经济管理、交通规划等方面的专家及有关人员组成临时研究机构来进行。

委托任务必须有上级批准的项目建议书，建设单位与可行性研究工作承担单位要签订合同，明确研究任务、工作深度、完成时间、双方责任及费用支付办法等。

(2)研究准备阶段。

①按项目建议书的要求，进一步明确研究目的和范围。

②编制研究大纲，确定工作的具体步骤和内容。

③编制研究计划，确定具体实施时间进度。

④熟悉研究环境，提出配合要求，做好有关资料准备。

(3)勘测与调查。

①外业勘测主要是通过现场测量、勘探和试验等手段来获取水文地质等研究数据。

②调查工程项目所在地区和影响地区的社会经济现状及远景规划资料，对公路运输及其他运输方式需求状况。

③调查工程项目所在地区和影响地区的综合运输资料和公路交通运输历史及现状统计资料。

④调查与项目建设有关的资源条件、技术力量和机具设备等资料。调查资料和数据要准确可靠，满足研究深度要求。

(4)分析研究阶段。这是可行性研究的中心环节。它要求对调查的资料数据进行整理计算、分析研究和预测，主要有以下几项内容。

①项目提出的背景、建设的必要性及将来对社会经济发展的促进作用。

②分析研究公路交通运输历史和现状资料，建立交通量预测数学模型，并进

行远景交通量预测和评价。

③建设资金筹措及投资效益研究分析，做出明确的经济评价结论。

④项目建设规模、技术标准研究，路线和桥隧方案分析比选，并提出推荐方案。

⑤环境保护分析评价，建设资源及设施条件分析，提出初步项目建设计划安排。

(5)编制报告文本。可行性研究报告是可行性研究的最终成果。编制可行性研究报告，应严格执行国家的各项政策、法规和交通运输部颁布的技术标准、规范等。

公路建设项目可行性研究报告的主要内容包括：建设项目依据、历史背景；建设地区综合运输网的交通运输现状和建设项目在交通运输网中的地位及作用；原有公路的技术状况及适应程度；论述建设项目所在地区的经济特征；研究建设项目与经济发展的内在联系，预测交通量、运输量的发展水平；建设项目的地理位置，地形、地质、地震、气候、水文等自然特征；筑路材料来源及运输条件；论证不同建设方案的路线起讫点和主要控制点、建设规模、标准，提出推荐意见；评价建设项目对环境的影响；测算主要工程数量、征地拆迁数量，估算投资，提出资金筹措方式；提出勘测、设计、施工计划安排；确定运输成本及有关经济参数，进行经济评价、敏感性分析。收费公路、桥梁、隧道尚需作财务分析，评价推荐方案，提出存在问题和有关建议。

有关交通量预测和经济评价，应分别按《公路工程技术标准》(JTG B01—2014)和《公路建设项目经济评价方法与参数》(建标[2010]106 号)进行。

可行性研究报告编制完成后，建设单位应专门组织有关人员进行预审，认为报告内容齐全，研究成果符合规定要求，才能呈送上级主管单位审批，否则应进行必要的修改补充后再行报审。

3. 可行性研究在项目建设中的作用

(1)项目建设投资决策和编制设计任务书的依据。建设项目是否马上实施，主要决定于可行性研究结论。投资筹措落实，经济评价可行，推荐方案合理，就可以决策项目进入设计阶段，并依据可行性研究报告编制设计任务书。

(2)向银行申请贷款的依据。目前，世界银行等许多国际性金融机构都把可行性研究报告作为建设项目申请贷款的先决条件。我国各银行也是在对可行性研究报告进行审查后，确认经济效益好，承担风险小，并具备偿还能力，才给予贷款。

(3)建设项目初步设计的基础。在可行性研究中,对项目的建设规模、技术标准、起讫点、主要控制点、主要构造物的设置和选型、总体布置及重大技术措施等都进行了方案比选和论证,确定了原则,推荐了建设方案,设计任务书批准下达后,初步设计工作必须以此为基础。

(4)采用新技术和新设备研制计划的依据。建设项目采用新技术、新设备、在可行性研究中经过分析论证,证明这些新技术、新设备是可行的,才可以拟订研制计划,进行研制和应用。

12.1.2 投资估算

12.1.2.1 投资估算概述

投资估算,一般是指在投资前期(规划、项目建议书、可行性研究报告)阶段,建设单位向国家申请拟定项目或国家进行决策时,确定建设项目在规划、项目建议书、可行性研究报告等不同阶段的相应投资总额而编制的经济文件。

国家对任何一个拟建项目,都要通过对可行性研究报告的全面评审后,才能决定是否正式立项。在可行性研究中,除考虑国家经济发展上的需要和技术上的可行性外,还要考虑经济上的合理性。投资估算为投资决策提供数量依据,也是建设项目经济效益分析中确定成本的主要依据,因此,它是建设项目在初步设计前各阶段工作中,作为拟建项目在经济上是否合理的重要文件,具有如下几个方面的作用。

①是国家决定拟建项目是否继续进行研究的依据。

②是国家审批项目建议书的依据。

③是国家审批建设项目可行性研究报告的依据。

可行性研究报告被批准后,投资估算就作为控制初步设计概预算的依据,也是国家对建设项目所下达的投资限额,并可作为资金筹措计划的依据。

④是国家编制中长期规划和保持合理投资结构的依据。

根据投资估算的作用不同,其内容的深浅程度也不尽相同。公路工程投资估算是公路建设项目可行性研究报告中的重要内容,它可分为两类,一类是项目建议书投资估算,一类是工程可行性研究投资估算。交通运输部公布了《公路工程建设项目投资估算编制办法》(JTG 3820—2018)及《公路工程估算指标》(JTG/T 3821—2018),在编制公路工程投资估算时,应按其规定执行,并应满足预可行性研究和工程可行性研究的要求。

12.1.2.2　投资估算的费用组成

项目建议书投资估算和可行性研究报告投资估算的费用组成类同，都分成建筑安装工程费、设备和工具器具购置费、工程建设其他费用以及预留费用等。但可行性研究报告投资估算的费用项目划分更细，费用组成更具体，更接近于公路工程概、预算的项目划分。特别是许多费用计算方法与公路工程概、预算中的规定完全一样，项目建议书投资估算的费用组成详见图 12-1。

- 估算总金额
  - 建筑安装工程费
    - 直接工程费
      - 人工费
      - 材料费
      - 机械使用费
    - 其他工程费
    - 间接费
    - 综合利税费
  - 设备、工具、器具购置费
  - 工程建设其他费用
    - 土地征用及拆迁补偿费
    - 建设项目管理费
    - 研究试验费
    - 建设项目前期工作费
    - 专项评价（估）费
    - 施工机构迁移费
    - 供电贴费
    - 联合试运转费
    - 固定资产投资方向调节税
    - 建设期贷款利息
  - 预备费用
    - 价差预备费
    - 基本预备费

图 12-1　项目建议书投资估算费用组成

12.1.2.3　投资估算文件表格

项目建议书估算表格有六种，可行性研究报告估算表格有八种。各种估算表格的名称、表号及相互间的组成关系如图 12-2、图 12-3 所示。

各种表格中的工程或费用项目，应按《公路工程建设项目投资估算编制办法》(JTG 3820—2018)中规定的项目表的序列及内容编制，且第一、二、三部分的序号应保持不变，而项、目、节的序号可以按实际发生的顺延。

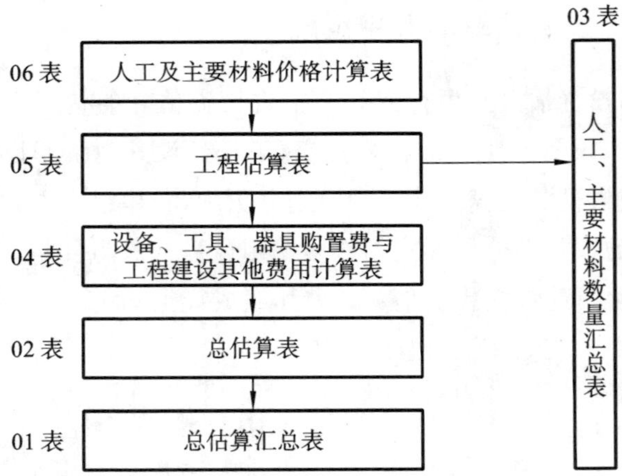

图 12-2 项目建议书投资估算表组成关系

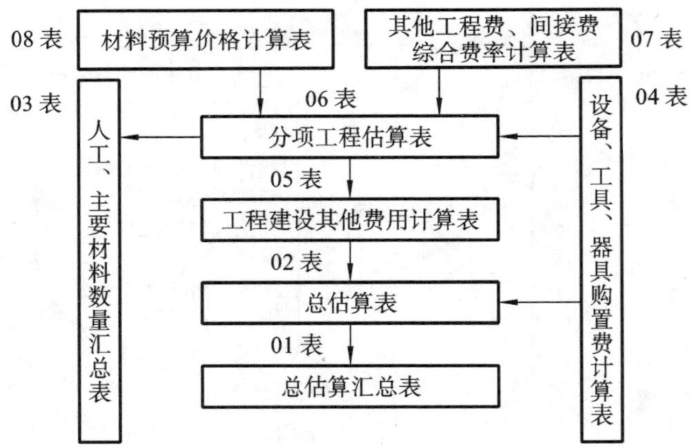

图 12-3 可行性研究报告投资估算表组成关系

12.1.2.4 投资估算编制程序和费用计算方法

1. 编制程序

(1)熟悉拟建项目的建设规模、技术标准,了解路线或桥型方案设想意图和工程全貌,掌握建设项目现场的有关实际情况;

(2)对踏勘调查所涉及的有关投资估算的基础资料进行分析整理;

(3)对路线中的路基土石方、排水与防护、路面、大(中)桥、立体交叉工程等主要工程项目每公里的实际含量与指标进行分析比较,以便确定是否应对综合指标进行调整;

(4)研究建设项目的总体施工部署和实施方案,确定合理的建设工期;

(5)取定工资标准(人工费单价)、材料供应价格和运输方案,计算材料的预算价格;

(6)对适用指标中的其他材料和机械使用费进行调整,并对指标规定的应予调整的其他项目进行调整;

(7)进行人工和材料实物量的分析计算;

(8)计算各项费用并汇编总估算及人工、主要材料需要量;

(9)写出编制说明,进行复核与审核。

2. 建筑安装工程费计算

(1)直接工程费。直接工程费由人工费、材料费和机械使用费组成。人工费、材料费以综合指标的人工工日数及各种材料数量乘以工程所在地的人工单价、材料预算单价计算。其中人工费单价和材料预算单价按《编制办法》的规定计算,并在预算价格的基础上,按《公路工程估算指标》(JTG/T 3821—2018)(以下简称《估算指标》)附录二"材料预算价格的规格取定表",采用加权平均法计算指标材料综合价格。例如,路线工程所需要的砂、砂砾预算价格为:砂 24.5 元/m^3、砂砾 20.7 元/m^3,则中砂(砂砾)的估算价格是:$24.5\times80\%+20.7\times20\%=23.74$(元/$m^3$)。

机械使用费和其他材料费在估算指标中是以金额(人民币"元")反映的,在计算时应按年价格上涨率进行调整,这主要是为了消除因物价波动而产生的影响,可按下式进行计算,但设备摊销费和指标基价不得按此规定进行调整。

$$A = B(1+C)^{n-1} - 1 \tag{12-1}$$

式中,A 为投资估算编制年指标消耗量,元;B 为各项指标中相应的额定消耗量(青海、新疆、西藏的机械使用费乘以系数 1.15 后的数值),元;C 为年价格上涨率。一般可按 5%估计,亦可通过必要的测算合理取定;n 为计算年数,即投资估算编制年份减去估算指标编制年份加 1。

在套用指标进行直接工程费计算时,应注意以下 4 点。

①综合估算指标是以新建工程为对象制订的,当为改建工程时,其指标应乘以 0.8 的系数。若项目既有新建又有改建,可将新建改建工程合并在一起计算,按下列调整系数调整使用指标;

$$K = (L_1 + 0.8L_2)/L \tag{12-2}$$

式中,L_1 为拟建项目中的新建长度,km;L_2 为拟建项目中的改建长度,km;L 为拟建项目的总长度,km。

②当经过分析比较，确定综合指标中的主要工程数量需进行调整时，一般应采用将其增减的主要工程数量，分别套用调整指标，逐项计算直接工程费的方式，不对综合指标本身进行调整换算。

③综合估算指标是按一般标准路基宽度编制的，若拟建项目的路基宽度与适用指标所采用的宽度不同时，应对指标进行调整，一般采用增减主要工程含量的方法进行。

④当项目建议书阶段的工作深度已达到可行性研究报告阶段的深度时，也可提出各项主要的工程量，采用分项指标编制项目建议书投资估算中的直接工程费。

(2)其他工程费。其他工程费以直接工程费为计算基数，按《估算指标》附录规定的其他工程费费率进行计算。其他工程(即清除场地等)所需的人工和主要材料数量，以及冬、雨季、夜间施工增加的人工和临时设施用工量，应参照以往的工程造价历史资料，在人工及主要材料数量汇总表中予以增列。

(3)综合利税率。综合利税率指利润税金之和。其计算方法是以直接费、间接费之和扣除规费为基数，按综合利税率7%计算。可行性研究报告中税金的综合税率按3.14%计算。

3.设备、工具、器具购置费计算

设备、工具、器具购置费用有如下两种计算方法，一般采用第二种计算方法。

(1)以第一部分建筑安装工程费总额为基数，按《公路工程建设项目投资估算编制办法》(JTG 3820—2018)规定的费率计算。

(2)按照与建设项目的主管部门或建设单位商定的设备购置计划清单计算。

4.工程建设其他费用计算

工程建设其他费用中的土地征用及拆迁补偿费、建设项目前期工作费、专项评价(估)费、供电贴费及固定资产投资方向调节税，按国家颁发的收费标准和有关规定进行计算；建设项目管理费(含建设单位管理费、工程质量监督费、工程监理费、工程定额测定费、设计文件审查费)、联合试运转费以指标建筑安装工程费总额为基数，按《编制办法》中规定的费率计算；研究试验费、施工机构迁移费、生产人员培训费及建设期贷款利息均按《编制办法》中的规定计算。

5.预备费用计算

(1)价差预备费。价差预备费按《编制办法》的规定计算。

(2)基本预备费。基本预备费按一、二、三部分费用之和(扣除固定资产投资方向调节税和建设期贷款利息)的 11%计算。可行性研究报告中基本预备费的费率按 9%计算。

12.1.3　可行性财务分析

12.1.3.1　财务分析内容及步骤

公路建设项目进行财务分析的前提条件是,项目的全部或部分投资,须通过收取过路(桥)费予以偿还。其内容是通过对项目资金投入和收费收入的比较研究,分析收费道路的盈利能力和清偿能力。

财务盈利能力分析主要是以财务净现值、财务内部收益率及投资回收期等为评价指标,考察投资的盈利水平。

清偿能力分析主要是考察项目各年的财务状况及可用于偿债的额度,以此进行借款还本付息预测,并计算借款偿还期。

12.1.3.2　资金筹措

公路建设项目资金来源见图 12-4。

- 建设项目
  - 列入国家基建规划
    - 国家预算内投资
      - 人工费
      - 材料费
    - 国家特别贷款
      - 银行代财政发行重点建设债券
      - 银行用信贷资金按“拨改贷”
      - 利息发放贷款（利息差额由财政部贴息）
    - 基本建设银行贷款
    - 利用外资——国外贷款
    - 自筹
      - 地方养路费
      - 地方超收留用的交通能源重点建设基金
      - 地方发行的公路债券
    - 专项基金
      - 交通能源重点建设基金（返还部分）
      - 车辆购置附加费
  - 未列入国家基建规划
    - 外商投资
      - 中外合资
      - 中外合作经营

图 12-4　公路建设项目资金来源

需进行财务分析的公路项目资金来源见图 12-5。

建设单位从自身利益出发,希望贷款额在总投资中的比例尽可能大,以提高

国内贷款项目
- 国家计划内的拨改贷项目
- 国家计划外的信贷项目
- 地方发行的公路（桥梁）建设债券

国外贷款项目
- 接受国外贷款（如国际金融机构、政府、私人贷款）
- 吸收外商直接投资（外商独资建设、中外合资）

图 12-5 财务分析的公路项目资金来源

自有资金收益率。当获得优惠贷款时，希望还本付息时间长一些，以便获取投资收益率与利息率之间的差值收益。但据国外可行性研究的分析认为，只有当年净收入额为当年偿还债务本息的 1.5～3 倍时，贷款使用者在经营上才能应付自如；因此，在采用贷款方式集资时，贷款额所占比重应慎重考虑。

债券是建设单位向持券人借款。与银行贷款相比，债券是筹集长期贷款较理想的方式。由于债券只付固定利息和返还本金，因此提高债券筹资比重，同样可以提高自有资金的收益率。

12.1.3.3 财务费用组成

公路建设项目的财务费用包括建设项目总投资和运营费用两部分。但应注意，收费道路的总投资中应包括收费站、收费系统和传输线路等设施的费用。

财务分析用的总投资估算为工程总投资估算减去项目建设期间的物价上涨费用。

运营费用包括道路养护费、大中修费及交通管理费。对收费道路还应包括收费人员的工资和福利、收费站的水电费、收费设施的维修费和收费工作的管理费等。

12.1.3.4 收费分析

1. 收费条件

进行财务分析的收费道路主要有两种类型：收费还贷道路和收费经营道路。收费还贷道路指由县级以上地方人民政府主管部门使用贷款或集资建成的道路。收费经营道路是指由国内外经济组织依法投资建成的或有偿转让收费还贷道路收费权的道路。这两类道路的技术等级和建设规模，须达到交通运输部有关规定标准，并经省级人民政府批准后，方可进行收费。

2. 收费标准测算

对财务分析而言，收费的目的是按期偿还贷款（或集资），收费价格过高或偏低都可能导致投资难以按期回收。这不仅使道路收费的财务目标未能实现，还会导致道路建设的经济效益和社会效益不能充分发挥，资源利用效率低下。因此，制定收费标准的原则应为：一是尽可能使由于道路收费所引起的经济效益下降最小；二是保证道路收费实现财务目标。在不能实现财务目标时，应调整建设资金的结构。

目前国内收费标准测算方法主要有成本反算法、类比法和消费水平测算法。

成本反算法是根据投资中的贷款份额、利率、偿还年限以及道路养护费、大中修费等计算收费的总金额，然后根据不同年份、不同车型的交通量预测值，考虑其收费标准、调整次数及相对幅度，从而反算出收费标准。这种方法貌似合理准确，但往往不切实际。一旦收费标准设置较高，车辆就会选择老路或其他平行路段行驶，从而造成交通量下降，收费额也随之降低。

类比法主要是参照已建成收费道路的收费标准，按地区经济发展水平、交通量大小、投资结构等进行类比分析，然后按类型相近道路的收费标准加以调整后确定。该方法的关键是要较好地掌握收费标准对交通量的影响及用路者的承受能力，合理地对类型相近道路的收费标准进行调整。但调整过程受人们主观意识的影响较大，往往很难做到准确合理。消费水平测算法是按收费的负担度，即人们的收入水平对收费的承受能力进行测算确定。该方法要了解车辆用户愿意支付怎样水平的通行费来使用高标准的道路设施，由于国有车辆在我国交通组成中占主导地位，其负担度是难以确定的。另外，这种方法没能与回收投资联系起来，其价格标准往往不能保证投资按期回收。

国外目前最常用的是考虑收费弹性(敏感性)的道路收费标准确定方法。它主要研究在行驶时间、舒适性及安全性等道路交通条件一定的情况下，交通量随收费标准变化的情况。这一方法是建立在大量收费历史资料、社会和经济发展状况、道路使用者对收费的承受能力等基础上的。

事实上，道路收费标准的测算是一个复杂的大系统，系统中各要素间存在着复杂的反馈因果和生克关系，并处于不断变化发展中，因此，上述局部的、静态的测算方法无法解决收费标准制定的种种问题。这就要求我们要用系统的观点，动态地研究各要素间的相互影响，从而制定相应的收费标准。国内一些学者在这方面已进行了较深入的研究，提出了基于系统动力学原理的收费分析法和基于寿命费用周期的收费标准测算法。

12.1.3.5 借款还本付息预测

当已知项目资金来源及运用计划，并预测出每年道路收费后，可据以预测投资借款还本付息的进度和时间。通过这一预测，不仅可以得出借款偿还期，还可了解各年还本付息后的余额情况。预测时应分建设期和使用期进行。

1. 建设期每年应计利息数

国内借款项目一般在建设期间不支付利息，按复利计算，项目建成使用后与本金一起偿还。

$$\text{建设期每年应计利息} = \left(\text{年初借款累计} + \frac{\text{本年借款支用}}{2}\right) \times \text{年利率}$$

外汇借款项目建设期间的利息可根据不同情况处理，如为中国银行的外汇借款则可按复利计算，待项目投产后，与本金一起偿还。如为国外银行借款，需在建设期间支付利息，则可向中国银行进行短期借款支付。

2. 使用期每年还本付息数及应计利息数

项目使用期每年的还本付息数应是当年的净收益(即收费收入扣除当年的管理费和道路养护费后的余额)。若年初借款累计数大于当年的还本付息数，当年的还本付息也按半年计息，即：

$$\text{使用期每年应计利息} = \left(\text{年初借款累计} - \frac{\text{本年还本付息}}{2}\right) \times \text{年利率}$$

3. 还清借款年份应计利息数

如果年初借款累计数小于当年的净收益，说明当年有可能还清全部本息，可按下式简单计算还清年份应计利息。

$$\text{还清年份应计利息} = \frac{\text{年初借款累计}}{2} \times \text{年利率}$$

4. 当年的借款本金和利息

年末借款累计＝年初借款累计＋当年借款支用＋当年应计利息－当年还本利息

12.2 设计阶段工程造价控制

工程设计是指工程开始施工之前，设计者根据批准的设计任务书，为具体实现拟建项目的技术、经济要求，拟订建筑、安装及设备制造等所需的规划、图纸、书籍等技术文件的工作。工程设计按设计的深度可分为初步设计、技术设计和施工图设计三个阶段，进而工程造价文件可分为设计概算、修正概算和施工图预算。

(1)初步设计与设计概算。初步设计是以批准的可行性研究报告为依据，关键是要解决诸如路线、大型构造物、路面结构形式、软土处理以及生态环境保护等技术方案问题。在初步设计阶段要编制设计概算，它是以《公路工程概算定额》(JTG/T 3831—2018)为依据的。若初步设计总概算超过可行性研究报告确定的投资估算的 10%以上或其他指标必须变更时，要重新报批可行性研究报告。此外，概算较投资估算准确性有所提高，但它受估算的控制。

(2)技术设计与修正概算。技术设计是根据批准的初步设计文件和补充初测或定测资料来进行编制的，是对初步设计中的设计方案的进一步优化和落实，并据以编制修正概算。修正概算是对初步设计概算进行修正调整，比设计概算准确，但受设计概算的控制。

(3)施工图设计与施工图预算。施工图设计，是根据批准的初步设计文件或技术设计资料来进行编制的；是对初步设计或技术设计中的设计方案的进一步优化和落实，并据以编制施工图预算。在此阶段编制的施工图预算是以《公路工程预算定额》(JTG/T 3832—2018)为依据的，它比概算或修正概算更为详尽和准确，但同样受前一阶段所确定的工程造价即设计概算(修正概算)的控制。

12.2.1　设计概算的编制与审查

12.2.1.1　设计概算的基本概念

1. 设计概算的含义

设计概算是设计文件的重要组成部分，是指在投资估算的控制下，在初步设计(概算)或技术设计(修正概算)阶段，由设计单位根据设计图纸、概算定额、各项费用定额或取费标准(指标)、建设地区自然、技术经济条件等资料，概略计算出拟建工程项目造价的文件。

2. 设计概算的作用

(1)设计概算是编制建设项目投资计划、确定和控制建设项目投资的依据。设计概算一经批准，即作为控制工程建设投资的最高限额。竣工决算不能突破施工图预算，施工图预算不能突破设计概算。如果由于设计变更等原因建设费用超过概算，必须重新审查批准。

(2)设计概算是签订建设工程合同和贷款合同的依据。《中华人民共和国民法典》明确规定，建设工程合同价款是以设计概预算为依据的，且总承包合同不得超过设计总概算的投资额。

(3)设计概算是控制施工图设计和施工图预算的依据。设计单位必须按照批准的初步设计及其总概算进行施工图设计，施工图预算不得突破设计概算。如确需突破总概算时，应按规定程序报经审批。

(4)设计概算是衡量设计方案经济合理性和选择最佳设计方案的依据。

(5)设计概算是考核建设项目投资效果的依据。通过设计概算与竣工决算对比，可以分析和考核投资效果的好坏，同时还可以验证设计概算的准确性，有利于加强设计概算管理和建设项目的造价管理工作。

3. 设计概算的编制依据

(1)国家有关公路工程建设和造价管理的法律、法规和方针政策。

(2)可行性研究报告投资估算文件，是控制设计概算的依据。国家要求在批准的投资估算允许幅度范围之内做好限额设计，不断提高设计概算的编制质量。

(3)国家颁发的建设征用土地补偿标准，工程勘察设计收费标准，以及其他应计入建设项目投资中的费用的标准等，也是编制设计概算的依据。

(4)初步设计图表资料和文字说明。根据设计图纸上所表示的结构形式和尺寸而计算的工程数量，以及它反映的设计、施工的基本内容是编制设计概算的基础资料，是决定建设工程造价大小的主要因素。

(5)施工方案。根据交通运输部颁发的《公路工程基本建设项目设计文件编制办法》(交公路发[2007]358 号)对编制施工方案的具体规定应提出兴建工程项目年和季度的概略工程进度安排，以及临时工程和临时用地的需要数量，而这些都是确定与计价有关的主要因素，对设计概算有极其重要的影响。

(6)《公路工程概算定额》(JTG/T 3831—2018)是编制设计概算的基础资料，是交通运输部统一制订颁发的指令性文件。在编制设计概算时，无论是划分分部、分项工程项目，确定计量单位，还是计算和摘取工程量，都必须以概算定额作为标准和依据，才能做到不重不漏，符合规定。

(7)补充定额。随着新技术、新材料、新工艺在工程建设中的使用，可能使现行的概算定额缺项。当遇定额缺项时，应按概算定额的编制原则和方法编制补充概算定额，作为编制设计概算的依据。

(8)人工、材料、施工机械台班预算价格。它是按建设工程所在地的实际价格确定的,是计算直接工程费最直接的基础资料。其工资标准和材料的供应价格,应以当地公路(交通)工程定额(造价管理)站发布的价格信息为依据。

(9)其他工程费、间接费等各项取费标准。这些取费标准是交通运输部及各省自治区、直辖市的交通主管部门,根据国家有关基本建设政策以及公路建设工程施工和生产管理情况,制定以费率形式表现的费用标准,是计算除直接工程费以外的各种费用的依据。

(10)设计概算编制办法及其计算表格。它是交通运输部统一颁发的,是编制设计概算文件的重要依据,是规范人们编制设计概算行为的准则,按统一的计算表格编制概算,可使设计概算的编制更加科学化和规范化。

(11)工程量计算规则。《公路工程概算定额》(JTG/T 3831—2018)中的工程量计算规则,对编制概算如何选用定额及计算计价工程量作了具体规定,是必须严格遵守的重要规则。

12.2.1.2　设计概算文件组成

概算文件是设计文件的组成部分,它是由封面、目录、编制说明及全部概算表格组成。

12.2.1.3　设计概算的审查

1. 设计概算的审查内容

(1)审查设计概算的编制依据。

①审查编制依据的合法性。采用的各种编制依据必须经过国家授权机关的批准,符合国家的编制规定,未经批准的不能采用。

②审查编制依据的时效性。各种依据,如定额、指标、价格、取费标准等,都应根据国家有关部门的现行规定进行。

③审查编制依据的适用范围。

(2)审查概算编制深度。

①审查编制说明。审查编制说明可以检查概算的编制方法、深度和编制依据等重大原则问题,若编制说明有差错,具体概算必有差错。

②审查概算编制的完整性。设计概算编制完成后,应有完整的编制说明,文字力求简明扼要。

③审查概算的编制范围。审查概算编制范围及具体内容是否与主管部门批

准的建设项目范围及具体工程内容一致;审查分期建设项目的工程范围及具体工程内容有无重复交叉,是否重复计算或漏算;审查其他费用应列的项目是否符合规定,静态投资、动态投资和经营性项目铺底流动资金是否分别列出等。

(3)审查工程概算的内容。

①审查工程建设规模、建设标准等是否符合批准的可行性研究报告的标准。对总概算投资超过投资估算10%以上的,应查明原因,重新上报审批。

②审查工程量计算是否正确。工程量的计算是否根据初步设计图纸、概算定额、工程量计算规则和施工组织设计的要求进行,有无多算、重算和漏算,尤其对于那些工程量大、造价高的项目要重点审查。

③审查材料用量和价格。审查主要材料用量计算是否正确,材料价格是否与工程所在地的价格水平相符合。

④审查设备种类、规格、型号和数量是否符合初步设计要求,是否与设备清单相一致,设备单价是否按合理的设备原价和运杂费进行编制。

⑤审查建筑安装工程的各项费用的计取是否符合国家或地方有关部门的现行规定,计算程序和取费标准是否正确。

⑥审查总概算文件的组成内容,是否完整地包括了建设项目从筹建到竣工交付使用为止的全部费用组成,并注意是否将设计外的工程项目列入概算。

⑦审查工程建设其他各项费用。这部分费用内容多、弹性大,要按国家和地区规定逐项审查,不属于总概算范围的费用项目不能列入概算,具体费率或计取标准是否按国家、行业有关部门规定计算,有无随意列项、有无多列、交叉计列和漏项等。

⑧审查技术经济指标。技术经济指标和各项费用比重计算是否正确,各种指标与同类型工程指标相比,是偏高还是偏低,其原因是什么并予以纠正。

2.设计概算的审查方法

(1)对比分析法。对比分析法主要是通过建设规模、标准与立项批文对比;工程数量与设计图纸对比;综合范围、内容与编制方法、规定对比;各项取费与规定标准对比;材料、大工单价与统一信息对比;引进设备、技术投资与报价要求对比;技术经济指标与同类工程对比等等;通过以上对比,容易发现设计概算存在的主要问题和偏差。

(2)查询核实法。查询核实法是对一些关键设备和难以核算的较大投资进行多方查询核对,逐项落实的方法。主要设备的市场价向设备供应部门或招标公司查询核实;引进设备价格及有关费税向进出口公司调查落实;复杂的建筑安装工程向同类工程的建设、承包、施工单位征求意见；不清楚的问题可直接同原概算编制人员、设计者询问清楚。

(3)联合会审法。联合会审前，可先采取多种形式分头审查，包括设计单位自审，主管、建设、承包单位初审，工程造价咨询公司评审，邀请同行专家预审，审批部门复审等，经层层审查把关后，由有关单位和专家进行联合会审。在会审大会上，由设计单位介绍概算编制情况及有关问题，各有关单位、专家汇报初审、预审意见。然后进行认真分析、讨论，结合对各专业技术方案的审查意见所产生的投资增减，逐一核实原概算出现的问题。经过充分协商，认真听取设计单位意见后，实事求是地处理和调整。

通过以上复审，对审查中发现的问题和偏差进行分类整理，汇总核增或核减的项目及其投资额，将具体审核数据，相应调整所属项目投资合计，再依次汇总审核后的总投资及增减投资额。对于差错较多、问题较大或不能满足要求的，责成按会审意见修改返工后，重新报批；对于无重大原则问题，深度基本满足要求，投资增减不多的，当场核定概算投资额，并提交审批部门复核后，正式下达审批概算。

12.2.2　施工图预算的编制与审核

12.2.2.1　施工图预算的基本概念

1.施工图预算的含义

施工图预算是施工图设计预算的简称，又称设计预算。它是由设计单位在施工图设计完成后，根据施工图设计图纸、现行预算定额、费用定额以及地区设备、材料、人工、施工机械台班等预算价格编制和确定的建筑安装工程造价的文件。

2.施工图预算的作用

(1)施工图预算是衡量设计方案是否经济合理的依据。施工图预算提供的总预算造价指标和各分项工程的造价指标与以往的技术经济指标进行比较，进一步论证初步设计或技术设计所确定的设计方案是否经济合理。同时还应和初步设计概算或技术设计修正概算中的各项技术指标进行对比，以检查概算编制的质量和水平。

(2)当建设项目实行施工招标时，审定的施工图预算也可以作为编制工程标底的依据。施工图预算审定后就要进行组织招标的建设项目，施工图预算提供的工程量、人工、材料、机械台班用量是编制工程标底的依据。施工招标的标底价格，不但要反映价值，还要反映供求关系，所以它不完全是按照预算的编制模式一统到底的，它与施工图预算是有区别的，但工程标底的制定仍然是以预算为依据，按照编制施工图预算的原则和方法结合市场行情和招标工程的实际情况来编制的。

(3)施工图预算是施工单位组织施工的依据。编制施工图预算的主要目的是指导建设项目的施工。施工单位在组织施工时，应根据施工图预算计算出来的各项工程的工程量编制计划，组织施工。预算中提供的材料、半成品、各种构件的用量、品种、规格以及质量标准，是施工单位组织采购、加工、供应的依据。预算中提供的人工、机械台班用量也是安排施工计划的依据。

(4)施工图预算是施工单位统计完成工程量的依据。施工单位在掌握工程进度时，除了要有工程量和形象进度外，还要有以货币表现的工作量，它是根据施工期内实际完成的各种工程量乘以相应的预算单价来计算的，是考核工程进度和完成计划的一个综合指标。

(5)施工图预算是施工企业进行经济核算的依据。施工图预算计算出来的单项、单位工程技术经济指标，是建筑安装工程产品的计划价格，施工企业为了取得较好的经济效益，必须在预算提供产品价格的范围内，通过加强经济核算，努力提高劳动生产率，降低人力、物力、财力的消耗，以达到降低成本的目的，为企业提供更多的积累和盈利。

(6)施工图预算是施工单位和建设单位进行工程结算的依据。经审定的施工图预算是建设单位与施工单位进行工程结算的依据。单位工程竣工后或根据施工进度安排完成部分工程量后，应以施工图预算中所确定的价格进行结算。

(7)施工图预算是进行工程拨款的依据。建筑安装工程的拨款，是以施工图预算和建设单位与施工单位结算的工作量为依据，并以施工图预算对合同甲、乙双方实施财政监督，促使建设单位合理地使用建设资金。

(8)施工图预算也是工程决算的依据。工程竣工后应根据所完成的工程量和施工图预算所确定的价格进行决算，最后形成总的新增固定资产价值。

(9)建设项目需要由审计单位进行审计时，施工图预算是审计工作的依据。

3. 施工图预算编制的依据

施工图预算的编制必须遵循以下各项依据。

(1)就不同设计阶段而言，建设项目采用一阶段设计时的可行性研究报告投资估算，采用两阶段设计时的初步设计概算，采用三阶段设计时的技术设计修正概算，是编制施工图预算的主要依据之一。经批准的投资额，是进行施工图限额设计的主要依据，施工图预算不得随意突破批准的投资额。

(2)施工设计图纸和说明。

(3)施工组织设计资料。施工组织设计对施工工期、施工方法、机械化程度以及大型构件预制场、路面混合料拌和场、材料堆放地点、临时工程的位置和临时占用土地数量等，都做出明确而具体的规定，而这些资料是计算辅助工程数量、临时工程数量、套用预算定额和计算有关费用的重要依据。

(4)预算定额。预算定额既是计算建设项目的人工、材料、机械台班消耗量的主要依据和标准，也是计算和确定工程量的主要依据。

(5)人工、材料、机械台班预算价格，以及据以计算这些价格的工资标准、材料供应价、运价、机械台班费用定额等，都是编制施工图预算的基础资料。

(6)其他工程费、间接费等各项取费标准。

(7)工程量计算规则和预算编制办法。

①工程量计算规则包括两个方面的含义：一是根据施工设计图纸资料如何计算工程量；二是按预算定额的内容要求如何正确计取工程量。两者都是编制施工图预算时必须严格遵守的规则。

②对于预算编制办法，工程量计算规则除了规定各种费率标准外，还对组成预算文件的各种计算表格的内容、填表程序和方法都做出了十分明确的规定；不得随意修改。

(8)勘察设计合同、协议以及建设项目主管部门或建设单位的有关规定。

(9)针对当采用新结构、新材料、新工艺、新设备而出现现行定额缺项时按规定编制的补充定额，也是编制施工图预算的依据。

(10)其他有关资料。比如为了加快公路建设，解决资金不足的问题，很多省对公路建设征用土地和拆迁补偿费制定了一些优惠政策及规定等。

12.2.2.2　施工图预算的费用组成及项目

施工图预算费用组成及项目、施工图预算文件组成及相关表格同设计概算完全一致，只是表头中的“概算”换成“预算”而已，这里不再详述。

12.2.2.3 施工图预算的审查

1.施工图预算审查的内容

(1)工程量的审查。根据设计图纸、定额、工程量计算规则和施工组织设计的要求进行审查。

(2)采用定额或指标的审查。包括定额或指标的适用范围、定额基价或指标的调整、定额或指标中缺项的补充。其中,进行定额或指标的补充时,要求补充定额的项目划分、内容组成、编制原则等要与现行的定额精神相一致。

(3)材料预算价格的审查。要着重对材料原价和运输费用进行审查。为做好材料预算价格的审查工作,先要根据设计文件确定材料耗用量,以耗用量大的主要材料作为审查的重点。

(4)各项费用的审查。审查时,结合项目的特点,搞清各项费用所包含的具体内容,避免重复计算或遗漏。取费标准根据国家有关部门或地方规定标准执行。

2.施工图预算的审查方法

(1)逐项审查法,又称全面审查法。是按定额顺序或施工顺序,对各个分项工程中的工程细目从头到尾逐项详细审查的一种方法。这种方法适合于一些工程量较少、工艺比较简单的工程。

(2)标准预算审查法。是对利用标准图纸或通用图纸施工的工程,先集中力量编制标准预算,以此为标准审查预算的方法。这种方法的优点是时间短,效果好,好定案;其缺点是适用范围小,只能对按标准图纸的工程执行。

(3)分组计算审查法。采用这种方法,首先把若干分部分项工程,按相邻且有一定内在联系的项目进行编组。利用同组中分项工程间具有相同或相近计算基数的关系,审查一个分项工程数量,就能判断同组中其他几个分项工程量的准确程度。

(4)对比审查法。是利用已建成工程的预算或虽未建成但已审查修正的工程预算对比审查拟建的同类工程预算的一种方法。

(5)重点审查法。是抓住工程预算中的重点进行审核的方法。审查的重点一般是指:工程量大或造价较高的各种工程、补充单位估价表、计取的各项费用(计取基础、取费标准等)。重点审查法的优点是重点突出,审查时间短,效果好。

12.3　施工阶段工程造价控制

12.3.1　施工组织设计与工程预算

施工组织设计是在对拟建的公路工程现场进行充分调查，结合施工条件具体的分析基础上从技术经济方面进行研究对比，选择技术上可行、经济上合理的方案。

施工组织设计对预算的影响是多方面的，但主要是对直接费的影响，影响较大的主要因素有如下几个方面。

12.3.1.1　施工现场平面布置对预算的影响

施工现场平面布置是施工组织设计在空间上的综合描述、是施工组织设计的重要组成部分。它是在基础资料调查的基础上，结合建设工程的实际情况，按照一定的布置原则和方法，对建设工程在施工过程中的材料供应和运输路线、供电、供水、临时工程、工地仓库、生活设施、机械设施、服务区、加油站、道班房、预制场、拌和厂以及大型机械设备工作面的布置和安排。平面布置的确定，也就决定了预算中相应的直接费，如场内运输的价格、临时工程的费用以及租用土地费、平整场地费用等。

12.3.1.2　施工工期对预算的影响

由于直接工程费随工期的缩短而增加，间接费随工期的缩短而减少，这样就存在一个最优的工期。合理地确定施工工期，对工程质量和预算造价都会产生极大的影响。

12.3.1.3　施工方法的选择对预算的影响

随着新工艺、新技术的不断发展，完成一个项目有多种施工方法，而每种施工方法又有其自身的特点和不足，这就要求设计人员根据工程的具体条件，选择经济适用的方法。

1. 路基施工方法的选择

目前高等级公路一般都采用机械化施工，低等级公路一般采用人工、机械组合进行施工。如采用机械化施工，其施工方法的选择其实就是施工机械的选择，应根据施工的作业种类及运输距离合理选择机械。

2.路面施工方法的选择

路面基层施工方法主要分为路拌法和厂拌法，面层施工主要有热拌、冷拌、贯入等方法。各种施工方法的工程成本消耗各不相同，应结合公路等级要求、路面工程规模和工期要求进行综合分析确定。

3.构造物施工方法的选择

在公路建设工程中，通常将除路基土石方和路面工程以外的桥梁、涵洞、防护等各项工程，统称为构造物。由于其种类多，结构各异，又各有不同的技术经济特征和施工工艺要求，所以其施工方法也各不相同。从某种意义上来讲，构造物施工方法的选择既简单又复杂。说它简单，主要是施工方法的选择余地小，如石砌圬工是以人工施工为主，混凝土工程不是采用木模就是钢模，没有更多的施工方法可供优选；而所谓复杂，因为有些构造物各有特殊专业的施工方法，这在工程设计时就已确定了，如T形梁的安装，一般都采用导梁作为安装工具，箱形拱桥则要采用缆索来进行吊装，悬臂拼装就要配用悬臂吊机等，这是从长期建设实践经验中积累完善起来的施工方法，有定型配套的安装工具。但是，在建设项目中的桥涵工程，数量比较多，在进行桥型结构设计时，要尽可能采用标准设计，避免结构形式上的多样化，这不仅有利于施工，而且还可减少辅助工程费用。进行施工组织设计时，则应尽可能按流水作业的原则安排施工进度计划，如某建设项目中有三座同跨径的石拱桥，砌筑拱圈的工作，应在总的控制工期内实行流水作业，这样，就可提高拱盔支架的周转次数，达到降低工程造价的目的。另外，在混凝土构件的预制与安装工作中，也存在类似这种情况。所以，在编制施工组织设计时，要充分重视这些因素，是有效控制工程造价的一个关键环节。

12.3.1.4 运输组织计划对预算的影响

运输组织计划是施工组织设计中的一个重要内容，它不仅直接影响施工进度，而且在很大程度上也影响了工程造价，为了确保施工进度计划的执行，并力求最大限度减低工程造价，一般要求运输组织计划应达到下列要求。

(1)运距最短，运输量最小。

(2)减少运转次数，力求直达工地。

(3)装卸迅捷，运转方便。

(4)尽量利用原有交通条件,减少临时运输设施的投资。

(5)充分发挥运输工具的载运条件。

12.3.2　工程变更与补偿

12.3.2.1　FIDIC 合同条件下的工程变更与变更估价

1. 工程变更

工程变更是指在工程实施中,对某些工作内容做出修改或者追加或取消某一工作内容。显然,由于勘测、设计、试验与实际的差异,在合同执行过程中工程变更是不可避免的。

工程变更包括工程量变更、工程项目的变更(如发包人提出增加或者删减原项目内容)、进度计划的变更、施工条件的变更等。

2. 工程变更的类型

(1)合同中包括的任何工作内容的数量的改变。为便于合同管理,当事人双方应在专用条款中约定工程量变化较大时可以调整单价的百分比。

(2)任何工作内容的质量或其他特性的改变。

(3)任何部分工程标高、位置和尺寸的改变。

(4)任何工作地点改变,但要交由他人实施的工作除外。

(5)永久工程所需的任何附加工作、生产设备、材料或服务,包括任何有关的竣工试验、钻孔和其他试验及勘探工作。

(6)实施工程的顺序或时间安排的改变。

3. 变更程序

在颁发工程接收证书前的任何时间,工程师可以通过发布变更指令或以要求承包商递交建议书的任何一种方式提出变更。

(1)指令变更。工程师在业主授权范围内根据施工现场的实际情况,在确属需要时有权发布变更指令。指令的内容应包括详细的变更内容、变更工程量、变更项目的施工技术要求和有关部门文件图纸,以及变更处理的原则。

(2)要求承包商递交建议书后再确定的变更。其程序如下。

①工程师将计划变更事项通知承包商,并要求他递交实施变更的建议书。

②承包商应尽快予以答复。一种情况可能是通知工程师由于受到某些非自身原因的限制而无法执行此项变更;另一种情况是承包商依据工程师的指令递

交实施此项变更的说明,内容包括:a 将要实施的工作的说明书以及该工作实施的进度计划;b. 承包商依据合同规定对进度计划和竣工时间做出任何必要修改的建议,提出工期顺延要求;c. 承包商对变更估价的建议,提出变更费用要求。

(3)工程师收到此类建议书后,应尽快给予批准、不批准或提出意见的回复。承包商在等待答复期间,不应延误任何工作。对于工程师发出每一项实施变更的指令,应要求承包商记录支出的费用。

4. 变更估价

(1)变更估价的原则。变更工程的价格或费率,往往是双方协商时的焦点。计算变更工程应采用的费率或价格,可分为 3 种情况。

①变更工作在工程量表中有同种工作内容的单价,应以该单价计算变更工程费用。

②工程量表中虽然列有同类工作的单价或价格,但对具体变更工作而言已不适用,则应在原单价的基础上制定合理的新单价。

③变更工作的内容在工程量表中没有同类工作的单价,应按照与合同单价水平相一致的原则,确定新的单价。

(2)可以调整合同工作单价的原则。具备以下条件时,允许对某一项工作规定的单价加以调整。

①此项工作实际测量的工程量相对工程量表或其他报表中规定的工程量的变动大于 10%。

②工程量的变更与对该项工作规定的具体费率的乘积超过了接受的合同款额的 0.01%。

③由此工程量的变更直接造成该项工作每单位工程量费用的变动超过 1%。

(3)删减原定工作后对承包商的补偿。工程师发布删减工作的变更指令后承包商不再实施该部分工作,合同价格中包括的直接费部分没有受到损害,但摊销在该部分的间接费、利润和税金实际不能合理回收。此时承包商可以就其损失向工程师发出通知并提供具体的证明资料,工程师与合同双方协商后确定一笔补偿金额加入合同价内。

12.3.2.2 工程索赔

1. 工程索赔

工程索赔是指在工程承包合同中,当事人一方因对方不履行或不完全履行既定的义务，或者由于对方的行为使权利人受到损失时，要求对方补偿损失的权利。“索赔”是双向的，它包括承包人向发包人的索赔，也包括发包人向承包人的索赔。

2. 工程索赔的分类

(1)按索赔的合同依据分类。

①合同中明示的索赔。合同中明示的索赔是指承包人所提出的索赔要求，在该工程项目的合同文件中有文字依据，承包人可以据此提出索赔要求，并取得经济补偿。这些在合同文件中有文字规定的合同条款，称为明示条款。

②合同中默示的索赔。合同中默示的索赔，即承包人的该项索赔要求，虽然在工程项目的合同条款中没有专门的文字叙述，但可以根据该合同的某些条款的含义，推论出承包人有索赔权。这种索赔要求，同样有法律效力，有权得到相应的经济补偿。这种有经济补偿含义的条款，在合同管理工作中被称为“默示条款”或称为“隐含条款”。

(2)按索赔目的分类。

①工期索赔。由于非承包人责任的原因而导致施工进度延误，要求批准顺延合同工期的索赔，称为工期索赔。一旦获得批准合同工期顺延后，承包人不仅免除了承担拖期违约赔偿费的严重风险，而且可能提前工期得到奖励，最终仍反映在经济收益上。

②费用索赔。费用索赔的目的是要求经济补偿。当施工的客观条件改变导致承包人增加开支，要求对超出计划成本的附加开支给予补偿，以挽回不应由他承担的经济损失。

(3)按索赔事件的性质分类。

①工程延误索赔。因发包人未按合同要求提供施工条件，如未及时交付设计图纸、施工现场、道路等，或因发包人指令工程暂停或不可抗力事件等原因造成工期拖延的，承包人对此提出索赔。这是工程中常见的一类索赔。

②工程变更索赔。由于发包人或监理工程师指令增加或减少工程量或增加附加工程、修改设计、变更工程顺序等，造成工期延长和费用增加，承包人对此提出索赔。

③合同被迫终止的索赔。由于发包人或承包人违约以及不可抗力事件等原因造成合同非正常终止，无责任的受害方因其蒙受经济损失而向对方提出索赔。

④工程加速索赔。由于发包人或工程师指令承包人加速施工速度、缩短工期，引起承包人的额外开支而提出的索赔。

⑤意外风险和不可预见因素索赔。在工程实施过程中,因人力不可抗拒的自然灾害、特殊风险以及一个有经验的承包人通常不能合理预见的不利施工条件或外界障碍,如地下水、地质断层、溶洞、地下障碍物等引起的索赔。

⑥其他索赔。如因货币贬值、汇率变化、物价、工资上涨、政策法令变化等原因引起的索赔。

3. 工程索赔的处理原则

(1)索赔必须以合同为依据。

(2)要有损害事实。即合同中规定业主承担的风险责任的确给承包商造成了实际损害,使承包商增加了额外费用或发生了损失。

(3)及时、合理地处理索赔。

(4)加强主动控制,减少工程索赔。

4. FIDIC 规定的索赔处理程序

FIDIC 合同条件对承包商的索赔做出的规定如下。

(1)发出索赔意向通知。承包商察觉或者应当察觉该事件或情况后 28d 内发出意向通知。否则竣工时间不得延长,承包商无权获得追加付款,而业主应免除有关该索赔的全部责任。

(2)递交索赔报告。在承包商察觉或者应当察觉该事件或情况后 42d 内或在承包商可能建议并经工程师认可的其他期限内,承包商应当向工程师递交一份详细的索赔报告,包括索赔的依据、要求延长的时间和(或)追加付款的详细资料。如果引起索赔的事件或者情况具有连续影响,则:①上述充分详细索赔报告应被视为中间索赔报告;②承包商应当按月递交进一步的中间索赔报告,说明累计索赔延误时间(或)金额,以及能说明其合理要求的进一步详细资料;③承包商应当在索赔事件结束后 28d 内,或在承包商可能建议并经工程师认可的其他期限内,递交一份最终索赔报告。

(3)工程师的答复。工程师在收到索赔报告或对过去索赔的任何进一步证明资料后 42d 内,或在工程师可能建议并经承包商认可的其他期限内做出回应,表示批准或不批准并附具体意见。工程师应当商定或者确定应给予竣工时间的延长以及承包商有权得到的追加付款。

5. 索赔的计算

(1)承包人可索赔的费用。费用内容一般可以包括以下几个方面。

①人工费。包括增加工作内容的人工费、停工损失费和工作效率降低的损

失费等累计，其中增加工作内容的人工费应按照计日工费计算，而停工损失费和工作效率降低的损失费按窝工费计算，窝工费的标准双方应在合同中约定。

②设备费。可采用机械台班费、机械折旧费、设备租赁费等几种形式。当工作内容增加引起的设备费索赔时，设备费的标准按照机械台班费计算。因窝工引起的设备费索赔，当施工机械属于企业自有时，按照机械折旧费计算索赔费用；如果施工机械是外部租赁的，则按租赁费计算。

③材料费。

a. 由于索赔事项材料实际用量超过计划用量而增加的材料费。

b. 由于客观原因材料价格大幅上涨。

c. 由于非承包商责任工程延误导致的材料价格上涨和超期储存费用。

④保函手续费。工程延期时，保函手续费相应增加。反之，取消部分工程且发包人与承包人达成提前竣工协议时，承包人的保函金额相应折减，计入合同价内的保函手续费也应扣减。

⑤贷款利息。

⑥保险费。

⑦管理费。此项又可分为现场管理费和公司管理费两部分，由于二者的计算方法不一样，所以在审核过程中应区别对待。

⑧利润。

FIDIC《施工合同条件》中，对承包人索赔可能给予合理补偿工期、费用和利润的情况，都作了相应的规定。

(2)费用索赔的计算方法。

①实际费用法。实际费用法是工程索赔计算时最常用的一种方法。这种方法的计算原则是：以承包商为某项索赔工作所支付的实际开支为依据，向业主要求费用补偿。

②总费用法。又称总成本法，就是当多次发生索赔事件后，重新计算该工程的实际总费用，实际总费用减去投标报价的估算总费用，即为索赔金额。具体公式为：

$$索赔金额=实际总费用-投标报价总费用$$

③修正总费用法。这种方法是对总费用法的改进，即在总费用计算的原则上，去掉一些不确定的可能因素，对总费用法进行相应的修改和调整，使其更加合理。

(3)工期索赔的计算。

①网络分析法是对进度计划的网络图进行分析，分析其关键线路上的关键

工作。如果延误的工作是关键工作，则总延误的时间为批准顺延的工期；如果延误的工作为非关键工作，当该工作由于延误超过时差限制而成为关键工作时，可以批准延误时间与时差的差值；如该工作延误后仍为非关键工作，则不予以工期索赔。

②比例计算法。该方法主要用于工程量增加时工期索赔的计算，其计算公式为：

$$\text{工期索赔值} = \frac{\text{额外增加的工程量的价格}}{\text{原合同总价}} \times \text{原合同总工期}$$

6. 共同延误的处理

在实际施工过程中，工期延误很少是由一方造成的，往往是由几种原因同时形成的。两种或两种以上的单独延误同时发生的情况就称为共同延误。

(1)在同一项工作上发生的共同延误。

①可补偿延误与不可原谅延误同时存在。在这种情况下，不能批准承包商延期和经济补偿的要求。因为即便没有可补偿延误，不可原谅延误也已造成工程延误。

②不可补偿延误与不可原谅延误同时存在。在这种情况下，工程师不能批准延长工期。

③不可补偿延误与可补偿延误同时存在。此时，工程师可以批准承包商延期的要求，但不能给予经济补偿，因为即便没有可补偿延误，不可补偿延误也已造成工程施工延误。

④两项可补偿延误同时存在。此时，工程师只能批准工期延长或经济补偿。

(2)在不同的工作上发生的共同延误。

这是指在不同的工作上同时发生了两项或两项以上的延误，从而产生了对整个工程综合影响的共同延误。这种情况比较复杂，由于各项工作在总进度表中所处的地位和重要性不同，同等时间的相应延误对工程进度所产生的影响也就不一样。工程师在处理这种共同延误时，应认真分析单项延误分别对工程总进度所造成的影响，然后将这些影响进行比较，对相互重叠部分按前述在同一项工作上发生的共同延误处理。对剩余部分进一步分析延误引起的原因和影响，从而断定是否给予延长工期和经济补偿。

共同延误的最终结果，可能是承包商可以获得工期延长和经济补偿，也可能是承包商要向业主支付延误赔偿金。

12.3.3　工程计量与工程结算

12.3.3.1　工程计量

1. 计量的概念

计量是指按照设计文件及承包合同中关于工程量计算的规定，对承包商已完合格工程的实际数量所进行的测量、计算、核查和确认的过程。

工程量清单中的工程数量是在图纸和规范的基础上估算出来的，它只能作为投标报价的基础，而不能作为结算的依据。实际工程量的多少只有通过计量才能揭示和确定。按实际完成的工程量付款可以减少工程量的估计误差给双方带来的风险，增强造价结算结果的公平性，这正是单价合同的优点之一。

2. 计量方法

(1)实地量测计算法。当监理工程师准备对工程的任何部位进行量测计量时，应先通知承包人，承包人必须立即派人协助监理工程师进行计量。量测工作按合同有关规定进行，量测计算后双方签字确认。

如果承包人收到监理工程师发出的计量通知后，不参加或未派人参加实地量测计量工作，监理工程师自己量测或经监理工程师批准的计量结果即为正确的计量，作为支付的依据。

(2)记录、图纸计算法。对于永久工程采用记录和图纸的方式计量，则监理工程师应准备该项工程项目的图纸和记录。当承包商被通知要求参加此项计量时，应在通知发出 14d 内同工程师共同查阅和确认记录与图纸，并在双方同意后签字确认。如果承包商不参加或不派人参加上述记录和图纸的审查与确认，则认为这些记录和图纸是正确无误的，除非承包商在上述计量后 14d 内向工程师提出申辩，说明记录和图纸有不正确之处，要求工程师予以决断。工程师在收到承包商的申辩后应进一步检查记录和图纸，并做出决定，并将此决定通知承包商。

无论采用哪种方法，其结果必须经监理工程师和承包人双方同意，签字确认，方可进入支付环节。

3. 计量依据

计量的主要依据有质量合格证书、工程量清单及说明、工程变更令及修订的工程量清单、合同条件、技术规范、合同图纸、有关计量的补充协议、索赔时间和金额审批表等。

4. 计量范围、计量规则和计量方法

(1)计量范围。

①工程量清单中的全部项目。

②合同文件中规定的项目。

③工程变更项目。

(2)计量规则和计量方法。

计量规则和计量方法主要在技术规范的有关内容和工程量清单的前言中明确给予规定。在进行计量时必须遵守其要求。

应该注意的是:监理工程师除了对工程量清单的各个细目进行计量外,还应对所有有关支付的其他事务进行计量。如计日工使用的具体数量,各种工程意外事件以及工程变更后的工程量等等,均应加以计量,以便进行支付。

12.3.3.2 工程结算

工程结算,就是业主将承包人在一定时期内(一般按月),已经完成并符合质量要求的工程进行计量,并按合同约定的价格计价后支付给承包人。在工程施工管理中,施工结算又称为费用支付(含前期支付、中期支付和最终支付)。费用支付的内容、程序和方法,都应按照合同规定进行。

1. 工程结算的分类

(1)按时间分类,工程结算可以分为预结算、期中结算、交工结算、最后结算4种。

①预结算。按照FIDIC条款规定,包括开工预付款和材料预付款。预付款是业主提供给承包人的无息款额,按一定条件支付并扣回。

②期中结算。也就是工程进度款的结算,一般按月进度支付,即按本月完成的工程价值及其他有关款项进行综合支付,由工程师开具的期中支付证书来实施。

③交工结算。即在项目完工或基本完工,监理工程师签发交工证书后办理的支付。

④最后结算。即在缺陷责任期结束,监理工程师签发缺陷责任证书后,办理的最后一次结算工作。

(2)按结算的内容可分为工程量清单内的结算和工程量清单外的结算。

①工程量清单内的结算是按合同条件和技术规范,通过监理工程师的质量

检查、计量，确认已完的工程量，然后按报价单中的单价，结算和支付工程量清单中的各项工程费用，简称清单支付。清单支付是期中支付中的主要项目，占有很大的比重。

②工程量清单外的结算是按合同规定，监理工程师根据工程实际情况和现场证实资料，确认清单以外的各项工程费用，如索赔费用、工程变更费用、价格调整等，此项费用在期中支付中虽然占的比重较小，却是比较难以控制和掌握的，它一方面取决于合同规定，另一方面取决于工程施工中实际遇到的客观条件和各种干扰。

(3)按工程内容划分，可分为路基工程、路面工程、桥梁工程、隧道工程等。

(4)按合同执行情况可分为正常结算和合同终止后的结算两类。

正常结算是指业主与承包人双方履行合同约定，使工程顺利实施并结算。合同终止后的结算是指业主或承包人违约或发生了双方无法控制的不可抗力，使合同不可能继续履行而终止时，业主向承包人所作的结算。

2. 工程结算的费用项目

工程正常结算的费用项目按其内容一般可以划分为两类：一类是工程量清单内的费用项目，它包括清单内构成合同价格的各工程细目、工程量清单汇总表中包含的计日工、暂定金额项目；另一类是清单以外、合同以内的费用项目，它包括开工预付款、材料预付款、保留金、工程变更费用、价格调整费用、索赔费用、拖期违约损失偿金、提前竣工奖金、迟付款利息等费用项目。

(1)工程量清单内费用项目。

①开办项目的支付。开办项目的计量支付在技术规范中有明确规定，在开办支付时，应先落实开办项目的完成情况，然后按技术规范中的规定办理支付。

②合同永久工程的支付。其工程量按技术规范中的计量方法进行计量，并有工程师的签认，其单价按工程量清单中的单价来确定支付金额。

(2)工程量清单以外、合同以内的费用项目。

①开工预付款。开工预付款是业主提供给承包人用于支付施工初期费用的一笔无息款额。监理工程师在确认承包人已提供相当于开工预付款金额的银行担保或保函以后，向业主签发合同规定的开工预付款支付证书，业主按监理工程师签发的支付证书向承包人付款。开工预付款总额在合同文件投标书附录中有明确规定，一般相当于合同价格的 10%。监理工程师应根据合同规定，在工程进度款的支付证书中逐月扣回开工预付款。

②材料预付款。材料预付款是由业主预先支付给承包人用于购买永久工程

组成部分的材料的一笔无息款额。

监理工程师在确认承包人所购材料的质量和储存方法符合合同要求后，按合同规定将所购材料款额的某一百分比计入下次工程进度款证书中，业主根据监理工程师的证明进行付款。

当材料已用于永久工程，材料预付款应在以后的工程进度款支付证书中，按合同规定逐月扣回。

③保留金。保留金是业主为了使承包人履行合同而在承包人应得款额中扣留的那部分金额。一旦承包人未履行合同中规定的责任，则保留金归业主所有，业主可用此金额雇用其他的承包人来完成工程。保留金的数额、扣留标准及返还在合同中应给予明确。

④工程变更费用。变更工程估算的主要工作包括确定项目与细目、计算变更工程量、确定单价与金额。

a. 确定项目与细目。通常按下列原则确定：变更工程如与工程量清单中有相同的项目和细目，则应与工程量清单中的细目划分及计量要求一致；工程量清单中没相同的新增项目，必须首先明确工程细目的计量要求、技术标准以及每个计量细目所包括的所有工作内容，避免漏计或重计。

b. 计算变更工程量。变更工程的工程量也应按要求与程序进行计量，计量的结果汇总于“中间计量证书”和“竣工计量证书”等有关表格之中，结算按计量的工程量进行。

c. 确定单价与金额。

⑤索赔费用。其赔偿费用的支付额应按监理工程师签发的索赔审批书来确定或按监理工程师暂时确定的赔偿额来支付。

⑥计日工。合同中通常含有计日工明细表，表中列有不同劳务、材料、施工设备的估计数量，计日工单价由承包人报价，然后将汇总的计日工价合计在投标总价中。工程实施中，按监理工程师的指令进行。

《公路工程国内招标文件范本》(交公路发[2009]221 号)规定计日工的支付条件如下。

a. 每天提交一式 2 份计日工使用清单。对所有按计日工施工的工程，承包人应在该工程持续进行过程中，每天向监理工程师提交从事该项工作的所有工人的姓名、工种及工时的清单一式 2 份，以及该工程所有材料和承包人装备的名称和数量的报表一式 2 份，其中的一份经监理工程师确认并签字后，退还给承包人。

b. 每个月末送交一份附有价格的详细清单。在每月结束时，承包人应向监理工程师提交一份所有劳务、材料和承包人装备的附有价格的账单。如果监理工程师认为承包人应该提交而未提交清单与报表时，承包人无权获得计日工付款。

⑦暂定金额。暂定金额是在工程量清单中以该名义列出。

a. 招标时尚未能肯定下来，或在施工中可能增加的工程细目；

b. 专项工程的施工或货物、材料、设备的供应；

c. 不可预见费。除合同另有规定外，这项金额应由监理工程师报业主批准后指令全部或部分地使用或根本不予使用。

对于经业主批准的每一笔暂定金额，监理工程师可以指令承包人完成，也可以指令指定分包人完成，但结算的方式有所不同。

⑧价格调整。

a. 物价浮动对合同价格的调整。对于施工期较长的合同，为了合理分担市场物价浮动变化对施工成本影响的风险，在合同内要约定调价的方法。FIDIC 条款规定为公式法调价。(a)可调整的内容和基价。承包商在投标书内填写，并在签订合同前谈判中确定。(b)延误竣工。非承包商负责的延误。工程竣工前每一次支付时，调价公式继续有效。承包商负责的延误。在后续支付时，分别计算应竣工日和实际支付日的调价款，经过对比后按照对业主有利的原则执行。

b. 基准日后法规变化引起的价格调整。在投标截止日期前的第 28d 以后，国家的法律、法规或国务院有关部门的规章，以及工程所在地的省、自治区、直辖市的地方性法规或规章发生改变，导致施工所需的工程费用发生增减，监理工程师与当事人协商后可以调整合同金额。如果导致变化的费用包括在调价公式中，则不再予以考虑。较多的情况发生于承包商需交纳的税费变化，这是当事人双方在签订合同时不可能合理预见的，因此可以调整相应的费用。

c. 拖期违约损失偿金。拖期损失偿金是指承包人未能按合同工期完成工程施工，或在监理工程师批准的延期内未能完成工程的施工而给予业主的补偿。

拖期违约损失偿金自规定竣工之日起到合同工程交工证书中写明的实际竣工日期，不足一日的按比例计。

如果工程项目的任一部分在该工程项目竣工前已签发了交工证书，则拖期损失偿金，应按已签发交工证书的单项工程的价值占合同工程价值的比例予以减少，但拖期损失偿金的最高限额不变。

⑨提前竣工奖。如果合同中有此条款，而承包人比规定的工期提前完工，则可以得到提前竣工奖。该奖金时间是按工程移交证书的签署日期与合同规定的完工时间之差，按天数计算，奖金的比率在合同中规定。

⑩迟付款利息。如果业主不按合同规定时间付款，则应支付承包人迟付款额的利息。

(3)合同终止后的结算。

合向终止后的结算是指由于某种情况的发生导致合同无法履行而终止合同后的结算。通常，合同终止可能产生于承包人违约、业主违约和特殊风险的发生。

①承包人违约导致合同终止后的结算。合同终止后，业主应暂停向承包人支付任何款项，在本工程缺陷责任期满之后，再由监理工程师查清承包人实施和完成本工程与缺陷修复应结算的费用，应扣除的完工拖期违约损失偿金(如有)以及业主已实际支付的各项费用。

根据监理工程师的查清证实，承包人仅能得到原应付给他的已完合格工程的款项，并扣除上述应扣款之后的余额。如果应扣款额超过承包人应得的原应付给他的已完工程的款额，此超出部分款额应被视为承包人欠业主的应还债务，由承包人偿还给业主。

②由于特殊风险导致合同终止后的结算。由于特殊风险的发生而终止合同后，业主应向承包人支付终止之日前已完成的全部工程费用，其范围限于在已给承包人的暂付款中尚未包括的款额与款项，其单价和总额价应按合同的规定。另外还应支付下述费用：a. 合同终止日前，承包人已按合同规定完成的第 100 章的工作或服务的相应比例费用；b. 承包人为本工程合理订购的材料、设备或货物的费用，此费用由业主支付后，其财产归业主所有；c. 承包人已合理开支的、确实是为了完成本工程而预期开支的任何款额，而该开支没有包括在其他支付项目内；d. 由于特殊风险而产生的附加费用；e. 承包人装备撤离的合理开支部分；f. 承包人雇员的合理补偿。

除业主应向承包人支付上述费用外，对承包人应归还业主的各项预付款余额及业主应收回的任何其他款项，应根据合同文件的规定，在应支付的款额中扣除。

③业主违约导致合同终止后的结算。合同终止后，业主对承包人的支付义务除同前述以外，还应支付给承包人由于该项合同终止而引起的、或涉及对承包人的损失或损害的款额，该款额应由监理工程师与承包人和业主协商后确定。

(4)施工结算的程序和内容。按照通用条款的规定,施工结算的程序和内容如下。

①月结算。承包人应在每月末向监理工程师提交按批准格式填写的期中支付申请书一式 6 份,该申请书包括以下项目:a. 截至本月末前已完成的工程价款;b. 截至本月初前已完成的(已实际结算的)工程价款;c. 本月完成的(应结算的)工程价款;d. 本月完成的(应结算的)计日工价款;e. 本月应支付的暂定金额价款;f. 本月应支付的已进场将用于或安装在永久工程中的材料、设备预付款;g. 根据合同规定,本月应结算的其他款项;h. 费用和法规变更发生的款项;i. 本月应扣留的保留金和扣回的材料、设备预付款及动员预付款;j. 根据合同规定,本月应扣除的其他款项。

监理工程师在收到上述期中支付申请书后审核确认,并在 21d 或专用条款规定的天数内签发中期支付证书,签发他认为应该到期结算的价款及需要扣留和扣回的款额并报业主审批。

如果该月应结算的价款经扣留和扣回后的款额少于投标书附录中列明的中期支付证书的最低金额,则该月监理工程师不签发支付证书,承包商得不到工程进度款,该款额将结算至下月,直至累计应支付的款额达到投标书附录中列明的中期支付证书的最低金额为止。

业主应在收到该中期支付证书后 21d 内或在投标书附录中规定的天数内向承包人付款。

②交工结算。在工程移交证书签发后 42d 之内,承包人应以监理工程师批准的格式向监理工程师提交一份交工结账单,并附上用详细资料说明的证实文件,文件中应表明:a. 按合同规定,直到工程移交证书写明的交工日期为止按合同完成的全部工程的最终价值;b. 承包人认为应付给他的其他款项的估算值。

其中 b 款各项款额估算值应在完工结账单内单独填报,监理工程师按规定审核后报业主审批。

③最后结算。在发出缺陷责任终止证书后的 28d 之内,承包人应以监理工程师批准的格式向监理工程师提交一份最后结账单草案,并附上详细的证实文件,供监理工程师考虑,文件中应表明:a. 根据合同规定已经完成的全部工程价值;b. 承包人根据合同规定认为应该付给他的任何其他款项。

如果监理工程师不同意或者不核证最后结账单草案的任一部分,承包人应按监理工程师的合理要求,提交进一步的资料。经双方协商同意后,由承包人编制并提交修改后的最后结账单。如果双方存在纠纷不能达成一致,监理工程师仅对不存在纠纷部分(如果有)签发支付证书,有纠纷的部分按合同规定解决。

交最后结账单的同时,承包人还应向监理递交一份书面清账书,确认最后结账单中的总金额(包括索赔要求)代表了根据合同规定应付的全部款项的最后结算。

监理工程师在收到最后结账单和清账书14d之后,签发最后支付证书报业主审批。证书中应说明:a.监理工程师认为根据合同规定的最后应付的款额;b.在对业主以前所付的全部款额和业主根据合同规定应得的全部款额予以确认后,证实业主欠承包人或承包人欠业主的差额(如果有)。业主应在收到最后支付证书42d内向承包人付款。

12.3.4 资金使用计划的编制和投资偏差分析

12.3.4.1 施工阶段资金使用计划的编制

首先,通过编制资金使用计划,可以合理确定工程造价的目标值,使工程造价的控制有所依据,并为资金的筹集与协调打下基础;其次,通过编制资金使用计划,可以对未来工程项目的资金使用和进度控制有所预测,避免不必要的资金浪费和进度失控。最后,通过执行资金使用计划,可以有效地控制工程造价上升,最大限度地节约投资,提高投资效益。

施工阶段资金使用计划的编制方法,主要有以下几种。

1.按不同子项目编制资金使用计划

一个建设项目往往由多个单项工程组成,每个单项工程还可能由多个单位工程组成,而单位工程总是由若干个分部分项工程组成。按不同子项目划分资金的使用,进而做到合理分配,首先必须对工程项目进行合理划分,划分的粗细程度根据实际需要而定。

2.按时间编制资金使用计划

通过计算网络计划各项工作的最早开始时间和最早完成时间,就可获得项目进度计划的横道图。在横道图的基础上便可编制按时间进度划分的投资支出预算,进而绘制时间一投资累计曲线(S形图线)。时间一投资累计曲线的绘制步骤如下。

(1)确定工程进度计划,编制进度计划的横道图。

(2)根据每单位时间内完成的工程量或投入的人力、物力和财力,计算单位时间的投资。

(3)计算规定时间 t 计划完成的投资额，可按下式计算：

$$Q_t = \sum_{n=t}^{t} q_n \tag{12-3}$$

式中，Q_t 为某时间 t 计划累计完成投资额；q_n 为单位时间 n 的计划完成投资额；t 为规定的计划时间。

(4)按各规定时间的 Q_t 值，绘制 S 形曲线。

每一条 S 形曲线都是对应某一特定的工程进度计划。因为在进度计划的非关键路线中存在许多有时差的工序或工作，因而 S 形曲线（投资计划值曲线）必然包括在由全部活动都按最早开工时间开始和全部活动都按最迟开工时间开始的曲线所组成的“香蕉图”。建设单位可根据编制的投资支出预算来合理安排资金，同时建设单位也可以根据筹措的资金来调整 S 形曲线，即通过调整非关键路线上工作的开工时间，力争将实际的投资支出控制在计划的范围内。

一般而言，所有活动都按最迟时间开始，对节约建设资金贷款利息是有利的，但同时也降低了项目按期竣工的保证率，因此必须合理地确定投资支出预算，达到既节约投资支出，又控制项目工期的目的。

12.3.4.2　投资偏差分析

在施工过程中，工程实际进展情况总是或多或少的和计划存在差异。我们把实际投资与计划投资，实际进度与计划进度的差异称为投资偏差与进度偏差，这些偏差即是施工阶段工程造价计算与控制的对象。

1. 实际投资与计划投资

由于时间一投资累计曲线中既包含了投资计划，也包含了进度计划，因此有关实际投资与计划投资的变量包括了拟完工程计划投资，已完工程实际投资和已完工程计划投资。

(1)拟完工程计划投资。拟完工程计划投资是指根据进度计划安排，在某一确定时间内所应完成的工程内容的计划投资。

$$\text{拟完工计划投资} = \text{拟完工程量} \times \text{计划单价}$$

(2)已完工程实际投资。已完工程实际投资是根据实际进度完成状况，在某一确定时间内已经完成的工程内容的实际投资。

$$\text{已完成工程实际投资} = \text{实际工程量} \times \text{实际单价}$$

在进行有关偏差分析时，通常进行如下假设：拟完工程计划投资中的拟完工程量与已完工程实际投资中的实际工程量在总额上是相等的，两者之间的差异只在于完成的时间进度不同。

(3)已完工程计划投资。已完工程计划投资是为了更好地辨析拟完工程计划投资和已完工程实际投资这两种偏差而引入的变量，是指根据实际进度完成状况在某一确定时间内已经完成的工程所对应的计划投资额。

已完工程计划投资 = 实际工程量 × 计划单价

2. 投资偏差和进度偏差

(1)投资偏差。投资偏差指投资计划与投资实际值之间存在的差异，当计算投资偏差时，应剔除进度原因对投资额产生的影响，因此其公式为：

投资偏差＝已完工程实际投资－已完工程计划投资＝实际工程量×(实际单价－计划单价)

结果为正表示投资增加，结果为负表示投资节约。

(2)进度偏差。与投资偏差密切相关的是进度偏差，不考虑进度偏差就不能确切反映投资偏差的实际情况。所以，有必要引入进度偏差的概念：

进度偏差＝已完工程实际时间－已完工程计划时间

为了与投资偏差联系起来，进度偏差也可以表示为：

进度偏差＝拟完工程计划投资－已完工程计划投资＝(拟完工程量－实际工程量)×计划单价

结果为正值时，表示工期拖延；结果为负值时，表示工期提前。

12.3.4.3 常用的偏差分析方法

1. 横道图法

用横道图进行投资偏差分析，是用不同的横道标识拟完成工程计划投资、已完工程实际投资和已完工程计划投资，在实际工作中往往需要根据拟完工程计划投资和已完工程实际投资确定已完工程计划投资后，再确定投资偏差与进度偏差。

根据拟完工程计划投资和已完工程实际投资确定已完工程计划投资的方法如下。

(1)已完工程计划投资与已完工程实际投资的横道位置相同。

(2)已完工程计划投资与拟完工程计划投资的各子项工程的投资总值相同。

2. 时标网络图法

时标网络图是在确定施工计划网络图的基础上，将施工的实施进度与日历工期相结合而形成的网络图。实际进度前锋线表示整个项目目前实际完成的工作面情况，将某一确定时点下时标网络图中各个工序的实际进度点相连就可以得到实际进度前锋线。

3. 表格法

表格法是进行偏差分析最常用的方法。可根据项目的具体情况，数据来源，投资控制工作的要求等条件来设计表格，表格法的信息量大，可以反映各种偏差变量和指标；另外，表格法还便于用计算机辅助管理，提高投资控制工作的效率。

4. 曲线法

曲线法是用投资时间曲线进行偏差分析的一种方法。在用曲线法进行偏差分析时，通常有三条投资曲线，即已完工程实际投资曲线 a，已完工程计划投资曲线 b 和拟完工程计划投资曲线 P，曲线 a 和 b 的竖向距离表示投资偏差，曲线 P 和 b 的水平距离表示进度偏差。曲线法所反映的是累计偏差，而且主要是绝对偏差。用曲线法进行偏差分析，具有形象直观的优点，但不能直接用于定量分析，如果能与表格法结合起来，则会取得较好的效果。

12. 3. 5　施工企业经济核算

经济核算是通过对施工生产中的消耗和成果（投入产品）的分析、计算、比较，以货币的形式来衡量其经济效益。它是施工企业经营管理的基本方法，是企业管理的一项重要工作。

1. 经济核算的内容

施工企业经济核算的基本内容，是以经济合同为基础，以提高经济效益为目标，实行责、权、利和效果紧密结合，全面完成施工生产计划，确保产品质量，努力降低生产消耗，不断降低工程成本，增加盈利。施工企业经济核算的具体内容包括：

(1)生产成果核算。主要是考核施工生产计划的完成情况，它包括三个方面的内容，一是形象进度；二是实物工程量，即符合计量支付规定的合格产品数量。若未完施工的工程量过多，对企业资金周转将产生不利影响；三是建筑安装工作量，即以货币表现的工程结算价款。故通常以工程价款结算期为经济核算期。

(2)生产消耗核算。主要是考核人工、材料、施工机械等资源的消耗情况，而综合反映生产消耗的是工程成本，所以工程成本核算是生产消耗核算的重要内容。

生产消耗核算的主要指标，包括劳动生产率，工程成本降低，主要材料消耗，设备利用率，工效、出勤、使用(工时利用)、病、雨休等工勤指标。这些指标中的工程成本降低可以综合反映施工企业的生产消耗情况，有利于进行对比分析。

(3)财务成果核算。主要是考核施工企业的盈利水平和施工企业为完成既定的施工任务所需资金的占用和利用情况。通过对利润总额、成本利润(降低)率、流动资金产值率、固定资金产值率等指标的核算，以便发现施工企业经营管理的不合理情况。

2. 经济核算的方法

通常是运用会计核算、统计核算和业务核算等基本核算方法来完成的，这几种核算方法各有不同的内容和作用，但是互为补充、相辅相成的，它们构成施工企业经济核算的一个完整有机体系。

(1)会计核算。是通过原始会计凭证，连续、系统和全面地反映企业财产、物资的增减变化和经济活动情况。工程成本和企业的盈亏，是通过会计核算来进行的，会计核算的主要任务是监督和反映经济合同的执行和成本计划的完成情况。

(2)统计核算。统计核算主要是在施工生产经营活动原始记录资料的基础上，定期地运用统计分析和调查研究相结合的方法，从数字反映施工企业的生产经营活动情况，找出其经济活动的发展规律，绘制成各种统计图表，分别与计划、同期、上期的相应因素或对象进行比较，以显示施工生产经营水平。

(3)业务核算。主要是施工企业的各个专业部门进行的日常核算工作，它反映生产业务技术的活动情况，是一种直接的核算方法，只记录单一的业务事项。业务核算的内容，包括各种原始记录及各种计算登记表，如工程进度记录、测试检验记录、材料消耗记录、施工机械使用记录、材料消耗和施工机械使用计算以及各专业的有关业务计算等。

3. 经济活动分析

经济活动分析，实际上就是在会计核算、统计核算和业务核算的基础上，结合施工计划指标和企业经营管理的实际情况，分析和研究企业的经济活动，寻找计划完成好坏的原因，总结经验，不断提高企业的管理水平。

公司或项目经理一级应对各项经济技术指标全面进行分析考核；工程队则应重点分析产量、质量、各种生产消耗、工效、工勤等经济技术指标；班组则以分析考核产量、质量、主要材料消耗为主。

(1)经济活动分析的主要内容。

①施工计划完成情况的分析。主要检查、分析工作量、实物工程量、工程质量以及形象进度的完成情况,以评定企业的经济活动效果。

②人员工资的分析。主要检查、分析出勤率和使用率等工勤指标、劳动效率(工效)、全员和生产工人劳动生产率,以及工资基金的使用情况。

③材料供应情况的分析。主要检查、分析材料采购、供应计划的执行情况,计算分析主要材料消耗的节约或超耗情况。

④施工机械使用情况的分析。主要检查、分析机械完好率、利用率、台班产量、台班油耗,以及机械的维修保养工作。

⑤工程成本的分析。如总成本、人工费、材料费、施工机械使用费,以及其他工程费、间接费等的分析。应以经济合同价格所构成的人工费、材料费、施工机械使用费等为标准。

所以,造价工程师应预先根据投标报价或施工图预算的计算原始资料,分析每一单位工程的各项费用含量,作为分析工程成本的依据,一般应取两位小数。

(2)经济活动分析的方法。经济活动分析是通过分析各项经济技术指标来进行的,经济活动分析的方法有综合分析、对比分析、环比分析和因素分析等多种分析方法。

①综合分析。是以会计核算、统计核算和业务核算资料为基础,并以计划为依据,对计划执行结果影响的各种因素加以分类,据以查明对计划的影响程度,把质量、成本、进度各因素结合起来进行分析,从而反映企业经济活动的全貌。

②对比分析。主要是以分析期内实际完成数与计划数进行对比分析,以便发现问题,寻找原因,是经济活动分析的主要方法。

③因素分析。又称为连环代替法,适用于多个因素对指标的影响程度。如超额完成了产值计划的影响因素,在扣除物价上涨因素外,可能是增加了人员或设备,或者是提高了劳动生产率。这样,就可分别通过计算比较,明确哪个是主要影响因素。如果提高劳动生产率是主要影响因素的话,影响劳动生产率提高的因素,又可能是改进了施工方法,减少了非生产人员,提高了工时的利用率,劳动技能水平的提高等。故又可对这些因素做进一步分析,这就可以找出主要原因,看到问题的本质。

12.4 竣工决算和保修费用

12.4.1 竣工决算

建设项目竣工决算是指所有建设项目竣工后，建设单位按照有关规定在新建、改建和扩建工程建设项目竣工验收阶段编制的竣工决算报告。竣工决算是以实物数量和货币指标为计量单位，综合反映竣工项目从筹建开始到项目竣工交付使用为止的全部建设费用、建设成果和财务情况的总结性文件，是竣工验收报告的重要组成部分。

12.4.1.1 竣工决算的编制程序竣工决算的编制

一般应在已编制好的工程竣工图表文件，并经交工验收各标段达到合格以上的工程时，才能进行竣工决算的编制工作，其编制程序如下。

(1)熟悉竣工图表资料，核对已结算的工程量，图与现场、图与表要三对口，以及各种工程量的计算方法是否符合合同文件的规定，竣工图表资料是否符合国家《建设项目档案管理规范》(DA/T 28—2018)的要求。

(2)审查施工过程中的设计变更、索赔的处理是否有不符合规定之处，签证手续是否齐全。

(3)审查竣工结算是否与竣工图表资料、合同文件相符。

(4)统计汇总设计和实际完成的主要工程量，以及水泥、钢材、木材等数量。

(5)摘取各种实物量、财务数据等资料，填入各种相应的竣工决算表内，编制竣工平面图和竣工决算说明书。

12.4.1.2 竣工决算报告的组成

(1)竣工决算报告的封面、目录。

(2)竣工工程平面示意图。竣工平面示意图按经过施工实际修改后的工程设计平面图绘制。

(3)竣工决算报告说明书。包括工程项目概况及评价，工程建设过程及管理过程中的重大事件及经验教训，投资支出及财务管理的基本情况，工程存在的问题及需要解决的问题。

(4)竣工决算表格。第一部分为工程概况表等专用表格,第二部分为通用表格。

12.4.2　新增资产价值的确定

建设项目竣工投入运营后,所花费的总投资形成相应的资产。根据新的财务制度和企业会计准则,新增资产按资产性质可分为固定资产、流动资产、无形资产、递延资产、其他资产五大类。

12.4.2.1　新增固定资产价值的确定

1. 新增固定资产的含义

新增固定资产又称交付使用的固定资产,它是投资项目竣工投产后所增加的固定资产价值,是以价值形态表示的固定资产投资最终成果的综合性指标。新增固定资产价值包括:①已经投入生产或交付使用的建筑安装工程造价;②达到固定资产标准的设备工器具的购置费用;③增加固定资产价值的其他费用,如建设单位管理费、施工机构转移费、项目可行性研究费、勘察设计费、土地征用及拆迁补偿费、联合试运转费等。

2. 新增固定资产价值的计算

新增固定资产的价值计算是以独立发挥生产或服务能力的单项工程为对象的,当单项工程建成经有关部门验收、鉴定合格,正式移交生产或使用,即应计算新增固定资产价值。一次交付生产或使用的工程,一次计算新增固定资产价值;分期分批交付生产或使用的工程,应分期分批计算新增固定资产价值。计算时应注意以下几种问题:

(1)为了提高产品质量、改善劳动条件、保护环境等而建设的附属、辅助工程,只要全部建成,正式验收或交付使用就要计入新增固定资产价值;

(2)单项工程中不构成生产系统,但能独立发挥效益的非生产性工程,如住宅、食堂、医务室、托儿所、生活服务网点等,在建成并交付使用后,要计入新增固定资产价值;

(3)凡购置达到固定资产价值标准而不需要安装的设备、工器具,应在交付使用后,计入新增固定资产价值;

(4)属于新增固定资产价值的其他投资,应随同受益工程交付使用的同时一并计入。

3. 交付使用财产成本计算

交付使用财产的成本费用应按下列内容计算：

(1)线路、桥梁、房屋、管线、建筑物、构筑物、沿线设施等固定资产的成本费用包括建筑安装工程成本和应分摊的待摊投资；

(2)动力设备、通风设备、监控设备、收费系统等固定资产的成本，包括需要安装设备的采购成本、设备的安装成本、设备基础、支柱等的建筑工程成本和应分摊的待摊投资；

(3)运输设备及其他不需要安装的设备、工器具、家具等固定资产和流动资产的成本，一般仅计算采购成本，不分摊待摊投资。

4. 待摊投资的分摊方法

增加固定资产的其他费用，如果是属于整个建设项目或两个以上的单项工程的，在计算新增固定资产价值时，应在各单项工程中按比例分摊。一般情况下，建设单位管理费应按建筑工程、安装工程、需要安装设备价值的总额作等比例分摊；而土地征用费、勘察设计费等费用则只按建筑工程造价分摊。

12. 4. 2. 2　新增流动资产价值的确定

新增流动资产是指新增加的在一年内或者超过一年的一个营业周期内变现或者运用的资产，包括现金及各种存款、存货、应收及预付款等。在确定流动资产价值时，按以下原则处理：

(1)货币性资金。即现金、银行存款及其他货币资金，根据实际入账价值核定。

(2)应收及预付款项。包括应收票据、应收账款、其他应收款、预付款和待摊费用。

一般情况下，应收及预付款项按企业销售商品、产品或提供服务、提供劳务时的实际成交金额入账核算。

(3)各种存货应当按照取得时的实际成本计价。存货的形成主要有外购和自制两种途径；外购的，按照购买价加运输费、装卸费、保险费、途中合理损耗、入库前加工、整理及挑选费用以及缴纳的税金等计价。自制的，按照制造过程中的各项实际支出计价。

12. 4. 2. 3　新增无形资产价值的确定

根据《资产评估准则——无形资产》(中评协[2008]217 号)规定，无形资产通常包括专利权、非专利技术、生产许可证、特许经营权、租赁权、土地使用权、矿产资源勘探权和采矿权、商标权、版权、计算机软件及商誉等。

1. 无形资产的计价原则

(1)投资者按无形资产作为资本金或者合作条件投入时,按评估确认或合同协议约定的金额计价。

(2)购入的无形资产,按照实际支付的价款计价。

(3)企业自创并依法申请取得的,按开发过程中的实际支出计价。

(4)企业接受捐赠的无形资产,按照发票账单所持金额或者同类无形资产市价作价。

(5)无形资产计价入账后,应在其有效使用期内分期摊销。

2. 无形资产的计价方法

(1)专利权的计价。专利权分为自创和外购两类。

自创专利权的价值为开发过程中的实际支出,主要包括专利的研制成本和交易成本。

①研制成本包括直接成本和间接成本,直接成本是指研制过程中直接投入发生的费用(主要包括材料费用、工资费用、专用设备费、资料费、咨询鉴定费、协作费、培训费和差旅费等);间接成本是指与研制开发有关的费用(主要包括管理费、非专用设备折旧费、应分摊的公共费用及能源费用)。

②交易成本是指在交易过程中的费用支出(主要包括技术服务费、交易过程中的差旅费及管理费、手续费、税金)。由于专利权是具有独占性并能带来超额利润的生产要素,因此,专利权转让价格不按成本估价,而是按照其所能带来的超额收益计价。

(2)非专利技术的计价。非专利技术具有使用价值和价值,使用价值是非专利技术本身应具有的,非专利技术的价值在于非专利技术的使用所能产生的超额获利能力,应在研究分析其直接和间接的获利能力的基础上,准确计算出其价值。

①如果非专利技术是自创的,一般不作为无形资产入账,自创过程中发生的费用,按当期费用处理。

②对于外购非专利技术,应由法定评估机构确认后再进行估价,其方法往往通过能产生的收益采用收益法进行估价。

(3)商标权的计价。如果商标权是自创的,一般不作为无形资产入账,而将商标设计、制作、注册、广告宣传等发生的费用直接作为销售费用计入当期损益。

只有当企业购入或转让商标时，才需要对商标权计价。商标权的计价一般根据被许可方新增的收益确定。

(4)土地使用权的计价。根据取得土地使用权的方式不同，土地使用权可有以下几种计价方式：

①当建设单位向土地管理部门申请土地使用权并为之支付一笔出让金时，土地使用权作为无形资产核算；

②当建设单位获得土地使用权是通过行政划拨的，这时土地使用权就不能作为无形资产核算；

③在将土地使用权有偿转让、出租、抵押、作价入股和投资，按规定补交土地出让价款时，才作为无形资产核算。

12.4.2.4 递延资产及其他资产价值的确定

递延资产是指不能全部计入当年损益，应当在以后年度内分期摊销的各项费用。包括开办费、租入固定资产的改良支出等。

1. 开办费的计价

开办费是指在筹建期间发生的费用，包括筹建期间人员的工资、办公费、培训费、差旅费、印刷费、注册登记费以及不计入固定资产和无形资产购建成本的汇兑损益和利息支出等。根据新财务制度的规定，除了筹建期间不计入资产价值的汇兑净损失外，开办费从企业开始生产经营月份的次月起，按照不短于5年的期限平均摊入管理费用。

2. 固定资产改良工程支出的计价

以经营租赁方式租入的固定资产改良工程支出的计价，应在租赁有效期限内分期摊入制造费用或管理费用。

3. 其他资产计价

其他资产是指具有专门用途，但不参加生产经营的经国家批准的特种物质、银行冻结存款和冻结物质、涉及诉讼的财产等，主要以实际入账价值核算。

12.4.3 保修费用的处理

12.4.3.1 建设项目保修

建设工程承包人在向发包人提交工程竣工验收报告时，应当向发包人出具质量保修书。

质量保修书应当明确建设工程的保修范围、保修期限和责任等。建设项目在保险期内和保修范围内发生的质量问题，承包人应履行保修义务，并对造成的损失承担赔偿转让。

建设工程质量保修制度是国家确定的重要法律制度，它是指建设工程在办理交工验收手续后，在规定的保修期限内(按合同有关保修期的规定)，因察设计、施工、材料等原因造成的质量缺陷，应由责任单位负责维修。对于工程发生的确实是由于承包人施工责任造成的缺陷，由承包人负责修理，直到达到正常使用的标准。

12.4.3.2　保修的经济责任

(1)由于承包人未按施工技术规范、设计文件要求和施工合同约定组织施工而造成的质量缺陷，应当由承包人负责修理并承担经济责任；由于承包人采购的建筑材料、建筑构配件、设备等不符合质量要求，或承包人应进行而没有进行试验或检验，进入现场使用造成质量问题的，应由承包人负责修理并承担经济责任。

(2)由于设计人造成的质量缺陷应由设计人承担经济责任。当由承包人进行修理时，费用数额应按合同约定，通过发包人向设计人索赔，不足部分由发包人补偿。

(3)由于发包人供应的材料、构配件或设备不合格造成的质量缺陷，或由于发包人提前占用工程而出现质量问题，应由发包人自行承担经济责任；由于发包人指定的分包人或不能肢解而肢解发包的工程造成质量缺陷的，或发包人竣工验收后使用不当造成的损坏，应由发包人自行承担经济责任。

(4)由于不可抗力造成的质量缺陷不属于规定的保修范围。当使用人需要责任以外的修理、维护服务时，承包人应提供相应的服务，但应签订协议，约定服务的内容和质量要求。所发生的费用，应由使用人按协议约定的方式支付。

参考文献

[1] 宾雪锋. 公路工程造价编制与案例分析[M]. 北京:人民交通出版社, 2012.

[2] 陈明宪, 李冠平. 公路工程与造价[M]. 北京:人民交通出版社, 2008.

[3] 陈胜营, 汪亚干, 张剑飞. 公路设计指南[M]. 北京:人民交通出版社, 2000.

[4] 高峰, 张求书, 陈晴, 等. 公路工程造价实训[M]. 北京:北京理工大学出版社, 2010.

[5] 高峰, 周世生, 张求书. 公路工程造价与控制[M]. 北京:北京理工大学出版社, 2009.

[6] 顾植兰. 公路工程造价编制问题的解决策略研究[M]. 北京:人民交通出版社, 2002.

[7] 贺定光. 高速公路经济学解读[M]. 北京:中央文献出版社, 2009.

[8] 黄新国, 黄晖. 高速公路施工技术与管理[M]. 广州:华南理工大学出版社, 2003.

[9] 李柏林. 公路工程造价管理[M]. 北京:人民交通出版社, 2010.

[10] 李继业, 张峰. 公路工程造价与实例[M]. 北京:化学工业出版社, 2010.

[11] 李晋. 公路设计新理念与实践[M]. 北京:中国矿业大学出版社, 2008.

[12] 李庶伟, 赵永华, 赖雪梅, 等. 公路建设经济活动分析[M]. 济南:山东省地图出版社, 2012.

[13] 梁伟, 宫本辉, 张振博. 公路工程经济与概预算[M]. 北京:中国矿业大学出版社, 2012.

[14] 廖正环. 公路施工技术与管理(高等学校教材)[M]. 北京:人民交通出版社, 2006.

[15] 刘燕, 涂忠仁. 公路工程造价编制与管理[M]. 北京:人民交通出版社, 2014.

[16] 孟华. 公路施工与养护管理[M]. 北京:人民交通出版社, 2005.

[17] 石振武. 公路工程技术经济学[M]. 哈尔滨:东北林业大学出版社, 2001.

[18] 舒国明. 公路工程造价[M]. 北京:中国电力出版社,2009.

[19] 孙敬宇. 怎样当好公路工程造价员[M]. 北京:中国建材工业出版社,2013.

[20] 田平. 公路工程经济[M]. 北京:人民交通出版社,2005.

[21] 王琨,庄传仪,刘晓红. 公路工程经济分析与成本管理[M]. 北京:中国矿业大学出版社,2014.

[22] 王敏,刘振国,季井满. 公路工程造价编制与经济评价[M]. 哈尔滨:哈尔滨地图出版社,2005.

[23] 王元庆. 公路造价管理与信息化[M]. 北京:人民交通出版社,2003.

[24] 郗恩崇. 公路交通规费经济学[M]. 北京:人民交通出版社,2003.

[25] 殷青英. 公路工程经济[M]. 重庆:重庆大学出版社,2006.

[26] 俞素平,宁金成. 公路工程定额与造价. 第2版[M]. 北京:科学出版社,2011.

[27] 张晓妮. 公路工程造价编制与案例[M]. 重庆:重庆大学出版社,2007.

[28] 张英楠. 公路造价员一本通[M]. 北京:中国建材工业出版社,2009.

[29] 周传林,赵丽珠,王中伟. 公路工程经济[M]. 北京:人民交通出版社,2006.

[30] 周福田. 公路工程经济[M]. 北京:人民交通出版社,2007.

[31] 周娴. 公路工程经济学[M]. 北京:人民交通出版社,2015.

[32] 周直,崔新媛. 公路工程造价原理与编制[M]. 北京:人民交通出版社,2002.

后　　记

工程经济分析对于公路工程建设具有极为重要的现实意义，不仅可有效控制工程项目成本，也可合理预测项目社会效益以及经济效益。公路建设全过程中始终贯穿工程经济，可实现以较小的投入获得最大的产出，节约大量公路建设资金。同时，工程造价的编制、管理与控制也是工程建设项目不可缺少的组成部分，贯穿整个公路施工项目管理，涵盖了工程建设的各个方面，与工程建设的各个阶段密切联系，是降低整个工程建设成本的关键。通过全面分析公路工程各个环节中的问题，并根据问题采取做好经济分析与工程造价，在具体的施工过程中采取综合措施，严格管理决策，从而降低项目成本，创造良好的经济效益和社会效益。